ALTER ego

MÉTHODE DE FRANÇAIS **4**

Catherine DOLLEZ   Sylvie PONS

HACHETTE
Français langue étrangère

www.hachettefle.fr

CRÉDITS PHOTOGRAPHIQUES

AFP : p. 99
Amarante : p. 30-31 ; p. 48 ; p. 64-65 ; p. 67
Gamma : p. 13 Andersen Ulf ; p. 22 (haut) ; p. 26 (droite) ; p. 45 ; p. 57 Souloy Frédéric ; p. 124 (haut-gauche) Gilles Bassignac
Getty Images : p. 10-11 H. Armstrong Roberts ; p. 12 Alfred Eisenstaedt ; p. 15 Nabil John Elderkin ; p. 21 Matti Niemi ; p. 23 Ghislain & Marie David de Lossy ; p. 24 George Doyle ; p. 25 Stockbyte ; p. 26 (gauche) FPG ; p. 28 Rebecca Emery ; p. 33 Siede Preis / Ragnar Schmuck ; p. 37 Daly & Newton ; p. 38 David Clerihew ; p. 39 Tim Ridley ; p. 46 (haut) Nicole Duplaix ; (bas) Gavin Hellier ; p. 49 ; p. 51 (bas-gauche) Manzo Niikura ; (milieu-droite) Karl Grupe ; p. 54 Gregor Schuster ; p. 55 Dwight Eschliman ; p. 56 (bas) ; p. 58 Romilly Lockyer ; p. 59 ; p. 60 (haut) Monica Rodriguez ; (gauche) Indeed ; (bas-droite) Frans Lemmens ; p. 61 Thomas Northcut ; p. 68-69 Bozena Cannizzaro ; p. 70 (gauche) Erik Dreyer ; (droite) Christian Hoehn ; p. 72 Jonas Ingerstedt ; p. 74 Steve Murez ; p. 76 Louis Quail ; p. 79 Allison Michael Orenstein ; p. 81 ; p. 82 Rosemary Calvert ; p. 83 Nino Mascardi ; p. 84 Ian O'Leary ; p. 86 (haut) Andrea Pistolesi ; (bas) Dave King ; p. 88 (haut) Fernand Ivaldi ; (bas) Nicole Duplaix ; p. 89 (haut) Bigshots ; (bas) Werner Dieterich ; p. 92 Ryuichi Sato ; p. 98 Peter Dazeley ; p. 107 Art Wolfe ; p. 108 Bruce Ayres ; p. 111 Veer ; p. 112-113 Maria Jose Llorden-Cerdan ; p. 114 (droite) Karinjo DeVore ; p. 116 Richard Passmore ; p. 117 Stephen Mallon ; p. 119 HEMIS ; p. 120 Peter Weber ; p. 121 Maria Jose Llorden-Cerdan ; p. 124 (haut-droite) Altrendo ; (bas-droite) Ron Chapple ; p. 125 Robert Daemmrich ; p. 126 Jacobs Stock ; p. 127 Veer ; p. 130 Justin Guariglia ; p. 132 (droite) BRIDGEMAN ; p. 135 (haut-gauche) Nicholas Eveleigh ; (milieu-droite) Judy Lambert ; p. 142 Hiroshi Higuchi
Keystone : p. 22 (bas) ; p. 56 (haut-milieu) ; p. 101
Rapho : p. 56 (haut-droite) Thomas Tolstrup
Photo RMN : p. 36 Gérard Blot ; p. 91 (gauche) Gérard Blot ; p. 97 Hervé Lewandovski
Photononstop : p. 114 (gauche) Gérard Gsell

Photos de couverture : GettyImages / (bas-gauche) Laureen Middley ; (haut-droite) Hayley Baxter

INTERVENANTS

Couverture : **Amarante**
Création maquette intérieure : **Amarante**
Mise en page : **Amarante** / Barbara Caudrelier
Secrétariat d'édition : **Sarah Billecocq**
Illustrations : **Bod'z**
Recherche iconographique : **Amarante**

Pour découvrir nos nouveautés, consulter notre catalogue en ligne, contacter nos diffuseurs ou nous écrire, rendez-vous sur Internet :
www.hachettefle.fr

ISBN : 978-2-01-155516-8
© Hachette Livre 2007, 43, quai de Grenelle, F 75 905 Paris Cedex 15.

Avant-propos

ALTER *Ego* est une méthode sur cinq niveaux destinée à des apprenants adultes ou grands adolescents.

ALTER *Ego* **4** s'adresse à des apprenants ayant acquis un niveau B1. Il vise l'acquisition des compétences décrites dans le niveau **B2** du Cadre européen commun de référence (CECR), dans un parcours de 150 heures d'activités d'enseignement/apprentissage et permet de se présenter au nouveau **DELF B2**.

LES PRINCIPES D'ALTER EGO 4

Dans **ALTER** *Ego* **4**, l'apprentissage s'articule autour de deux grands axes : *La vie au quotidien* et *Points de vue sur*. Cette articulation reflète à la fois la dimension fonctionnelle de l'apprentissage de la langue, on parle *pour...*, mais aussi sa fonction relationnelle et intellectuelle, car on parle aussi *de...* et *avec...* . Ainsi, l'apprenant va communiquer et interagir dans des situations courantes de la vie (écrire une lettre de réclamation, faire un courrier à son employeur, etc.) mais aussi exprimer des idées et comprendre les points de vue de l'autre.

De plus, **ALTER** *Ego* **4** apporte des **outils techniques** pour réaliser des tâches universitaires ou pour se préparer à des examens d'entrée dans des écoles ou universités françaises.

Comme dans les niveaux précédents, **ALTER** *Ego* **4** favorise **l'implication** des apprenants dans leur apprentissage afin de les rendre actifs dans leur appropriation de la langue.
Cette implication est mise en œuvre à travers des problématiques universelles, des thématiques contemporaines et des regards critiques. Les documents de presse, les entretiens avec des Français « de la rue » ou des personnalités, les débats et reportages radiophoniques, les textes du patrimoine littéraire sont autant d'occasions pour l'apprenant de croiser des approches différentes du monde et de les confronter ainsi à la sienne pour mener une réflexion approfondie sur la société contemporaine.
Pour mieux en appréhender la richesse et la complexité, des informations sont fournies dans les *Points info* et dans *l'Abécédaire culturel* situé en fin d'ouvrage, auxquels différentes activités font référence.
Au-delà de l'approfondissement de la langue et de ses connaissances culturelles, l'apprenant acquiert des compétences dans l'interprétation culturelle.

C'est également dans cette ouverture à la compréhension des implicites que nous proposons des dessins et des caricatures humoristiques en relation avec les thèmes traités qu'il revient à l'apprenant d'interpréter en fonction des connaissances qu'il vient d'acquérir.

STRUCTURE DU MANUEL

ALTER *Ego* **4** se compose de **9 dossiers** abordant chacun une thématique différente. Le déroulement du manuel suit l'itinéraire d'une vie : les origines, l'environnement affectif, l'espace de vie, l'apprentissage, les relations au travail, les plaisirs et loisirs, les convictions, l'attachement aux habitudes culturelles jusqu'à l'ouverture au monde.

Chaque dossier est composé :
- d'une double page de présentation qui annonce les apprentissages et les découvertes culturelles ;
- de 6 doubles pages contenant les activités d'enseignement/apprentissage.

Tous les 3 dossiers, un bilan permet aux apprenants d'évaluer leurs acquis (évaluation formative), de s'entraîner aux épreuves du nouveau DELF B2, du TEF, du TCF et du DL. Des tests (évaluation sommative) sont également disponibles dans le guide pédagogique.

En fin de manuel :
- un **abécédaire culturel** donnant par ordre alphabétique des informations utiles d'ordre culturel ;
- des **fiches grammaticales** qui traitent systématiquement les points abordés dans chaque dossier et qui représentent une véritable grammaire pour l'apprenant ;
- les **transcriptions** des enregistrements.

STRUCTURE D'UN DOSSIER

Chaque dossier est composé de 6 doubles pages. Chaque double page présente un parcours qui va de la compréhension à l'expression.

• ENTRÉE EN MATIÈRE

Cette double page a pour objectif de faire appréhender la thématique du dossier dans sa dimension personnelle (anthropologique) à travers un ou plusieurs témoignages, enrichi par une analyse plus large du phénomène évoqué (dimension sociologique, historique ou philosophique) grâce à un texte de spécialiste sur le même thème. Les activités permettent des allers-retours entre le point de vue exprimé par les témoins, celui du spécialiste et celui de l'apprenant. La mise en regard de témoignages individuels avec des textes de référence (sociologiques, historiques, psychologiques, scientifiques, etc.), assortis de bibliographies, donne des outils pour analyser les thèmes dans leur diversité et leur dimension sociale.

• LA VIE AU QUOTIDIEN

Cette double page a pour objectif de faire acquérir des savoir-faire permettant de maîtriser la langue dans la plupart des situations spécifiques de la vie quotidienne (consultation d'un médecin, démarches administratives, recherche d'une école ou d'un emploi, etc.). Ces situations sont en relation avec la thématique de chaque dossier et suivent les domaines préconisés par le CECR. Les documents présentés sont écrits ou oraux : interactions entre locuteurs natifs, lettres, annonces, témoignages, articles polémiques, etc.

La rubrique *Stratégies pour...* met en évidence la structure du discours (écrit ou oral) et apporte les moyens linguistiques nécessaires à la production.

• DES MOTS ET DES FORMES

Cette double page apparaît à deux reprises dans chaque dossier et propose de nombreuses activités sur le lexique et la grammaire. Les premières activités permettent de réactiver les connaissances antérieures de l'apprenant. Les autres vont plus loin et permettent à l'apprenant, grâce aux *Fiches de grammaire* situées à la fin du manuel, d'approfondir ses connaissances.

Les activités de difficulté progressive contenues dans ces deux doubles pages permettent à l'apprenant d'organiser et de structurer son texte et son discours à l'aide de phrases complexes et d'éléments de liaison, comme le préconise le CECR.

• POINTS DE VUE SUR...

Cette double page présente des regards croisés sur le thème et permet d'échanger des opinions et d'argumenter. Les supports écrits et oraux, tous authentiques, permettent de faire découvrir des arguments, des prises de positions, des contradictions et fournissent les outils linguistiques et conceptuels nécessaires à des argumentations élaborées. Des thèmes de débats sont proposés à la suite.

• TECHNIQUES POUR...

L'objectif de cette double page est d'apporter aux apprenants une méthode de travail pour :
- réaliser les tâches scolaires qui leur sont demandées dans une classe, lors d'un examen ou d'un concours ;
- se préparer à des tâches universitaires (exposés, synthèse de documents, etc.).

À partir d'exemples écrits ou oraux dont l'observation guidée met en évidence le fonctionnement, l'apprenant va développer les compétences nécessaires à la réalisation de ces tâches grâce à la rubrique *Techniques pour...* qui le guide pas à pas.

Professeurs de terrain et formateurs, nous avons à cœur de partager notre enthousiasme pour l'enseignement du français.

Avec ce quatrième niveau de la collection **ALTER** *Ego*, nous souhaitons à tous plaisir et réussite !

Les auteures

Tableau des contenus

Contenus socio-culturels Thématiques	OBJECTIFS SOCIO-LANGAGIERS			Documents écrits et oraux
	Objectifs communicatifs et savoir-faire	Objectifs grammaticaux	Objectifs lexicaux	
Dossier 1	*Racines*			
Identité Origines Itinéraires de vie Langues, la langue des jeunes Immigration POINT INFO La lettre de motivation en France	• Écrire une lettre de motivation • Préparer un entretien d'embauche • Évoquer le passé • Exprimer des rapports de temps • Retracer son histoire et son parcours • *Apprendre à rédiger une biographie*	• Les temps du passé (imparfait, passé composé, plus-que-parfait, passé simple, passé antérieur) • L'accord des participes passés • Les articulateurs de temps (simultanéité, antériorité, postériorité)	• Origines grecque et latine des mots français • Le langage imagé de la rue et du quotidien (mots, expressions, registres)	Entretien avec Edgar Morin Un entretien d'embauche Article de presse sur la langue des jeunes Souvenirs d'immigrés (extraits) Biographies : Coluche et Sarah Bernhardt

Contenus socio-culturels / Thématiques	OBJECTIFS SOCIO-LANGAGIERS			Documents écrits et oraux
	Objectifs communicatifs et savoir-faire	Objectifs Grammaticaux	Objectifs lexicaux	

Dossier 2 — *Privé*

Contenus socio-culturels / Thématiques	Objectifs communicatifs et savoir-faire	Objectifs Grammaticaux	Objectifs lexicaux	Documents écrits et oraux
L'amour Le couple La famille L'évolution des relations familiales La répartition des tâches Le corps et la santé POINT INFO L'assurance maladie et la carte vitale	• Décrire des symptômes de maladie au médecin • Exprimer et décrire un problème de santé • Exprimer des sentiments • Exprimer son point de vue sur la famille • Discuter des rôles au sein du couple • *Apprendre à présenter un exposé*	• L'expression des sentiments • Le subjonctif et l'infinitif présent et passé • L'expression de la certitude et du doute • Indicatif ou subjonctif ?	• Le lexique du corps, de la douleur, du soulagement • Les sentiments • Les expressions pour donner son avis	Article scientifique sur la chimie de l'amour Une visite chez le médecin Reportage radio : la répartition des tâches ménagères *Une vie française*, de Jean-Paul Dubois (extrait) Un exposé oral sur la famille en France

Dossier 3 — *Domicile*

Contenus socio-culturels / Thématiques	Objectifs communicatifs et savoir-faire	Objectifs Grammaticaux	Objectifs lexicaux	Documents écrits et oraux
La ville et ses derniers changements L'habitat rural et urbain La maison et l'environnement La décoration Les grands ensembles Les utopies urbaines L'architecture et le patrimoine POINT INFO Le bail de location	• S'informer sur la location d'un appartement • Exposer un problème d'habitat, de location • Décrire un lieu de vie, un espace, des objets • Débattre sur les transformations urbaines • *Apprendre à faire un résumé de texte*	• La qualification : par des pronoms relatifs simples et composés, par un nom • Le passif et la forme passive pronominale • La cause et la conséquence • La concession et l'opposition	• Le lexique de l'habitat écologique • La construction et les finitions • Les préfixes et suffixes de la transformation • Les noms composés	Texte analytique sur l'évolution de l'architecture Conversation dans une agence immobilière Textes littéraires sur les villes du futur Émission de radio : débat sur les transformations des villes Article de presse sur les grands ensembles

Contenus socio-culturels Thématiques	OBJECTIFS SOCIO-LANGAGIERS			Documents écrits et oraux
	Objectifs communicatifs et savoir-faire	Objectifs Grammaticaux	Objectifs lexicaux	

Dossier 4 — *Grandir*

Influences de l'éducation La formation scolaire et universitaire La formation continue Les études à l'étranger Le rôle des sports et des voyages Les nouvelles technologies POINT INFO La formation continue en France	• Demander des informations sur des cours par correspondance • Demander des précisions sur le fonctionnement d'une école • Exprimer son intérêt • Exprimer des souhaits, des buts et des intentions • Débattre sur les voyages comme moyen de se construire et d'apprendre • *Apprendre à exposer et développer son point de vue par écrit*	• Les expressions du souhait • Subjonctif imparfait et plus-que-parfait • Les expressions du but • Les relatives au subjonctif	• Savoir et connaître • Capacités et compétences • Les mots de l'intention et des objectifs • Les expressions courantes pour signifier la réalisation de ses objectifs	Entretien avec le philosophe Boris Cyrulnik Conversation téléphonique : une demande d'informations Article de presse informatif sur le programme Erasmus Témoignage d'une expérience professionnelle à l'étranger

Dossier 5 — *Professionnel*

L'importance du travail dans la vie Les jeunes, les femmes Les travailleurs de l'ombre Les contrats Les professionnels qui partent et ceux qui viennent Les relations dans l'entreprise Les lois sur les travailleurs migrants POINT INFO Le contrat de travail	• Donner des informations sur des conditions d'embauche et le contrat de travail • Faire une demande par écrit à son employeur • Rapporter les propos d'autrui • Débattre sur les conditions de travail et la mobilité professionnelle • *Apprendre à faire le rapport écrit d'une réunion de travail*	• Le conditionnel présent et passé • Les pronoms personnels et la double pronominalisation • Le discours rapporté au passé	• Les expressions familières avec des pronoms • Polysémie : mettre et prendre • Les constructions adjectivales • Les verbes introducteurs pour rapporter un discours • Synonymie et précision : le verbe *dire*	Entretien avec un sociologue du travail Conversations téléphoniques : l'embauche et le contrat de travail Articles de presse : la mobilité des travailleurs Émission de radio : débat sur les travailleurs migrants

Contenus socio-culturels Thématiques	OBJECTIFS SOCIO-LANGAGIERS			Documents écrits et oraux
	Objectifs communicatifs et savoir-faire	Objectifs Grammaticaux	Objectifs lexicaux	

Dossier 6 — *Plaisirs*

Les différents types de plaisirs et de bonheurs : gustatifs, artistiques, littéraires Les goûts et les saveurs Les écrivains d'aujourd'hui POINT INFO Le Guide Michelin	• Apprécier des mets et les spécialités gastro-nomiques françaises • Donner son avis sur un restaurant • Écrire une critique gastronomique • Identifier des goûts et des saveurs • Évaluer les qualités d'un produit • Exprimer des hypothèses • Exprimer des impressions esthétiques • *Apprendre à analyser un texte littéraire pour faire une fiche de lecture*	• Les expressions de la condition et de l'hypothèse • Le *ne* explétif avec *à moins que...* • Synthèse sur les articles (définis, indéfinis, partitifs...)	• Lexique du goût et des saveurs, de l'appréciation d'un produit • Les mots pour apprécier une œuvre artistique • Les figures de style : métaphore, image et comparaison	Interview du philosophe Michel Onfray Extraits littéraires sur le thème de l'émotion artistique Entretien avec l'écrivain François Cheng sur la beauté *L'Empreinte de l'ange* de Nancy Huston (extrait)

Dossier 7 — *Convictions*

Les croyances La religion Les valeurs morales La tolérance La politique La citoyenneté La parité La démocratie L'humanitaire POINT INFO 1. Le vote 2. Les fondations d'entreprise 3. Le club Med.	• Convaincre en faveur d'une cause citoyenne • Exprimer des avis sur la participation politique • Exprimer des opinions nuancées • Présenter et défendre les valeurs auxquelles on tient • Débattre du rôle des actions humanitaires • *Apprendre à faire une synthèse écrite de documents*	• La mise en relief • Le gérondif, le participe présent et l'adjectif verbal	• Les mots de l'élection • Les euphémismes et les expressions « politiquement correctes » • La place des adjectifs • Le changement de sens de certains adjectifs selon leur place • Les homonymes à double genre	Émission de radio : interview de l'anthro-pologue Claude Lévi-Strauss *Traité sur la tolérance* de Voltaire (extrait) Blog d'un jeune militant pour le vote Émission de radio : le rôle des fondations d'entreprise Articles de presse sur les nouvelles croyances

Tableau des contenus

Contenus socio-culturels Thématiques	OBJECTIFS SOCIO-LANGAGIERS			Documents écrits et oraux
	Objectifs communicatifs et savoir-faire	Objectifs Grammaticaux	Objectifs lexicaux	

Dossier 8 — *singularités*

| Particularismes régionaux
Collectivités (communes, régions, état, Europe)
Minorités
Langues régionales, langues européennes
L'attachement aux traditions

POINT INFO
1. Arles
2. Conseiller municipal, régional et député européen | • Revendiquer des droits
• Exprimer son désaccord, son hostilité
• Argumenter pour s'opposer à une décision
• Présenter différents particularismes d'une région ou d'un pays
• Débattre sur le choix des langues dans un État multilingue

• *Apprendre à faire un compte-rendu écrit d'informations radio* | • Les pronoms indéfinis
• Synthèse sur les pronoms (indéfinis, possessifs, démonstratifs et relatifs)
• Synthèse sur les articulateurs logiques (cause, conséquence, concession, but, hypothèse) | • Le lexique de la revendication, de l'opposition et du désaccord
• Les droits et les devoirs
• L'emploi figuré de prépositions de lieu
• La définition du mot « folklore »
• Les préfixes privatifs
• Les antonymes
• Les registres de langue | Article de presse informatif sur les régionalismes

Manifeste adressé à la municipalité

Deux articles sur les langues en Europe

Interview du linguiste Claude Hagège

Flash d'informations francophones européennes |

Dossier 9 — *Rétrospectives et prospectives*

| Les causes et les effets de la mondialisation
Le passé et le futur
Les transformations du monde
La disparition d'objets et de métiers
Les innovations
Les perspectives pour le monde de demain

POINT INFO
Les chiffres-clés sur le monde | • Exprimer des opinions sur un phénomène de société contemporain
• Écrire une lettre dans une rubrique du courrier des lecteurs
• Exprimer des degrés dans l'appréciation et les jugements
• Comparer des faits et des chiffres
• Parler des inventions du futur

• *Apprendre à présenter et argumenter son point de vue à l'oral* | • Synthèse sur les temps et les modes verbaux (présent, passé, futur / indicatif, subjonctif)
• La comparaison, les degrés de la comparaison | • Les mots empruntés aux autres langues
• Le lexique de la ressemblance et des divergences
• Les mots de l'évolution et du changement | Interview sur la mondialisation

Article explicatif : *Qu'est-ce que la mondialisation ?*

Une brève histoire de l'avenir de Jacques Attali (extrait)

Lettres de lecteurs sur des faits de société |

Racines

Sommaire

 DELF B2

Je suis né le 30 juillet 1945, à Boulogne Billancourt, 11 allée Marguerite, d'un juif et d'une Flamande qui s'étaient connus à Paris sous l'Occupation[1]. J'écris juif, en ignorant ce que ce mot signifiait vraiment pour mon père et parce qu'il était mentionné, à l'époque, sur les cartes d'identité. Les périodes de haute turbulence provoquent souvent des rencontres hasardeuses, si bien que je ne me suis jamais senti un fils légitime et encore moins un héritier.

Ma mère est née en 1918 à Anvers. Elle a passé son enfance dans un faubourg de cette ville, entre Kiel et Hoboken. Son père était ouvrier, puis aide-géomètre. Son grand-père maternel, Louis Bogaerts, docker. Il avait posé pour la statue du docker, faite par Constantin Meunier et que l'on voit devant l'hôtel de ville d'Anvers. [...]

À Paris, elle habite une chambre, 15 quai de Conti, dans l'appartement que loue un antiquaire de Bruxelles et son ami Jean de B. [...] La première famille française et bourgeoise chez laquelle ma mère sera invitée : la famille de Geneviève Vaudoyer et de son père Jean-Louis Vaudoyer. Geneviève Vaudoyer présente à ma mère Arletty[2] qui habite quai de Conti dans la maison voisine du 15. Arletty prend ma mère sous sa protection.

Que l'on me pardonne tous ces noms et d'autres qui suivront. Je suis un chien qui fait semblant d'avoir un pedigree. Ma mère et mon père ne se rattachent à aucun milieu bien défini. Si ballottés, si incertains que je dois bien m'efforcer de trouver quelques empreintes, quelques balises dans ce sable mouvant comme on s'efforce de remplir avec des lettres à moitié effacées une fiche d'état-civil ou un questionnaire administratif.

Patrick Modiano, *Un pedigree*, Éd. Gallimard, 2005

1 - L'Occupation : *période pendant laquelle la France fut occupée par les Allemands (de 1940 à août 1944)*
2 - Arletty : *célèbre actrice française, particulièrement connue pour son rôle de Garance dans le film* Les Enfants du Paradis, *de Marcel Carné, 1944*

1 👁

Lisez le texte, observez ses sources et identifiez-le.
Vous avez lu :
☐ un journal personnel
☐ une autobiographie
☐ une correspondance

2 👁

Relisez et répondez.
a) Quelles sont les origines de Patrick Modiano ?

b) Quel mot correspond à ce qu'il éprouve à l'égard de ses racines ?
☐ fierté
☐ indifférence
☐ perplexité
☐ rejet

c) Relevez tous les éléments qui constituent l'identité de l'auteur :
> naissance : ...
> parents : ...
> grands-parents : ...
> personnes importantes dans son histoire : ...
> ...

3

Et vous, connaissez-vous vos origines ? Y attachez-vous beaucoup d'importance ? Choisissez, parmi les éléments suivants, les deux qui vous aident le plus à vous identifier : parents et grands-parents, groupe, région, pays, culture, langue.

4 ✎

Présentez, en quelques lignes, votre histoire en insistant, comme Modiano, sur les éléments clés de votre identité : lieu de naissance (pays, région, maison, etc.), origine de la famille (milieu social, parents et grands-parents, etc.), langue(s) parlée(s) dans la famille, entourage.

Dans son récent ouvrage, *L'Identité humaine*, Edgar Morin appelle de tous ses vœux la naissance d'un « homme à l'esprit planétaire », conscient d'une communauté de destin avec ses frères. Dans un entretien, Edgar Morin nous livre ses réflexions sur l'identité.

La France semble plutôt bien organisée pour intégrer les immigrants...

Oui, à la fois grâce aux lois républicaines et à l'identité française. La France a une expérience très ancienne de l'intégration. Elle s'est constituée à partir d'un État qui a francisé des nations séculaires, comme la Bretagne ou la Corse. Ce processus a parfois été brutal, parfois pacifique... C'est au moment de la Révolution française que se fait la prise de conscience massive d'une identité commune. L'appartenance à la France est alors fondée sur une idée, sur un esprit, pas sur une identité de sang, ce qui nous différencie par exemple de l'Allemagne. [...]

Et cette francisation continue au XXᵉ siècle avec les immigrés : mariages mixtes, acceptation de la laïcité propre à la France. Le processus a fonctionné jusqu'à présent, avec quelques ratés. Pourquoi ces ratés ? Parce que, avec les Maghrébins, il existe le poids résiduel de la guerre d'Algérie auquel s'ajoute celui du conflit du Moyen Orient. Ce qui ancre chez eux l'idée d'une injustice historique. Ajoutons à cela la marginalisation sociale due à l'appauvrissement des couches populaires, le chômage, les familles disloquées et les bandes adolescentes. [...]

Cependant la France est une machine à intégrer et l'Europe le peut encore mieux. L'immigration a toujours fait partie de l'histoire de l'Europe, dès la chute de l'Empire Romain. Plutôt que de s'épouvanter, mieux vaut avoir, au niveau européen, une politique de régulation des flux migratoires par une véritable aide au développement – et une politique d'intégration. On peut trouver des formules de double citoyenneté : européenne et natale. Couscous, taboulé... : beaucoup de choses s'échangent, s'acclimatent. Fondamentalement, la machine fonctionne. Dans deux ou trois générations, les choses auront changé. [...]

Est-ce que les individus d'aujourd'hui gardent des identités stables ?

Il n'y a pas UNE identité : on a des identités concentriques. Quelqu'un est de sa famille, de son village, de sa province. Il est français. Il peut être européen. Il peut être citoyen du monde... Moi, je suis très méditerranéen, j'ai plusieurs identités, superposées. Et c'est une source de satisfaction, non de frustration ! [...]

Entretien avec Edgar Morin, *Le Français dans le Monde*, n°322, août 2002

Edgar MORIN

Né à Paris en 1921, Edgar Nahoum grandit auprès de parents israélites immigrés qui tiennent un magasin de textile. En juin 1931 sa mère meurt. Désarçonné, le petit garçon s'enferme dans son univers : les livres. En 1938, il rejoint le Mouvement des Étudiants frontistes, socialistes et l'année suivante entre dans la Résistance. Il prend le patronyme « Morin ». À partir de 1958, il rejoint les rangs du Parti Communiste français. Il entreprend un cursus de sociologie jusqu'à la thèse et devient professeur. Entre 1977 et 1991, il élabore une théorie (sa « méthode ») où il affronte la difficulté de penser la complexité du réel. Chercheur au sein du Centre National de la Recherche Scientifique, Edgar Morin cultive la pluridisciplinarité et s'applique à analyser la société d'un œil malicieux.

5

Lisez le chapeau et les références de l'article puis faites des hypothèses sur son domaine de référence (histoire, politique, société...) et son contenu.

6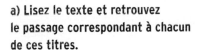

a) Lisez le texte et retrouvez le passage correspondant à chacun de ces titres.

• Intégration et difficultés.
• Vers l'identité planétaire.
• Importance du temps et d'une politique adéquate.
• Constitution de la nation française.

b) Relevez les éléments du texte qui montrent que, dans l'ensemble, les immigrés ont été intégrés en France.

c) Relevez la phrase qui résume la position d'Edgar Morin par rapport à la politique à mener pour l'intégration des migrants. Reformulez-la.

7

Dites ce qu'est « l'identité » selon Edgar Morin. Partagez-vous cette conception, vous sentez-vous citoyen du monde ?

8

a) Écoutez et répondez.

1. Ce document a été diffusé à l'occasion :

☐ d'une nouvelle loi sur la nationalité.
☐ de la campagne présidentielle.
☐ d'une campagne contre la discrimination.

2. Cochez les deux principes posés par la France pour être citoyen français.

☐ la naissance sur le sol français
☐ la date d'arrivée en France
☐ le fait d'avoir un parent français
☐ le fait d'avoir des enfants en France

b) Réécoutez et répondez.

1. Quelles sont les conditions légales pour être ou devenir français selon les époques évoquées ?

> Moyen-Âge : droit du sol puis ...
> Révolution française : ...
> 1793 : ...
> Code Civil de Napoléon : ...
> Aujourd'hui : ...

2. Quel moment de l'Histoire de France a été le plus favorable aux étrangers ?

☐ le Moyen-Âge
☐ la Révolution française
☐ l'époque de Napoléon
☐ l'année 1998

BIBLIOGRAPHIE
• BRAUDEL (Fernand), *Les Hommes et les Choses*, Tome 2 de *L'Identité de la France*, Éd. Arthaud-Flammarion, 1986
• NOIRIEL (Gérard), *Population, immigration et identité nationale en France, XIXᵉ–XXᵉ siècles*, coll. « Carré histoire », n°17, Hachette Enseignement Supérieur, 1992
• TEMIME (Émile), *France, terre d'immigration*, coll. « Découvertes », n°380, Gallimard, 1999

9

Reportez-vous au mot *Nationalité* dans l'abécédaire culturel (p. 147) et comparez avec la façon dont on peut être naturalisé dans votre pays.

10

Expliquez le sens de cette caricature en vous aidant des éléments dont vous avez maintenant connaissance.

C'EST UN FILM SUR LE RÔLE DES IMMIGRÉS DANS L'HISTOIRE DE LA FRANCE.

VOUS AVEZ VOTRE CARTE DE SÉJOUR ?

Motivés

Caroline REGNIER
35, rue Victor Hugo
33 000 Bordeaux
Tél. : 06 79 45 98 30
E-Mail : carolineregnier@yahoo.fr
Anglais courant.

Bordeaux, le 15 octobre 2007

OBJET : candidature au poste de responsable des ressources humaines

Madame, Monsieur,

Vous recherchez actuellement un responsable des ressources humaines, qui soit opérationnel rapidement, au sein de votre propre structure et pour compléter votre équipe. J'ai l'honneur de poser ma candidature, mon profil correspondant aux critères exigés.

Je suis parfaitement bilingue français-anglais car j'ai la double nationalité française et canadienne et j'ai mené des séminaires en communication interculturelle, ressources humaines et développement personnel dans deux universités américaines, Berkeley et Chicago. De plus, j'ai vécu en Espagne où j'ai formé pendant deux ans les promotions MBA de l'European University de Barcelone en ressources humaines, comportement organisationnel et conseil en recrutement. J'ai donc une pratique courante de l'espagnol. Vous noterez également dans mon curriculum vitae que les ressources humaines ont fait partie intégrante de mes tâches tout au long de mon parcours professionnel.

Ma volonté aujourd'hui est de m'orienter définitivement vers l'individu et la gestion des ressources humaines au sein d'une entreprise, domaines les plus proches de mes centres d'intérêt. Tout en m'adaptant à vos méthodes, je pourrai mettre à profit mon expérience polyvalente et internationale, mes aptitudes et convictions sur le facteur humain et la connaissance de soi.

Grâce à mon expérience professionnelle à l'étranger et à ma double nationalité, je possède des qualités intuitives profondes, de sérieuses capacités d'analyse des individus de culture différente et un sens aigu du contact. Je suis persuasive et capable de fédérer une équipe multifonctionnelle et multiculturelle.

Je souhaite vivement vous rencontrer pour évaluer avec vous de quelle façon je pourrais être à la fois une valeur ajoutée et complémentaire à votre équipe. Je suis disponible dès le mois de septembre et me tiens à votre disposition pour un prochain rendez-vous.

Dans cette attente, je vous prie d'agréer, Madame, Monsieur, l'expression de mes salutations distinguées.

P.S. : Veuillez trouver ci-joint mon curriculum vitae.

Caroline Régnier

1 👁

Lisez la lettre de candidature et notez le numéro du paragraphe (1 à 6) correspondant à chacune de ces étapes.
- Aspirations de la candidate.
- Formule de politesse.
- Expériences à l'étranger.
- Qualités.
- Présentation de la candidature.
- Demande d'entretien.

2 👁

Relisez la lettre et notez :
> l'expérience professionnelle de la candidate
> les qualités qu'elle met en avant
> ses goûts et ses intérêts professionnels
> ce que lui apporte sa double appartenance culturelle

Stratégies *pour...*
présenter sa lettre de motivation

Présentation générale
Elle doit :
- être manuscrite de préférence et adressée par courrier
- être rédigée sur une page (maximum deux)
- comporter au minimum cinq parties : chaque partie mettant en valeur une ou deux informations clés
- être écrite dans un style aéré, avec des phrases courtes mais éveillant la curiosité du lecteur

L'en-tête
Indiquez vos coordonnées à gauche et celles de votre destinataire à droite.

L'introduction
- *Vous recherchez actuellement un responsable de...*
- *Votre volonté de diversifier le profil de vos consultants m'amène naturellement à faire acte de candidature pour le poste de...*

Le développement
- Parlez de votre expérience, mettez en valeur vos compétences acquises et donnez des exemples de vos réalisations :
- *Mon parcours universitaire et mes séjours linguistiques prolongés m'ont permis d'acquérir un esprit d'analyse et une ouverture d'esprit essentielle au métier de...*
- *À travers mes diverses expériences, j'ai acquis...*
- *Lors de mon expérience chez X, j'ai développé mes connaissances en...*

motivées !

Hôtel 3 étoiles recherche CHEF DE RECEPTION (H/F)
Disponibilité immédiate

MISSIONS : Responsable des relations clients, le chef de réception encadre, contrôle et coordonne l'ensemble du personnel de réception. Il gère les plannings et organise des réunions avec son équipe. Il forme de nouvelles recrues.

PROFIL RECHERCHÉ : formation en hôtellerie, bonne connaissance des logiciels de réservation hôteliers, excellente maîtrise de l'anglais, deux autres langues souhaitées. 2 à 3 ans d'expérience.

Type de contrat : CDI
Salaire : 2280 euros brut par mois sur 12 mois
Niveau d'études : Bac+2 ou BTS hôtellerie

3

Rédigez une lettre de motivation pour répondre à l'annonce ci-dessus.

4

Écoutez l'entretien de recrutement d'un candidat à ce poste et complétez.

- Connaissances et compétences professionnelles : ...
- Compétences transversales : ...
- Centres d'intérêt professionnels : ...
- Qualités professionnelles : ...

5

Réécoutez et remplissez la fiche.

6

À l'aide de vos fiches, décidez par groupe, si le candidat est apte au poste décrit dans l'annonce. Justifiez.

Nom et prénom du candidat : ....

Poste envisagé : ....

Nom du recruteur : ....

Date de l'entretien :
__ / __ / __

FORMATION

Intitulé de la formation : ....

Niveau de la formation :
- au-delà du niveau souhaité ☐
- au niveau souhaité ☐
- en deçà du niveau souhaité ☐

EXPÉRIENCE PROFESSIONNELLE

Expérience professionnelle en rapport avec le poste envisagé : ☐ Oui ☐ Non

Durée de l'expérience professionnelle en rapport avec le poste à pourvoir : ....

CRITÈRES DE PERFORMANCE

QUALITÉS PERSONNELLES : - + ++

Rigueur :   Initiative :   Sens du devoir :

Commentaires : ....

QUALITÉS RELATIONNELLES AVEC LE GROUPE : - - + ++

Écoute :   Capacité à animer :   Ouverture d'esprit :

Commentaires : ....

• Montrez ce que vous pouvez apporter à l'entreprise :
- *Tout en m'adaptant à vos méthodes, je pourrai mettre à profit mon expérience pour...*
- *Je suis persuasive et capable de fédérer une équipe.*
- *Je possède des qualités intuitives de gestion, d'organisation...*
- *J'aurai le plaisir d'investir mes capacités dans de nouveaux domaines.*
- *Votre ambition est de répondre à des problématiques auxquelles j'ai été confronté tout au long de mon parcours.*
- *Je trouve vos idées et vos méthodes de conduite des projets très pertinentes et mes qualités d'écoute et d'analyse pourront être mises à profit et donner toute leur mesure.*

• Parlez de vos désirs d'évolution :
- *Aujourd'hui, je souhaite développer ma carrière sur...*
- *Ma volonté aujourd'hui est de m'orienter définitivement vers...*

Conclusion
Sollicitez un rendez-vous :
- *Je désire vivement m'entretenir avec vous afin de discuter de l'adéquation de vos besoins et de mon profil.*
- *Je souhaite vivement vous rencontrer afin d'évaluer avec vous de quelle façon...*
- *Dans l'attente d'un prochain rendez-vous que vous voudrez bien m'accorder, je vous prie de...*

Formule de politesse
- *Je vous prie d'agréer, Madame, Monsieur, l'expression de mes salutations distinguées / respectueuses.*
- *Veuillez agréer, Madame, Monsieur, l'assurance de mes sentiments respectueux.*
- *Veuillez croire en l'expression de mes sentiments distingués.*

À la racine des mots

1 Associez les préfixes ou suffixes à leur origine et au mot français correspondant. Donnez la signification du mot français puis trouvez un mot avec le même préfixe ou suffixe.

a) Les mots empruntés au latin :

Exemple : socio → socius (associé) → société → groupe organisé → socialiste

- -cide   omnis (tout)   équidistant
- Equi-   vorare (dévorer)   herbicide
- Omni   caedere (tuer)   carnivore
- -vore   equus (égal)   omniprésent

b) Les mots empruntés au grec :

Exemple : chrono- → kronos (temps) → chronologie → qui suit le temps → chronomètre

- -graphe, -gramme   phobos (peur)   mégalomanie
- -logie, -logue   thêkê (armoire)   francophile
- Mega-   phonê (voix)   sociologie
- -phile   megas (grand)   claustrophobie
- Poly-   logos (science)   phonétique
- -phobe, -phobie   philos (ami)   bibliothèque
- Phon-   graphein (écrire) polygame
- -thèque   polus (plusieurs) orthographe

2 Construisez des néologismes avec ces préfixes ou suffixes. Désignez une personne :
- qui « dévore » les programmes de télévision.
- qui aime la publicité.
- qui parle très fort.
- qui a peur des Martiens.

Exemple : qui déteste écrire → graphophobe

Les temps du passé

3 **a) Passé composé ou imparfait ? Barrez les phrases qui vous semblent impossibles et justifiez votre choix.**
1. Je suis en France depuis peu de temps.
   - J'arrivais l'année dernière.
   - Je suis arrivé l'année dernière.
2. Le jour de ma rentrée à la Fac,
   - j'ai connu mes premiers amis.
   - je ne connaissais personne.
3. Je faisais mon premier exposé d'histoire. Soudain,
   - j'ai eu un trou de mémoire.
   - j'avais un trou de mémoire.

4. Jour après jour, je me suis habitué à la vie d'étudiant mais
   - cela n'a pas été sans difficultés.
   - c'était difficile.
5. J'adorais ce pays. En un rien de temps
   - je m'y suis senti comme chez moi.
   - je m'y sentais comme chez moi.
6. Je t'enverrais des photos avec plaisir
   - si j'en avais.
   - si j'en ai eu.

b) Relevez les expressions de temps ou les autres indices qui vous ont aidé(e) à choisir.

4 Mettez les verbes entre parenthèses aux temps qui conviennent.
1. Hier, je ... (aller) voir un ami, puis on ... (s'offrir) un bon dîner et on ... (finir) la soirée en boîte.
2. Ce matin, je ... (se rendre) à la préfecture quand je ... (s'apercevoir) qu'un papier ... (manquer). Je ... (obliger) de retourner le chercher chez moi et je ... (arriver) en retard.
3. L'attente ... (être) très longue. Quelques minutes de plus et je ... (s'en aller) !
4. J'aimerais bien passer devant tout le monde. Si seulement je ... (pouvoir) gagner quelques places !
5. Quand nous ... (travailler) à Londres, nous ... (faire) une heure de marche à pied tous les jours. Ce ... (être) l'idéal !

Fiche page 156

5 Mettez les verbes entre parenthèses à la forme qui convient.
1. J'ai perdu la montre que ma grand-mère ... (m'offrir) pour mon bac.
2. Nous n'étions jamais revenus dans le village que nous ... (devoir) quitter pendant la guerre.
3. Ils n'auraient jamais pu rester ici plus de six mois, si le maire ... (ne pas les aider).
4. Il tenait à me raconter ce qui ... (lui arriver) quelques années plus tôt et comment il ... (s'enfuir) de son pays.

Fiche page 156

6 **a) Écoutez et, pour chaque dialogue, identifiez la situation.**
b) Réécoutez et repérez les verbes au plus-que-parfait.
c) Réécoutez chaque dialogue et indiquez la valeur du plus-que-parfait :
- action accomplie à un moment du passé
- action antérieure à un autre événement passé
- hypothèse sur le passé
- discours indirect

d) À vous ! Faites quatre mini dialogues de deux ou trois répliques. Vous utiliserez un verbe au plus-que-parfait ayant chaque fois une valeur différente.

7 Mettez les verbes entre parenthèses aux temps qui conviennent (passé composé, imparfait, plus-que-parfait).

1. Le jour de la fête, quand nous ... (arriver), il ... (ne plus rien rester) à nous mettre sous la dent, les invités ... (tout manger) !

2. Je ... (s'ennuyer) souvent pendant mon enfance, alors ma mère me ... (lire) les histoires qui me ... (plaire) et que j'... (apprendre) par cœur ! Mais elle ... (ne le pas savoir) !

3. Elle ... (s'entraîner) tous les jours depuis l'âge de 8 ans et elle ... (acquérir) une assurance qui lui ... (permettre) de gagner le premier prix au concours général il y a deux ans.

4. Tu sais ce qui ... (m'arriver) hier dans le train ? Je ... (retrouver) un cousin que je ... (perdre) de vue depuis une vingtaine d'années ! Il ... (ne pas changer) mais je ... (le reconnaître) surtout à sa voix profonde.

5. Il y a quelques jours, mon chien ... (tomber) malade. Je ... (se tromper) dans les doses de ses médicaments. Je lui ... (mettre) le double de la dose dans sa pâtée. Encore un ou deux jours de ce régime et il ... (mourir) !

6. Si j'... (savoir), je ne serais pas allé voir ce film hier. L'histoire me ... (tellement émouvoir) que je ... (ne pas pouvoir) fermer l'œil de la nuit ! On ... (me prévenir) pourtant !

8 Racontez une anecdote qui vous est arrivée personnellement. Ajoutez une partie qui est inexacte. La classe doit deviner les événements inexacts en posant des questions.

9 Racontez une plaisanterie dont vous (ou l'un de vos amis) avez été l'objet.

10 Improvisation. Raconter un parcours très inattendu : Né(e) dans une famille d'horticulteurs, vous êtes devenu(e) cosmonaute...

L'accord des participes passés

11 a) Un journaliste interviewe un couple mixte sur leur rencontre. Complétez les terminaisons des participes.

1. Vous vous êtes rencontr... à quelle occasion ?

2. Vous vous étiez conn... avant ?

3. Vous aviez gardé un contact ? Vous vous êtes écri..., téléphon... ?

4. Et vous vous êtes appréci... tout de suite ?

b) Répondez à la dernière question du a) en utilisant les verbes suivants : ne pas se comprendre tout de suite, se parler davantage, se disputer, se tromper, s'expliquer, se plaire, ne plus se quitter.

- *Non, pas immédiatement. Nous nous...*

12 Choisissez la forme correcte.

1. Les informations que nous avons (collectées-collecté) ne seront pas (diffusé-diffusées) à d'autres administrations.

2. Vous avez fait les fiches généalogiques que j'avais (demandé-demandées) ? - Oui, j'en ai (fait-faites) certaines.

3. Que d'efforts il a (fallus-fallu) pour obtenir ce visa !

4. La jeune femme que j'ai (entendue-entendu) raconter son histoire m'a ému.

5. L'histoire que j'ai (entendue-entendu) raconter m'a beaucoup ému.

6. Il a annoté la biographie qu'il avait (faite-fait).

7. Il a annoté la biographie qu'il avait (faite-fait) écrire.

8. Combien de logements avez-vous (occupé-occupés) dans votre vie ?

9. Parmi ces différentes propositions, laquelle avez-vous (choisi-choisie) ?

Fiche page 158 et 159 ➜

13 Trouvez le participe passé des verbes entre parenthèses et faites les accords nécessaires.

1. Les gouvernements ont ... (laisser) s'installer des immigrants sans prendre les mesures d'accueil qui avaient été ... (préconiser). Ainsi, les populations qu'on a ... (laisser) venir connaissent des conditions de vie très précaires.

2. Toutes ces aventures, nous les avons ... (relater) dans une longue biographie que nous avons ... (faire) publier en 2005.

3. Cette biographie s'est ... (vendre) à plusieurs centaines de milliers d'exemplaires.

4. Si vous connaissiez tous les efforts qu'il a ... (falloir) pour retrouver l'origine de notre famille !

5. Quand Zelda et Victor se sont ... (rencontrer), ils ne s'étaient jamais ... (voir) bien qu'ils aient ... (habiter) dans le même immeuble. Ils se sont ... (plaire) tout de suite.

14 Rédiger le récit d'une aventure à partir de ces notes et trouvez-lui un titre.

Un homme remporte un jeu organisé par une station de radio.

Nom du jeu : « Que feriez-vous pour 100 000 euros ? ».

Plus de 10 000 personnes envoient leurs idées les plus folles à la station de radio pour remporter le gros lot.

Notre homme gagne les 100 000 euros. Son idée : lancer 75 000 euros depuis les fenêtres de l'hôtel de ville.

Mais la municipalité refuse : le système de climatisation empêche l'ouverture des fenêtres du bâtiment.

Le « parler jeune des banlieues » n'est pas un langage dégradé du français qui aurait vocation à se généraliser à toute la société. Il relève d'un code interne à un milieu destiné à marquer provisoirement sa différence.

« *Ma meuf, quand j'lui dis que j'sors avec des potes, elle bad-trippe grave.* » Traduction : « *Ma copine, quand je lui dis que je sors avec les copains, elle s'inquiète beaucoup.* » Tout le monde connaît désormais l'usage des mots « meuf » (femme, fille), « keuf » (flic), « keum » (mec), ou même les « remps » (parents). De même le superlatif « grave », qui peut signifier beaucoup, très (« *Putain, tu me prends grave la tête !* »), mais peut aussi s'employer pour désigner une personne étrange ou bizarre, plutôt « zarbi » (« *Il est grave !* »).

Le *langage des cités* amuse, fascine et inquiète. Il amuse et fascine par son inventivité, sa drôlerie. Témoin : « *Il est trop mystique le prof de français, il vient à l'école en vélo !* », le mot « mystique » désignant ici une personne au comportement étrange, différent, atypique (synonyme aussi de *space, déjanté...*). Cet attrait pour l'exotisme du « parler jeune » explique le succès des dictionnaires de la cité, leur introduction folklorisante dans les émissions de télévision, leur usage décalé dans d'autres milieux (« *Il est zarbi ce gars !* » entendu dans une salle de rédaction d'une revue de sciences humaines...).
[...]
Mais le langage des cités inquiète aussi. On se soucie notamment de la pauvreté et de l'agressivité du vocabulaire employé. Certains défenseurs de la langue craignent que celle des cités n'en vienne à contaminer la langue française au point de l'appauvrir (les « *Ça l'fait !* »,

« *C'est ouf !* » se sont largement diffusés et entrent peu à peu dans les dictionnaires). Enfin, certains craignent qu'une partie de la jeunesse en vienne à s'enfermer dans un ghetto linguistique. Qu'en est-il vraiment ?
[...] L'étude du « parler urbain » et de ses variations va connaître un essor important. C'est surtout le vocabulaire qui va faire l'objet des études des linguistes, notamment l'invention des nouveaux mots. Parmi les procédés de construction les plus courants, il y a le verlan qui consiste à inverser l'ordre des syllabes (« *caillera* », « *keufs* », « *feuj* ») ; les mots tronqués : on parle d'apocope lorsque la fin du mot est supprimée (« *assoc* » pour association) et d'aphérèse lorsque c'est le début qui disparaît (« *blème* » pour problème) ; autre procédé courant : l'emprunt aux langues étrangères, qu'il s'agisse de l'anglais (« *gun* », « *sniffer* », « *bitch* » qui signifie salope), de l'arabe (un « *kif* »), du vieil argot français (« *clope* », « *sape* »). L'usage des métaphores est particulièrement prisé. Les seins deviennent ainsi des « *airbags* » et une très belle fille une « *bombe* » ou, par extension, une « *mururoa* ». On note aussi le retour d'expressions désuètes et anciennes telles que « moyenner » qui veut dire négocier ou marchander (« *J'ai moyenné un bon prix pour la mob.* »). Parfois un mot « chic », comme « charmant », est introduit subrepticement (« *Sa meuf, elle est grave charmante !* »).

Code secret

On peut s'interroger sur les raisons qui poussent à la création de parlers spécifiques, de langages différents. Contre-culture ? Manifestation d'un jeu gratuit ? Affirmation de soi ? Création inconsciente d'un dialecte local ?

---

1 👁

Lisez le chapeau et faites des hypothèses sur le contenu de l'article.

2 👁

Lisez la première partie de l'article.
a) Dites à quelles parties du texte correspondent ces trois titres et notez leur ordre d'apparition.

- Les procédés de création de la langue des jeunes.
- La question sociale que soulève l'usage de cette langue.
- L'intérêt porté à cette nouvelle langue et l'inquiétude qu'elle procure.

b) Relevez les expressions qui désignent la langue des jeunes de banlieue.

c) Associez les mots et leur équivalent puis cherchez dans le texte le nom des procédés utilisés pour fabriquer ces mots.

p'tit déj •	• discuter
téci •	• avoir des difficultés
tchatcher •	• petit déjeuner
pompes •	• cité
pédaler dans le yaourt •	• chaussures

3 👂

Mettez-vous par groupes. Dans le paragraphe *Code secret*, choisissez parmi les raisons évoquées les deux qui vous semblent les plus exactes. Donnez des arguments.

Langue des origines... et langue originale

4

Lisez la deuxième partie de l'article.
a) Relevez les raisons pour lesquelles les jeunes utilisent une langue spécifique.

b) Relevez une phrase montrant que ce phénomène est normal.

c) Relevez les termes qui montrent la crainte des linguistes.

d) Quel est le point de vue de l'auteur de cet article ?

□ inquiet   □ sceptique

□ optimiste   □ moralisateur

□ négatif

La plupart des spécialistes s'accordent à penser que le parler jeune n'est pas simplement un langage déformé et dévoyé du français ordinaire. Il fonctionne à la fois comme un code secret et une marque identitaire. [...] Le parler jeune permet de parler entre soi, à l'insu des parents, des professeurs, des policiers. Il permet de se moquer de quelqu'un dans le métro sans qu'il comprenne. Il est aussi un marqueur identitaire : il vise à se distinguer. Au même titre que la façon de s'habiller, la façon de parler est une marque de distinction. De ce fait, lorsque certaines expressions se diffusent largement et deviennent courantes, elles sont remplacées par d'autres. [...] C'est d'ailleurs un processus général qui marque toutes les modes : dès qu'un signe original de distinction, établi pour se démarquer, a tendance à se diffuser (par mimétisme), il perd de son originalité ; ce signe une fois propagé, les initiateurs de la mode doivent inventer de nouveaux signes de démarcation. Voilà d'ailleurs pourquoi les inquiétudes sur la contamination de la langue dominante par le parler des cités sont infondées.

[...] On peut aussi remarquer que le parler jeune est justement propre à une génération et que, devenus adultes, les adolescents savent en général s'en défaire.

Mais, à l'inverse, certains linguistes s'inquiètent qu'à cause de la prégnance du parler jeune dans les cités, certains en viennent à ne plus savoir parler le français « correct ». Ils craignent qu'une véritable fracture linguistique vienne se superposer à la fracture sociale et enferme les jeunes des cités dans une sorte de ghetto culturel.

Jean-François Dortier, « "Tu flippes ta race bâtard" sur le language des cités », *Sciences humaines*, n°159, avril 2005

5

Échangez.

Le même phénomène existe-t-il dans votre pays ? Donnez des exemples précis de mots, expressions ou tournures venus de la langue des jeunes et devenus courants. Expliquez-en les origines et donnez votre point de vue par rapport à ce phénomène.

6

Vous rédigez un court article pour la revue *Les Langues Françaises* où vous expliquez pourquoi les étudiants étrangers ont besoin de connaître le français familier des jeunes et de la rue. Exposez trois raisons et illustrez-les par des exemples de situations.

7

Écoutez le témoignage de Maurice, petit-fils d'immigrés andalous et répondez.

1. Pourquoi l'a-t-on mal compris quand il est arrivé en France ?
2. À quoi compare-t-il la langue française ? Comment l'a-t-il apprivoisée ?

8

Écoutez le témoignage d'Isabel, fille d'immigrés portugais et répondez.

1. Par quelles étapes est-elle passée pour apprivoiser la langue française ?
2. Qu'est-ce qui reste difficile pour elle ? Comment explique-t-elle cette difficulté ?

9

Échangez.

Témoignez de vos premières pratiques de la langue française.

Le langage de la rue

1 Associez et faites des hypothèses sur l'origine de ces expressions du langage de la rue

lâcher l'affaire •	• être en retard
avoir la banane •	• avoir des ennuis
être à la bourre •	• perdre la raison / devenir fou
faire un carton •	• demeurer sans voix
être en galère •	• laisser tomber / abandonner
rester scotché •	• remporter un succès
péter les plombs / • un câble	• sourire

2 Traduisez ces SMS.

J tapl 2m1

T oqp ou koi ?

On va o 6ne d ke jpe

Koi29 Tuve pa kon svoi ?

ME KES KIL SE DIZ ?

Les passés littéraires

3 Transformez ces « brèves » de l'histoire de France en textes pour un manuel d'histoire en utilisant le passé-simple et les autres temps du passé.

1. Jeanne d'Arc est une jeune bergère née en Lorraine. Elle entend des voix surnaturelles qui lui ordonnent de délivrer la France occupée par les Anglais pendant la guerre de Cent Ans et, à seize ans, en 1428, elle prend la tête d'une armée.

2. Louis XIV n'a que cinq ans à la mort de son père en 1643 et sa mère nomme Mazarin Premier ministre jusqu'en 1661. C'est une époque violemment troublée par la Fronde (les nobles se sont révoltés contre l'autorité royale) et lorsque Louis XIV arrive au pouvoir, il en tire les leçons et impose une monarchie absolue.

3. La prise de la Bastille marque le début de la Révolution française en 1789. Elle est l'aboutissement d'une longue période de mécontentement, de famine et de troubles. C'est la fin de la monarchie absolue même si la République n'est officiellement proclamée qu'en 1792, après l'emprisonnement de Louis XVI qui a tenté de quitter la France.

4 Plus-que-parfait ou passé antérieur ? Mettez les verbes entre parenthèses au temps qui convient.

1. Le général Bonaparte ... (remporter) de nombreuses victoires, ce qui lui permit de devenir Premier Consul en 1799, puis il se fit sacrer empereur des Français.

2. Aussitôt qu'il ... (publier) ses premiers poèmes, Victor Hugo connut la célébrité.

3. Fils d'un Italien naturalisé, Émile Zola fit ses études à Aix-en-Provence. Quand il ... (échouer) à son baccalauréat, il entra chez l'éditeur Hachette pour travailler dans la publicité.

4. Lorsque la seconde guerre mondiale éclata, de Gaulle n' ... (écrire) que trois ouvrages de doctrine militaire. Dès que l'armistice ... (proclamer) en 1940, il partit pour Londres.

5. En mai 1981, le socialiste François Mitterrand fut élu avec plus de 52 % des voix. Il ... (se présenter) déjà aux deux élections précédentes.

Fiche page 157

5 Transformez ces notes sur l'histoire de l'immigration en France en article historique (passé-simple, imparfait, passé-antérieur ou plus-que-parfait).

- 2,7 millions d'étrangers en 1931, 3,6 millions en 1990, environ 4 millions aujourd'hui.
- Arrivée des premiers immigrants autour de 1850. Viennent de Belgique.
   Causes : déficit de natalité, lourdes pertes de la première

vingt
Dossier 1

guerre mondiale, résistance des petits paysans à travailler en usine.

- Vague d'immigrés italiens. XIXᵉ siècle. Frontaliers.
- Années 1920 : Arménie, Europe centrale. Persécutions. Causes économiques mais surtout politiques et humaines.
- Années 45-50 (reconstruction après guerre), travailleurs du Portugal et de l'Espagne.
- Conclusion : XIXᵉ siècle, l'industrie trouve ses prolétaires parmi les paysans qui doivent survivre. Plus tard, ils se sont embourgeoisés ; des étrangers prennent leur place dans les tâches industrielles les plus dures.

Exprimer des rapports de temps

6 Complétez les phrases suivantes en utilisant une expression de temps.

1. *tant que, après, avant de, jusqu'à, chaque fois que, jusqu'à ce que.*

Pour préserver un lien symbolique avec son pays d'origine, l'immigrant pratique ses traditions

... sa mort.

... il est en famille pour une fête

... assimiler la culture du pays d'accueil.

... il n'est pas complètement intégré.

... il ait des enfants.

... s'être inscrit dans un réseau associatif.

2. *en attendant que, une fois que, sans attendre de.*

Il a demandé une carte de travail

... obtenir la nationalité française.

... il a eu sa carte de séjour.

... on lui procure un emploi.

3. *avant que, après, jusqu'à ce que, aussitôt que, une fois que.*

Il a appris la langue française

... il est arrivé.

... son visa pour la France ne soit prêt.

... avoir fait les démarches pour immigrer.

... il a été sûr de pouvoir partir.

... il parte pour un autre pays.

7 Transformez les phrases en utilisant : *à peine... que* (attention à l'inversion sujet / verbe).

Exemple : J'ai ouvert la porte et je me suis rendu compte immédiatement que je m'étais trompé d'adresse.

→ *À peine ai-je ouvert la porte que je me suis rendu compte que je m'étais trompé d'adresse. ou À peine avais-je ouvert la porte...*

1. Il a reçu un télégramme, il est parti aussitôt.

2. Dès l'arrivée du train nous sautions sur le quai.

3. Tout de suite après sa réussite au bac, il s'inscrira à la faculté de médecine.

4. Vous avez découvert un secret de famille et vous vous êtes immédiatement mis en quête de vos origines.

Fiche page 168 ➡

8 Trouvez, dans cette liste, l'équivalent du mot souligné : *dorénavant, jusqu'alors, dès lors, durant, dès que, lorsque, lors de.*

1. Le jour de la tempête de neige, j'ai pris une photo saisissante : <u>désormais</u>, je ne sortirai plus sans mon appareil.

2. Très jeune, il a perdu son père. <u>À partir de ce moment-là</u>, tout a changé dans sa vie.

3. <u>Quand</u> il a eu fini ses études, il est parti en Amazonie étudier la tribu Yanomami.

4. Il travailla dans l'administration <u>pendant</u> des années avant d'écrire son premier roman.

5. <u>Aussitôt</u> qu'elle connut le succès, elle se mit à voyager dans le monde entier.

6. <u>Au moment de</u> la déclaration de guerre, il vivait loin de sa famille.

7. <u>Jusqu'à ce moment-là</u>, j'avais grandi en marge du monde des adultes ; j'entrevoyais maintenant clairement mon avenir.

9 Classez ces expressions de temps selon leur sens : rapidité ou répétition. Puis utilisez-les dans une phrase.

Dans les plus brefs délais, sous peu, sans arrêt, en un clin d'œil, à tout bout de champ, par retour de courrier, sans cesse.

rédiger une biographie

Éléments de biographie d'une Vie Épique et Passionnée

Artiste de génie aux multiples talents, écrivain, peintre, sculpteur, Sarah Bernhardt reste l'une des plus brillantes femmes de son époque. Son style inspira la mode, les arts décoratifs et même l'esthétique de l'Art nouveau.

Elle débuta au Conservatoire puis à la Comédie-Française en 1862. Elle avait dix-huit ans. Jusqu'à sa mort, à presque quatre-vingts ans, elle joua cent vingt pièces. Son répertoire fut éclectique. Elle excella dans la comédie bourgeoise comme *La Dame aux Camélias*, triompha dans le théâtre romantique avec *Hernani* et *Ruy Blas*, s'illustra dans des rôles travestis avec *Hamlet*, *Lorenzaccio* ou *L'Aiglon*. *L'Aiglon* écrit par son ami Edmond Rostand dont elle interpréta au cours de l'Exposition universelle de 1900 deux cent cinquante représentations avec un succès ininterrompu. Mais elle symbolise avant tout LA tragédienne de *Phèdre* de Racine qu'elle joua pendant quarante ans.

Cette personnalité, hors du commun, fut adulée par le monde entier à travers des tournées triomphales. Elle sillonna la planète endossant les rôles de plus de cent vingt personnages allant même jusqu'à être sollicitée par le cinéma américain. Sarah Bernhardt est aussi une femme engagée. Elle milite contre la peine de mort, soutient Dreyfus aux côtés de Zola et fait face aux attaques antisémites dont elle est l'objet. Elle est patriote. Sacralisée « trésor national » en 1914 et, parce que l'on craint qu'elle puisse être l'objet d'une prise de guerre, elle est priée de se cacher et de quitter Paris. Malgré l'amputation d'une jambe l'année suivante, elle n'hésite pas à partir jouer sur le front pour soutenir le moral des « poilus »… Ces actions d'honneur doublées de son talent d'artiste confortent son immense popularité… Ses obsèques seront suivies par une foule estimée à un million de personnes.

« Un jour ma manucure, entrant dans ma chambre pour me faire les mains, fut priée par ma sœur d'entrer doucement parce que je dormais encore. Cette femme tourna la tête me croyant endormie dans un fauteuil ; mais, m'apercevant dans un cercueil, elle s'enfuit en poussant des cris de folle. À partir de ce moment, tout Paris sut que je couchais dans mon cercueil ; et les cancans vêtus d'ailes de canards prirent leur vol dans toutes les directions ».

Michel Colucci (1944-1986)

Coluche fut très tôt orphelin de père et commença à travailler dès l'âge de quinze ans. Il fit divers petits boulots avant de devenir chanteur ambulant en 1968. Son séjour au cabaret "La Méthode", en tant que régisseur, lui donna goût au spectacle. En collaboration avec le comédien Romain Bouteille, il loua un atelier de réparation de moteurs rebaptisé "le Café de la gare". Des artistes aujourd'hui très connus, tels que Gérard Depardieu, Miou-Miou, le rejoignirent dans ce petit atelier. Après la scène, vint le succès à la radio puis à la télévision, qui diffusa en 1974 pour la première fois "C'est l'histoire d'un mec" puis en 75 "Le Schmilblick". Avec son humour décapant, plaisant à certains et rejeté par d'autres, Coluche s'en est pris à tous les défauts de notre société.

"Je vais foutre la merde !" fut le titre de son programme à l'élection présidentielle de 1981 à laquelle il se porta candidat. Avec plus de 10 % des intentions de vote, selon les sondages, "On" le poussa à se désister en mars 81. Interprète de nombreuses comédies, Coluche fut également très remarqué dans le film *Tchao Pantin* (1983) pour lequel il reçut le César du meilleur acteur. En 1985, il lança les Restos du cœur, association caritative destinée à donner des repas aux sans-logis. Il mourut prématurément dans un accident de moto, le 19 juin 1986.

1 👁

a) Lisez ces deux biographies et relevez les éléments principaux de la vie de chaque personnalité.

> Vie d'artiste : ...
> Activité politique et sociale : ...

b) Relisez les deux textes et dites en quoi leur organisation diffère.

2 👁

a) Choisissez, pour chaque biographie, les adjectifs qui caractérisent le ton employé.

☐ neutre
☐ dithyrambique
☐ élogieux
☐ simple
☐ humoristique

b) Quelle biographie vous donne envie d'en savoir plus sur l'artiste ? À votre avis, pourquoi ?

c) Notez les temps employés dans chacune des deux biographies et dites quels effets ils produisent.

3 👁

Dans le texte sur Sarah Bernhardt, sélectionnez cinq expressions qui permettent de valoriser l'artiste.
Exemple : Cette personnalité, hors du commun, fut adulée.

4 ✏

Lisez l'encadré ci-dessous et rédigez la biographie d'une personne célèbre qui a eu de l'importance pour votre pays et pour laquelle vous avez de l'admiration.

PRÉPARATION

> Rassemblez des informations sur la personne que vous avez choisie. Aidez-vous d'un bon dictionnaire encyclopédique et de deux ou trois sites Internet différents. Comparez, croisez les sources pour avoir le portrait le plus objectif possible.

> Sélectionnez les traits particuliers qui font de cette personne une personnalité d'exception.

> Isolez un élément (un trait de caractère, un engagement, une œuvre, une action...) qui est pour vous essentiel et qui justifie votre intérêt pour cette personnalité.

> Recueillez éventuellement une anecdote qui illustre une attitude, un comportement, un fait de vie original.

> Choisissez deux illustrations représentatives (exemple : un portrait de la personne et une représentation de son œuvre...).

TECHNIQUES POUR... *faire une biographie*

RÉDACTION

Rédigez votre texte en suivant ce plan.
Variez les temps verbaux et respectez la ponctuation.

❶ Introduction : montrer en quelques lignes en quoi la personne présentée est exceptionnelle ou exemplaire.

❷ Présenter chronologiquement l'œuvre pour laquelle elle est connue.

❸ Apporter des informations extérieures (vie privée, goûts, engagements, relations...) qui complètent le portrait et corroborent l'intérêt pour cette personnalité.

❹ Ajouter une anecdote marquante.

❺ Conclusion : apporter une ouverture sur ce que laisse ou laissera dans le futur cette personnalité d'importance et en quoi elle est inoubliable. Terminer sur une note personnelle et ouverte.

Privé

DOSSIER 2

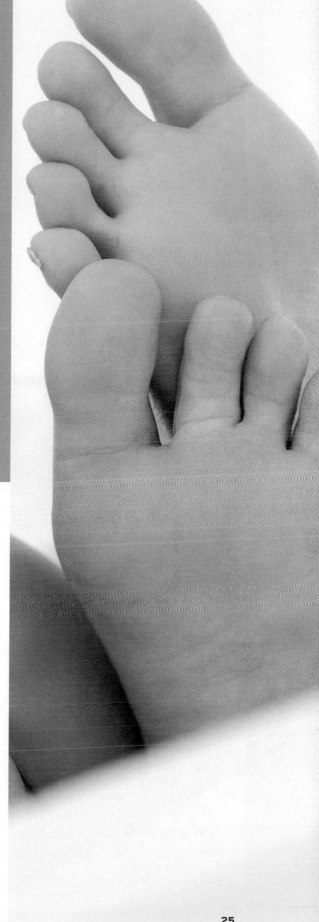

Sommaire

 B 2

Privé

1 🎧

Écoutez et répondez.

1. Quelles sont les circonstances de la rencontre ?
2. Relevez deux expressions employées par Virgile pour définir son histoire.
3. Quels sont les trois mots qu'il a choisis pour qualifier cette relation ?

Jean-Paul Sartre
et Simone de Beauvoir

Ma belle, mon adoré, je m'ennuie de toi à mourir. Tout est vide je n'ai que tes vêtements à embrasser. Ton corps, tes yeux, ta bouche, toute ta présence me manque. Tu es la seule, je t'aime de toute éternité. Toutes les détresses que j'ai subies ne sont rien. Mon amour, notre amour les brûle. Quand tu reviendras, je veux te parer merveilleusement. Donne-moi la taille pour les pyjamas (!!!). Je veux pour toi tout ce qu'il est possible d'avoir, tout ce qu'il y a de plus beau. Reste le moins longtemps possible absente. Reviens vite. Sans toi, je ne suis plus rien. Tous les autres désirs je les réalise en rêve. Le désir que j'ai de toi, je le réalise dans la réalité. Gala, mon dorogoï*, ma toute aimée, depuis toujours, pour toujours, reviens le plus vite possible. Rien ne vaut que nous nous privions ainsi l'un de l'autre. [...]

Lettre de Paul Éluard à Gala
in Albine Novarino, *50 billets d'amour,*
coll. « Carnets », Éd. Omnibus, 2003

*** dorogoi** : mot russe signifiant cher*

Je suis toute pénétrée de ce bonheur que j'ai de vous avoir - rien d'autre ne compte. Je vous ai, petit tout précieux, petit bien-aimé - aussi bien aujourd'hui qu'avant-hier quand je vous voyais et je vous aurai jusqu'à votre mort - après ça, rien vraiment n'a d'importance de tout ce qui peut m'arriver. Je suis non seulement pas triste, mais même profondément heureuse et assurée - même les plus tendres souvenirs de tous vos chers visages et de vos petits bras en corbeille le matin autour de l'oreiller ne me sont pas douloureux. Je me sens tout enveloppée et soutenue par votre amour.

Lettre de Simone de Beauvoir à Jean-Paul Sartre
in Albine Novarino, *50 billets d'amour,*
coll. « Carnets », Éd. Omnibus, 2003

2 👁

a) Lisez ces deux lettres d'amour. Faites des hypothèses sur les circonstances dans lesquelles chaque lettre a été écrite.

b) Relevez les mots pour nommer la personne aimée.

3 👁👄

a) Dites quelle lettre vous trouvez :
- la plus tendre
- la plus émouvante
- la plus convaincante

b) Quelle lettre préférez-vous ? Pourquoi ?

La chimie de l'amour

Le principe chimique du sentiment amoureux est comparable à celui des drogues de type amphétaminiques[1]. Le processus amoureux est subdivisé en deux parties : la phase d'attirance (genre coup de foudre) et la phase d'attachement. De façon chimique, c'est la noradréna-
5 line sécrétée par les synapses du cerveau qui déclenche le processus amoureux. [...] Elle agit comme une drogue, elle provoque une accoutumance, mais avant le début de la période d'accoutumance, elle provoque
10 l'euphorisation, sensation ressentie lorsque le sujet aimé est aperçu. Les effets de la sécrétion de la noradré-naline par les synapses du cerveau sont : l'hyper-activité, la diminution de l'appétit et du besoin de sommeil sans pour autant que la fatigue soit ressentie.
15 Alors, on dit que l'on vit d'amour et d'eau fraîche...
La première phase de l'état amoureux, déclenchée par la présence de noradrénaline dans le cerveau au niveau des cellules synaptiques, est caractérisée par la puis-sance de l'énergie déployée, correspondant à une phase
20 d'exploration par la désinhibition[2], par l'augmentation de la vie fantasmatique et par une anticipation accen-tuée du bonheur futur. Il y a lors de cette période une certaine forme de négation des défauts de l'autre par le fait que les fantasmes se superposent à la réalité et
25 favorisent le rapprochement [...].
La deuxième phase de l'état amoureux est déclenchée par l'accoutumance à la dose de noradréna-line synthétisée par les synapses. Le comportement manifesté lors de cette phase est complètement

différent de celui de la première phase. [...] En effet, la 30 nouveauté n'est plus l'effet de prédilection recherché. Ce sentiment est remplacé par la satisfaction d'être en compagnie de l'autre. Ce type de comportement est comparable à l'accoutumance aux drogues opiacées. Chaque moment passé ensemble augmente et renforce 35 le besoin de la présence de l'autre. [...] La séparation entraîne un malaise bien réel qui peut aller jusqu'à l'an-goisse. Les retrouvailles offrent un plaisir encore plus grand 40 qu'auparavant car de façon toxi-cologique celles-ci sont com-parables à la réaction d'un toxi-comane qui, après un court sevrage[3], recommence à con- 45 sommer, ce qui provoque une réaction morphologique plus forte que de coutume. C'est exactement le même effet qui est présent pour les amoureux 50 qui se retrouvent. La seule diffé-rence c'est que la drogue est inoffensive. [...]

Louise Belisle, Département
des sciences de la nature
du cégep Marie-Victorin Montréal,
Québec, mars 2005

1 - amphétamines : *médicament employé comme excitant du système nerveux*

2 - inhibition / désinhibition : *action nerveuse ou hormonale empêchant le fonctionnement d'un organe ou, en psychologie, interdisant certains comportements / la désinhibition est la libération de ces comportements*

3 - sevrage : *phase de privation progressive d'un aliment nécessaire (du lait maternel chez les mammifères, de la drogue pour les toxicomanes)*

BIBLIOGRAPHIE
• CYRULNIK (Boris), *De chair et d'âme*, Éd. Odile Jacob, 2006
• LEDOUX (Joseph), *Le Cerveau des émotions*, Éd. Odile Jacob, 2005
• Magazine *Science et Vie*, n°232, « Les émotions »

4

a) Lisez le texte. Quelle est l'intention de l'auteur ?
☐ mettre en garde
☐ expliquer
☐ convaincre
☐ décrire
☐ raconter
b) Expliquez le titre.

5

Relisez le texte et répondez.
1. Notez les deux grandes étapes du processus amoureux.
2. Retrouvez les différentes réactions associées à chaque étape.
3. Relevez les phrases et expressions qui montrent que l'attachement amoureux est associé à une intoxication.
4. Que pensez-vous de la dernière phrase du texte ? Êtes-vous d'accord ?

De la naissance de l'amour

Voici ce qui se passe dans l'âme :
1. L'admiration.
2. On se dit : Quel plaisir de lui donner des baisers, d'en recevoir ! etc.
3. L'espérance.
[...] Même chez les femmes les plus réservées, les yeux rougissent au moment de l'espérance ; la passion est si forte, le plaisir si vif qu'il se trahit par des signes frappants.
4. L'amour est né.
Aimer, c'est avoir du plaisir à voir, toucher, sentir par tous les sens, et d'aussi près que possible, un objet aimable et qui nous aime.
5. La première *cristallisation* commence.

Stendhal, *De l'amour*, chapitre II, 1822

O. N. AIME

Pluie de baisers avec battements de cœur. Persistance des frissons en fin de journée. Au cours de la nuit la fièvre atteindra la cote d'alerte et les amoureux tousseront jusqu'à l'aube.

6

Écrivez en quelques lignes le « chapeau » de cet article.

7

Quels points communs pouvez-vous trouver entre le texte de Stendhal (1822) et la chimie de l'amour (2005) ?

8

Décrivez ce dessin et trouvez-lui un titre.

27
vingt-sept
Dossier 2

De la tête aux

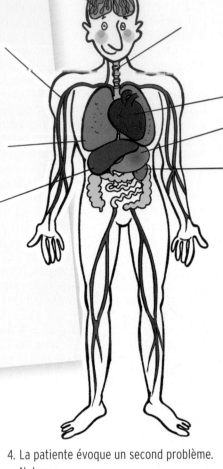

TEST

Savez-vous comment fonctionne le corps humain ?

Répondez aux questions et remplissez les légendes du croquis :
poumons, cœur, reins, estomac, cerveau, foie, œsophage, sang.

1. Il y en a deux. Ils servent à filtrer le sang.

2. C'est un organe comparable à un ordinateur qui reçoit, analyse et redistribue des informations.

3. Ils redistribuent l'oxygène dans tout le corps par l'intermédiaire du sang.

4. C'est une pompe très puissante et partiellement autonome qui envoie le sang dans le corps.

5. Il fait partie du système digestif et broie finement les aliments.

6. C'est un tube de 26 cm de long dans lequel les aliments descendent vers l'estomac.

7. Il part du cœur, circule dans les veines et contient des milliards de cellules.

8. Il secrète la bile, épure et élimine les toxines.

---

1 👁

Lisez le document et faites le test.

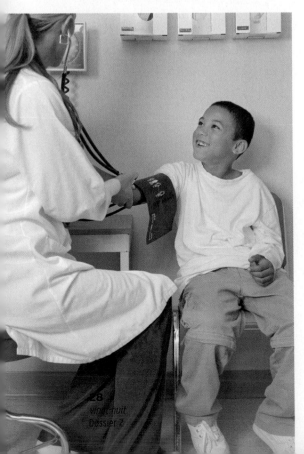

2 👂

Écoutez et répondez.

1. Cochez les différents symptômes de la patiente dans cette liste.
   - ☐ rougeurs
   - ☐ migraine
   - ☐ maux de ventre
   - ☐ mal de gorge
   - ☐ rhume
   - ☐ toux
   - ☐ fièvre
   - ☐ difficulté à respirer
   - ☐ pouls irrégulier

2. Le médecin :
   - ☐ lui a examiné la gorge
   - ☐ a pris sa tension artérielle
   - ☐ l'a auscultée
   - ☐ lui a pris le pouls
   - ☐ lui a manipulé le dos
   - ☐ a pris sa température

3. Quel est le diagnostic du médecin ?
   - ☐ une grippe
   - ☐ un virus
   - ☐ une angine
   - ☐ un lumbago

4. La patiente évoque un second problème. Notez :
   > ses symptômes : ...
   > ses causes : ...

5. Le praticien lui conseille de :
   - ☐ consulter un neurologue
   - ☐ consulter un psychologue
   - ☐ prendre des tisanes calmantes
   - ☐ ne pas trop se confier à son entourage
   - ☐ se confier à son entourage

3 👂

Réécoutez la prescription du médecin et classez les informations dans le tableau.

les médicaments	>
	>
	...
la posologie	>
	>
	...
les pièces administratives nommées	>
	>
	...

pieds !

4 🎧

Écoutez la première partie du reportage et identifiez la situation : qui, où, quoi, pourquoi ?

5 🎧

a) Écoutez la deuxième partie et dites si ces affirmations sont vraies ou fausses. Justifiez.

1. La pharmacienne propose à son client un remède agissant sur le nez et la gorge à la fois.
2. Elle lui assure que ce produit marchera quelle que soit la cause des ronflements.
3. Elle lui affirme que le produit aura des résultats immédiats.
4. Elle lui avoue que le produit n'a pas encore été testé en laboratoire.

b) Réécoutez et répondez.

1. Notez les questions d'Antoine.
2. Choisissez un adjectif pour qualifier l'attitude d'Antoine et celle de la pharmacienne.
   - ☐ crédule
   - ☐ méfiant
   - ☐ de mauvaise foi
   - ☐ commerçant
   - ☐ indifférent
   - ☐ convaincant
3. Faites des hypothèses sur le résultat du test.

6 🎧 👂

Écoutez la troisième partie du dialogue et racontez ce qui s'est passé. Qu'en pensez-vous ?

7 👂

Jeu de rôle.

Vous allez chez le pharmacien. Vous lui décrivez un symptôme. Il vous vend un médicament « miracle ». Vous lui posez beaucoup de questions mais il a réponse à tout.

J'AI TOUT LE TEMPS DES FOURMIS DANS LES JAMBES, VOUS AURIEZ UN INSECTICIDE ?

carte d'assurance maladie
vitale
2 75 10 68 785 365 00
CAUDRELIER
BARBARA

POINT INFO

Les dépenses de santé en France

La France consacre 10 % de son PIB (Produit Intérieur Brut) à la santé (soins et produits médicaux). Parmi les pays de l'Union européenne, ce taux est seulement dépassé par l'Allemagne (11,1 %). Par ailleurs, la CPAM (Caisse Primaire d'Assurance Maladie) rembourse 76 % des frais engagés. C'est le taux le plus faible d'Europe.
Depuis 1990, la part de la santé dans la Sécurité Sociale (cf. Abécédaire culturel p. 150) a connu une croissance continue et forte. Depuis 1997, ce sont les dépenses de médicaments qui ont le plus contribué à la hausse de la consommation de soins devant les dépenses d'hospitalisation. En effet, les Français sont les plus gros acheteurs de médicaments au monde.
L'évolution démographique qui entraîne un vieillissement continu de la population va rendre d'autant plus nécessaire la maîtrise des dépenses de santé. L'enjeu est de réduire les déficits tout en conservant un système de santé de qualité.

La carte vitale

Depuis 1996, les caisses d'assurance maladie ont l'obligation de délivrer à tout bénéficiaire de l'assurance maladie une carte électronique indivi-duelle, la carte vitale. Il s'agit d'une carte à puce, au format d'une carte de crédit, permettant de justifier de ses droits à la Sécurité Sociale.

Stratégies *pour...*
décrire un problème de santé

Décrire des symptômes

- *J'ai mal au ventre, au cœur, à la tête...*
- *J'ai du mal à marcher, avaler, parler...*
- *Je souffre de crampes, d'insomnies, de douleurs à...*
- *Je manque d'énergie, de vitalité, de tonus, d'appétit.*
- *Je me sens anémié(e), je n'ai pas de force, je suis déprimé(e).*
- *J'ai les nerfs à fleur de peau, je suis excité(e), je pleure à la moindre contrariété.*
- *J'ai des angoisses, des insomnies, des bouffées de chaleur, des boutons, des palpitations, la nausée...*

Donner des précisions

- *Où ? Dans le bas du dos, au niveau des cloisons nasales, sous les côtes, dans la nuque...*
- *Quand ? Tous les matins quand je me réveille, le soir avant de m'endormir, après les repas, quand je fais un mouvement brusque, tout le temps.*

Décrire les manifestations

- *Ça me brûle, ça me pique, ça me démange, ça me lance.*
- *C'est enflé, gonflé, infecté.*
- *Ça fait une boule, une grosseur, des rougeurs.*

Interroger sur la maladie

- *Ma tension est normale ? Le rythme cardiaque, ça va ? J'ai de la fièvre ? C'est irrité ?*
- *Vous croyez que c'est contagieux, viral, psychosomatique, bénin ?*
- *J'en ai pour combien de temps ? Ça va être long à guérir ? Quand est-ce que je vais commencer à aller mieux ? Ma convalescence sera longue ? Vous pensez que je vais me rétablir bientôt ? Je serai sur pied dans combien de temps ?*

DES MOTS ET DES FORMES

Le corps

1 Écoutez et relevez les expressions utilisées pour exprimer la souffrance physique et celles utilisées pour exprimer le soulagement.

2 Associez pour reconstituer les expressions. Pour chaque expression, dites ce qu'exprime ce mouvement.

Exemple : se ronger les ongles → nervosité

se ronger •
se frotter •
hausser •
serrer •
froncer •
cligner de •
plisser •
se mordre •
tirer •

• les lèvres
• les épaules
• l'œil
• *les ongles*
• la langue
• le front
• les sourcils
• les dents
• les mains

3 Reliez l'onomatopée au bruit du corps humain correspondant.

atchoum •
snif •
rrr •
hic / hips •

• hoquet
• éternuement
• reniflement
• ronflement

4 Complétez ces remarques avec l'une des expressions suivantes (n'oubliez pas de conjuguer les verbes).

avoir du nez, avoir les nerfs à fleur de peau, s'en mordre les doigts, donner un coup de pouce, faire la sourde oreille, avoir sur le bout de la langue, couper les cheveux en quatre

1. Il vient de trouver un travail. Son père lui ... , ça l'a bien aidé !
2. C'est quelqu'un de très compliqué. Il adore ... .
3. J'ai demandé à un ami de venir m'aider à déménager mais je crois qu'il ... . Je n'ai aucune nouvelle !
4. Je ne me souviens plus du nom de cet endroit magnifique que tu dois aller voir absolument. Mais ça va me revenir ! Je ... .
5. Elle a quitté les lieux juste avant les inondations. Elle ... !
6. Il vient d'arrêter de fumer. Il ... , c'est normal !
7. Méfie-toi ! Je trouve que tu as fait beaucoup d'impasses pour cet examen. Si tu te plantes, tu pourrais ... .

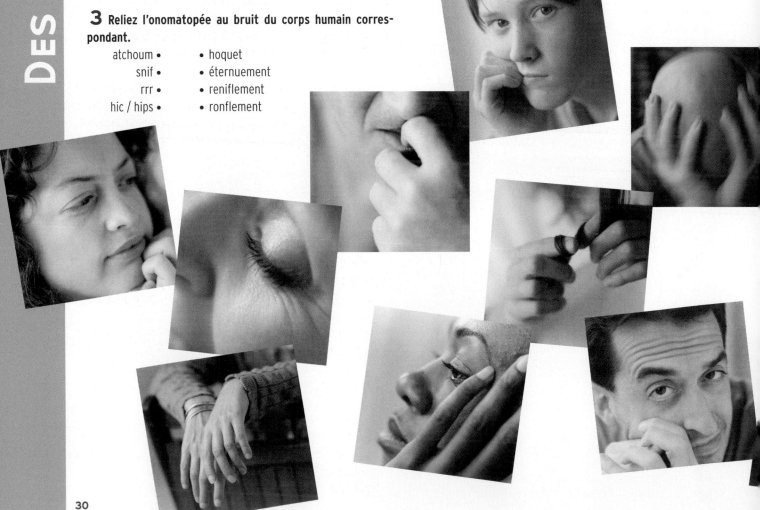

Exprimer des sentiments

5 a) Classez ces expressions de sentiment dans une des catégories suivantes : amour, haine, surprise, colère, regret.

je suis emballé(e) par

j'ai un faible pour

je déplore

je n'en reviens pas

je suis en rogne contre

je suis indigné(e)

j'ai une passion pour

je suis étonné(e)

je trouve bizarre que

je ne supporte pas

ça m'horrifie

je ne peux pas sentir

je suis navré(e)

je ne m'y attendais pas

je suis atterré(e)

je raffole de

ça me répugne

je suis déconcerté(e) par

b) Trouvez deux autres expressions pour chaque catégorie.

6 Classez ces formes impersonnelles dans la catégorie des jugements positifs ou négatifs.

C'est / il est {
fantastique
scandaleux
louable
déprimant
navrant
émouvant
réconfortant
honteux
choquant
stimulant
inadmissible
inconcevable
} que / de...

7 Associez en ajoutant *de* ou *que*.

Exemple : Julien est navré d'avoir manqué son rendez-vous.

1. *Julien est navré*
2. C'est choquant
3. Il est louable
4. C'est incroyable
5. Léa est atterrée
6. Les jeunes raffolent
7. C'est inadmissible
8. Je suis étonné

a. vous ayez fait l'effort de lui dire la vérité.
b. la musique répétitive.
c. ils aient un enfant tout de suite.
d. ses amis aient oublié son anniversaire.
e. *avoir manqué son rendez-vous.*
f. les voisins veuillent divorcer après trente ans de mariage.
g. il ait quitté son partenaire sans un mot d'explication !
h. aller s'installer loin de ses enfants.

8 Exprimez votre opinion. Complétez les phrases avec une des expressions suivantes.

je raffole, je m'oppose, je suis révolté(e), je suis favorable, je suis emballé(e), j'ai horreur, je suis étonné(e), je ne m'attendais pas, je suis en rogne

1. ... à ce que la légalisation du mariage homosexuel soit voté.
2. ... par la nouvelle conception de la famille.
3. ... contre la mairie qui a refusé le prénom Biba pour ma fille !
4. ... des brèves sentimentales dans la presse people.

9 Lisez les sujets de débat pris dans l'actualité et répondez par écrit comme sur un forum. Échangez vos réactions avec vos camarades de classe qui les approuveront ou s'y opposeront.

1. Espagne, vendredi 30 juin : une femme de 67 ans a donné naissance à des jumeaux, devenant ainsi l'une des mères les plus âgées au monde. Vos réactions ?
2. Un spécialiste de l'insémination artificielle a expliqué que seules 25 % des femmes âgées de plus de 40 ans avaient des chances d'être enceintes par des moyens artificiels, mais que l'intervention pouvait se pratiquer au delà de cet âge et « même à 90 ans ». L'idée vous plaît-elle ?
3. Mères porteuses : choqué ou indifférent ? Quels sentiments vous inspirent la mère qui y a recours ? la femme qui « prête » son corps pour porter l'enfant d'une autre ?
4. L'échographie en 3D pour voir évoluer l'enfant pendant la grossesse est une image anatomique hyperréaliste très frappante : un médecin accoucheur a dû retirer les photos 3D de son cabinet parce qu'elles perturbaient gravement les patients. Fasciné ou dégoûté ?
5. Pousser les recherches sur l'embryon et permettre le clonage thérapeutique, c'est le sens du rapport parlementaire Claeys (décembre 2006) sur la bioéthique qui a soulevé un tollé de protestations à l'Assemblée nationale. Réagissez : ce rapport est-il pour vous stimulant, encourageant ou scandaleux ?

C'est Anna qui avait décidé d'avoir un autre bébé aussi vite. Pour, je crois, s'acquitter au plus tôt de son serment intime : n'avoir jamais un enfant unique. Sans doute avait-elle comme moi trop souffert de la solitude familiale, de l'interminable et décevante jeunesse passée face à soi-même. Avant que les rôles ne s'inversent, je constatai que, pour l'instant, Vincent et Marie étaient en train d'éduquer leur mère, de lui apprendre à trier l'essentiel du secondaire, à privilégier l'être aux dépends du paraître et le biberon à vis aux avis d'Adam Smith[1]. La lune de miel fut de courte durée. Anna n'avait pas d'attirance prononcée pour les choses de la maternité. Elle adorait ses enfants, mais les tentations du monde extérieur, le besoin d'entreprendre se faisaient chaque jour plus pressants. [...] Ces bouleversements m'incitèrent à prendre une décision à laquelle je pensais déjà depuis longtemps : abandonner mon stupide travail pour me consacrer à mes enfants. Les élever tranquillement.

Comme une mère d'autrefois.

J'eus le sentiment que ma décision arrangeait tout le monde. Anna se sentit immédiatement déculpabilisée de délaisser ses nourrissons. [...]

J'ai aimé ces années passées auprès de Marie et de Vincent, ces saisons vécues hors du monde du travail et des préoccupations des adultes. Nous vivions de promenades, de siestes et de goûters où le pain d'épice avait la saveur de l'innocence et du bonheur. Pour les avoir talqués, poudrés, pommadés, je connaissais chaque centimètre carré de la peau de mes enfants. Je percevais les dominantes de leur odeur, animale chez le garçon, végétale chez la fille. [...]

Mes journées se résumaient à l'exécution de tâches répétitives, simples, le plus souvent ménagères, auxquelles je ne pouvais cependant pas m'empêcher de trouver une certaine noblesse. Le soir, lorsqu'Anna rentrait, le repas était prêt et les enfants couchés. Mon existence ressemblait à celle de ces épouses modèles que l'on voyait dans les feuilletons américains des années soixante, toujours impeccables et prévenantes, semblant n'être nées que pour faire oublier au mâle dominant et travailleur la fatigue de sa journée de labeur. Il ne me manquait que la jupe à volants et les talons aiguilles. Pour le reste, à l'image de mes sœurs d'outre-Atlantique, je servais un scotch à l'entrepreneuse en faisant semblant de m'intéresser à ses jérémiades patronales. Il lui arrivait de me demander parfois comment avait été ma journée, je lui répondais « Normale », et cet adjectif bien qu'élusif et minimal semblait amplement combler sa bien maigre curiosité. [...]

Deux ou trois fois par mois, Anna organisait, à la maison, des dîners où elle invitait ses deux amies d'enfance accompagnées de leurs maris. [...] Ces soirées dînatoires commençaient toujours de la même façon : les femmes venaient me retrouver en cuisine pour parler recettes, famille, enfants, pendant que les hommes buvaient un verre au salon en discutant boulot avec Anna. Je me suis souvent demandé comment me considéraient Brigitte et Laure. Étais-je pour elles encore un homme à part entière ou plutôt un être hybride, un mutant, conservant l'apparence de la masculinité mais doté d'une carte-mère résolument féminine ?

Jean-Paul Dubois, *Une vie française*,
Éd. de l'Olivier, coll. « Points », 2005

1 **Adam Smith** (1723-1790) : philosophe et économiste écossais, aujourd'hui considéré comme le théoricien du libéralisme.

1

Lisez cet extrait de roman et répondez.
1. Qui en sont les personnages principaux ?
2. Quelle est la situation présentée ?
3. Qu'est-ce qui dans cette situation est inhabituel ? insolite ?

2

Relisez et répondez.
a) Suivez l'évolution d'Anna. Quelles phrases du texte expliquent :
> son désir d'avoir deux enfants ?
> sa perte d'intérêt pour le rôle de mère ?
> son ambition professionnelle ?
> son soulagement d'être déchargée des tâches maternelles ?

b) Suivez l'évolution du narrateur et dites :
- pourquoi il choisit de rester à la maison pour s'occuper des enfants.
- les satisfactions que cette décision lui a apportées.

3

a) Relevez les mots et expressions qui expriment le point de vue du narrateur sur :
> son rôle « maternel » : ...
> ses tâches domestiques : ...
> sa femme : ...
> leurs amis : ...

b) Puis classez-les selon qu'ils expriment un point de vue positif ou négatif.

c) Relisez la partie où il se compare aux « épouses modèles des feuilletons » et soulignez les traits d'ironie qu'il emploie.

4

Échangez.
Pensez-vous que ce type d'expérience est fréquent ? Pensez-vous que ce soit possible dans votre pays ? Choisiriez-vous cette situation pour vous-même et dans quelles conditions ?

5

a) Écoutez la première partie de l'émission et relevez les différentes tâches domestiques évoquées.

b) Notez la répartition des tâches entre les hommes et les femmes et le temps qu'ils y consacrent.

6

a) Écoutez le reportage, dites de quoi il s'agit et à quelle occasion.

b) Associez la personne et le degré de compétence. Relevez pour chacun une ou deux phrases qui justifient votre réponse.

premier participant •   • expert
le mari de la 2ᵉ •   • débutant
participante •   • niveau
Brigitte •   intermédiaire
Jonathan •   • degré 0

7

Vrai ou faux ?
Réécoutez les interventions de Brigitte, de Jonathan et de sa copine et répondez.
1. La mère de Brigitte faisait tout à la maison.
2. Pour Brigitte, en faisant soi-même on ne dépend de personne.
3. Jonathan participe à la compétition pour faire plaisir à sa copine.
4. La jeune fille pense que les garçons participent mieux parce que les filles sont plus exigeantes.
5. Elle laisse désormais toutes les tâches domestiques à Jonathan.

8

Reportez-vous au mot *Couple* de l'Abécédaire culturel (p. 143). Dites quelles sont les modalités de vie en couple en France et comparez-les avec celles de votre pays.

DES MOTS ET DES FORMES

Donner son avis

1 Donnez par écrit et en une phrase votre opinion sur les sujets suivants (variez les expressions).

L'homme au foyer

Demander l'aide de sa belle-mère

Avoir une femme de ménage

Obliger les enfants (filles et garçons) à faire des tâches domestiques à la maison

Payer son conjoint pour faire les tâches domestiques

ON POURRAIT INVERSER LES RÔLES, QU'EST-CE QUE T'EN PENSES ?

2 Dites à quoi correspond chacune de ces phrases : une acceptation, une approbation, un accord, une confirmation, un consentement, un entérinement ou une ratification ?

1. Nous serons là vers 8 heures, comme prévu.
2. Le traité de Maastricht a été signé par la France.
3. « Je vous accorde la main de ma fille », disaient les pères il y a bien longtemps !
4. La décision de divorce émise en première instance a été légalisée par le juge.
5. Votre démonstration est parfaite.
6. Nous viendrons avec plaisir à la célébration de votre mariage.
7. Il n'y a pas de problème ; vous pouvez passer à l'étape suivante.

3 a) Classez ces expressions selon qu'elles expriment un consentement ou un refus.

Je te fais entièrement confiance.

Il n'y a aucune raison.

Tu es le seul juge.

Tes désirs sont des ordres.

Tu peux toujours courir.

Je te donne carte blanche.

C'est hors de question.

À ta guise.

Je n'y tiens pas.

b) Soulignez les expressions qui vous semblent les plus familières.

c) Par deux, imaginez des mini dialogues illustrant des situations quotidiennes de la vie d'un couple dans lesquels vous réemployez ces expressions.

Indicatif ou subjonctif ?

4 Associez.

1. Je suis reconnaissant
2. Il est sûr
3. C'est vraiment dommage
4. Nous sommes fiers
5. Vous êtes certains
6. Je ne comprends pas

a. qu'elle pourra bientôt voler de ses propres ailes.
b. que tu ne puisses pas faire une crème anglaise sans grumeaux.
c. que tu me fasses confiance.
d. que nos enfants aient acquis leur autonomie très rapidement.
e. qu'à son âge il ne sache pas encore prendre l'autobus tout seul !
f. qu'ils pourront se débrouiller sans vous.

5 Mettez les verbes entre parenthèses à la forme qui convient.

1. Le code civil affirme qu'un enfant ... (avoir besoin) de ses deux parents, mais on considère normal qu'une femme seule ... (pouvoir) adopter un enfant.

2. Tous les sondages sur les valeurs montrent que la fidélité dans le couple ... (venir) en première position ; simplement, il n'est pas évident que le mariage ... (garantir) la fidélité.

3. Pensez-vous vraiment que l'adoption d'enfants par les couples homosexuels ... (être reconnue) un jour dans le droit français ?

4. S'il est parfaitement légitime que la société ... (prendre) en compte les nouvelles formes de vie familiale, le législateur a pensé qu'il ... (falloir) y apporter des cadres stricts.

Fiche *page 163*

6 Mettez les verbes entre parenthèses à la forme qui convient.

1. Je ne crois pas que vous ... (avoir raison).

2. Quant à moi, je ne suis pas sûr qu'il ... (réfléchir beaucoup) avant de prendre sa décision.

3. La loi ne garantit pas que les enfants ... (avoir) leur mot à dire dans un divorce.

4. Vous refusez que le prévenu ... (être) considéré comme responsable de ses actes, mais vous ne niez pas qu'il ... (commettre) plusieurs agressions ?

5. Certains prétendent que l'on ... (pouvoir) vivre un jour en parfaite harmonie.

7 Complétez les commentaires entendus au cours d'une cérémonie de mariage.

1. Figurez-vous que j'ai appris que la famille du marié ... .

2. Moi, je comprends que la jeune mariée ... .

3. La veille de la cérémonie le fiancé a prétendu que ... .

4. Jusqu'au dernier moment, les belles-mères n'étaient pas sûres que ... .

5. Le maire était bien essoufflé ! Vous croyez que ... ?

6. Le vin d'honneur était très réussi. On dit que ... .

7. Selon moi, pour le repas, il aurait mieux valu que ... .

8. On a dansé toute la soirée. Pourtant, je croyais impossible que ... .

MON FILS A TOUJOURS AIMÉ LES FEMMES HYPER CLASSIQUES

8 Mettez les verbes à la forme correcte, puis donnez votre avis sur cette situation.

Bérénice a trois pères : celui dont elle porte le nom, son père biologique et celui qui l'a élevée. Le premier conteste qu'elle ... (avoir droit) à son héritage, le second reconnaît qu'elle ... (pouvoir) partager ses biens avec ses autres enfants, le troisième accepte qu'elle ... (devenir) sa fille légitime et veut l'adopter. Bérénice est perplexe.

9 Lisez le schéma. Dans un petit article informatif présentez le problème, faites la synthèse de l'opinion des Français sur ce phénomène de société et dites ce que vous en pensez en argumentant.

Pour un mariage gay, mais sans enfant

Les droits accordés aux couples homosexuels

Êtes-vous pour ou contre...

	Pour	Contre	Ne se prononce pas
Le mariage des couples homosexuels	50 %	43 %	7 %
L'adoption d'enfants par les couples homosexuels	40 %	54 %	6 %

Raisons avancées :

> Le choix de son / sa partenaire est libre.

> Le mariage est fait pour fonder une famille.

> Il faut supprimer les discriminations.

> Un enfant doit être élevé par deux parents de sexe différent.

> Un(e) célibataire peut adopter, pourquoi pas un couple homosexuel ?

> Avec la fécondation *in vitro* deux femmes pourront avoir des enfants, pourquoi les hommes ne pourraient-ils pas adopter ?

> La famille est fondée sur le couple hétérosexuel, c'est un principe religieux et social.

20 minutes, 15 décembre 2006

faire un exposé

La famille Bellelli, Edgar Degas, 1858

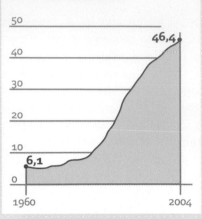

NAISSANCES HORS MARIAGE
en % des naissances

6,1 — 46,4

1960 — 2004

Le Monde, 17-18 septembre 2006

1

Écoutez l'introduction de l'exposé, donnez-en le thème et le plan.

2

Vrai ou faux ?
Écoutez la 1re partie de l'exposé en observant le graphique et répondez.
1. La moitié des enfants sont nés d'un couple marié en 2004.
2. Le nombre des mariages a subi une forte baisse depuis les années 60.
3. L'âge moyen du mariage a reculé.
4. On compte en moyenne deux divorces sur trois mariages.

3

Écoutez la 2e partie de l'exposé et répondez.
1. Quelle notion nouvelle apparaît au XVIIIe siècle ?
2. À quel moment de l'histoire le divorce a-t-il été :
   - autorisé ?
   - supprimé ?
   - rétabli ?

4

a) Regardez le tableau de Degas et dites ce qu'il représente.

b) Écoutez le commentaire sur le tableau et répondez.
Selon le conférencier, quel thème le tableau met-il en évidence ?
☐ Le bonheur d'être en famille.
☐ La domination paternelle.
☐ La tension conjugale.

5

Écoutez la 4e partie de l'exposé et sa conclusion. Notez :
> les facteurs qui favorisent un mariage tardif
> les nouvelles tendances du couple aujourd'hui

6

Associez ces phrases extraites de l'exposé avec leur fonction dans la technique de présentation de l'exposé.
1. je vais vous parler de
2. pour mesurer le phénomène
3. cela ne signifie pas que
4. il faut donc souligner que
5. en marge de cette constatation
6. il faut quand même remarquer que
7. j'ai choisi d'illustrer cette parenthèse
8. il me semble que cette scène
9. mais revenons à notre propos
10. le travail féminin, pardon, la généralisation du travail féminin

a. présenter des chiffres, des données
b. contredire une information
c. mettre en relief
d. apporter un élément contradictoire
e. fermer une parenthèse (digression)
f. insister sur une remarque
g. introduire le thème
h. se corriger
i. donner son opinion personnelle
j. annoncer un document à regarder

7

Faites un exposé sur l'évolution des relations familiales dans votre pays.

TECHNIQUES POUR...
faire un exposé

INTRODUIRE UN THÈME
- Je voudrais { vous parler de...
           { vous dire quelques mots sur...
- Ce que je voudrais vous dire...
- C'est / il est intéressant de noter...
- Il serait utile d'examiner...

PRÉSENTER SOMMAIREMENT LE PLAN
- Nous allons voir d'abord..., je proposerai ensuite...
- J'aborderai / J'examinerai { les points suivants...
                      { les problèmes suivants...
                      { les questions suivantes...
- En premier lieu, en deuxième lieu, en dernier lieu...
- Le dernier problème traité, abordé, analysé, présenté...

SITUER LE THÈME
- Ce phénomène { fait partie de..., entre dans la catégorie des...
               { rappelle...
               { fait penser à...
- Ce phénomène { est comparable, semblable, pareil, équivalent à...
               { du même ordre que...
               { du même type que...
- C'est presque la même chose que...
- On peut faire un rapprochement entre...
- Ce phénomène peut-être comparé, assimilé...
- Il présente un rapport, une affinité, une analogie avec...

DÉVELOPPER LE THÈME
Apporter des données précises, en s'appuyant sur des documents ou sur des citations d'auteurs reconnus.
- Les chiffres montrent que...
- On peut voir / comprendre que...
- Je cite X
  Comme dirait X   } « ... » fin de citation.
  X a dit textuellement

METTRE EN ÉVIDENCE
- Soulignons que...
- Il faut remarquer que...
- J'insiste sur le fait que...
- Attention à...
- Il convient de...
- Il y a lieu de...

FAIRE UNE TRANSITION
- Passons maintenant à...
  Venons en à...
- Le point suivant, la question qui suit...
- Cela nous amène, nous conduit à...

OUVRIR UNE DIGRESSION
- Ouvrons une parenthèse...
  Entre parenthèses, j'ajouterai que...
- Il faut également dire que... en marge de...

FERMER UNE DIGRESSION
- Je reprends...
- Reprenons...
- Je continue...
- Pour en revenir à...

RÉSUMER
- En résumé, pour résumer...
- En un mot, en quelques mots...
- Rapidement...

SE CORRIGER
- Pardon, je voulais dire...
- Pour être plus précis, plus exactement... ou plutôt

POUR CONCLURE
- Tout ça pour dire que, et c'est ainsi que, en somme, en définitive...
- Je conclus, je terminerai par, en conclusion, finalement, pour résumer, pour terminer, en un mot, au terme de cet exposé...

Domicile

DOSSIER 3

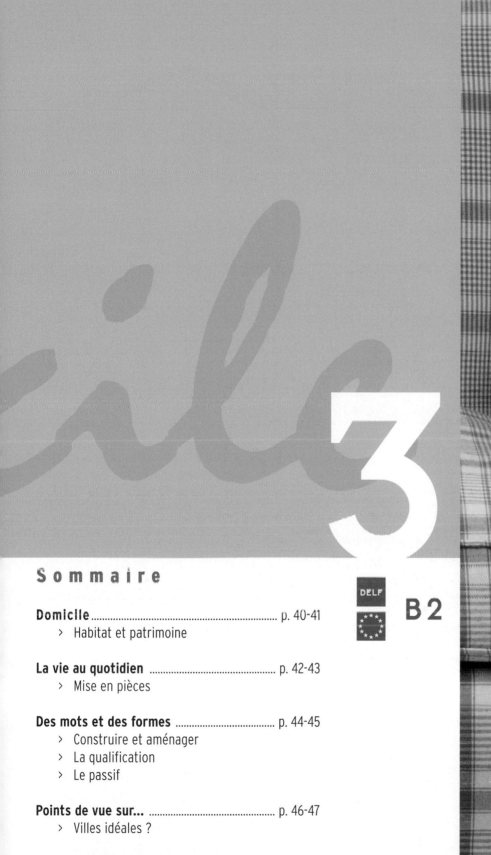

3

Sommaire

DELF B2

1

Observez la photo.
a) Qualifiez la maison avec deux ou trois adjectifs.

b) Faites des hypothèses sur les matériaux utilisés et les particularités de la maison.

2

a) Écoutez l'enregistrement et répondez aux questions.

1. Comment la maison est-elle qualifiée et où se trouve-t-elle ?
2. Quels types de matériaux ont été utilisés pour sa construction ?

b) Réécoutez et notez les autres particularités de la maison en relation avec l'environnement (toit, toilettes...).

3

Échangez.
Aimeriez-vous habiter dans ce type de maison ? Pourquoi ?

4

Écoutez l'interview de Jean-Louis Étienne.
Il parle :
☐ de sa maison de famille.
☐ de la maison qu'il a fait construire.
☐ d'un climat très chaud.
☐ d'un climat plutôt tempéré.
☐ de son attachement à sa région.
☐ de son départ de son village natal.

5

Réécoutez et notez :
> les caractéristiques de la maison et du climat
> les différentes professions de Jean-Louis Étienne
> les éléments qui montrent son attachement à son patrimoine régional

6

Dans la liste suivante, quels sont les deux éléments du patrimoine auxquels vous êtes le plus attaché(e) ?
☐ Les espaces naturels (la forêt, les prairies, les rivières, les fleuves...).
☐ L'agriculture (le type de culture, la façon de cultiver...).
☐ L'habitat (les matériaux utilisés, le style des maisons, l'époque de construction...).
☐ Les bâtiments liés à une histoire (les ruines, les monuments historiques, les bâtiments industriels désaffectés).
☐ Le folklore et les traditions (les fêtes locales, les vêtements, la cuisine, les outils...).
☐ Les œuvres d'art.

7

a) Quelles sont les richesses de votre région ? Quelles sont celles qui sont menacées de disparition ? Pour quelles raisons ?
b) Selon vous, que faut-il absolument préserver ?
- à la campagne : ...
- dans les périphéries des villes : ...
- dans les villes : ...

le 2 septembre 2014.

La ville, entre patrimoine et modernité

Entre le mouvement de mondialisation qui nous projette brutalement vers le futur et la nécessité de préserver le passé, la tension est forte. Les villes révèlent cette tension : les unes portent les traces de l'indifférence amnésique qui nie le passé et prône la table rase[1] ; les autres celles de la volonté obsessionnelle de conservation. À l'avenir des premières, il faut redonner un passé ; au passé des secondes, il faut construire un avenir.

Les recherches d'identité intemporelle ou les crispations sur un passé magnifié que l'on trouve dans le domaine de l'architecture comme dans bien d'autres domaines ne manifestent-elles pas le refus d'assumer l'incertitude du changement ?

Les tentations de la table rase initiées par le mouvement moderne en architecture ne constituent-elles pas une sorte de déni identitaire ?

Mais, entre patrimoine et modernité, la rupture n'est pas inévitable. L'opposition entre le modèle de ville européenne construite sur la base d'un vieil héritage et celui de la ville standardisée sans mémoire conçue sur le modèle de la ville américaine est trop simpliste.

Les chefs d'orchestres urbains (commanditaires, architectes, aménageurs...) les plus subtils veillent à associer passé et futur en émergence. Ils procèdent à un travail de « couture » entre espaces et temporalités diverses. [...]

Les rapports à la mémoire et à la culture varient fortement d'une ville à l'autre. Ainsi Venise, la ville musée porteuse d'enjeux économiques considérables liés au développement du tourisme, s'oppose-t-elle à Brasilia, la ville champignon sans passé destinée aux hauts fonctionnaires brésiliens !

Car les villes n'ont pas les mêmes patrimoines ni les mêmes rapports à leur patrimoine. On trouve ici des ambiances et des traces de ville médiévale ; ailleurs des friches[2] industrielles liées à des fonctions disparues, ailleurs encore, des bâtiments dégradés issus d'époques diverses.

Que garde-t-on ? Que démolit-on ? Que transforme-t-on et comment ? Les réponses à ces questions, qui concernent la réhabilitation de la ville, engagent la responsabilité collective vis-à-vis des générations futures et sont multiples. Il faut que, cas par cas, s'exprime une volonté politique, se construise une stratégie d'évolution urbaine, s'engage une démarche de projet associant les différents acteurs de l'aménagement et la population. Tel est l'enjeu du mouvement de renouvellement urbain en ce début du XXIe siècle. [...]

Francis Godard (enseignant-chercheur en sciences de l'Homme et de la Société), *La Ville en mouvement*, Éd. Gallimard, 2001

> **1 - faire table rase** : repartir de zéro, sans tenir compte du passé
> **2 - friches** : le mot friche désigne les terres non cultivées à la campagne. Dans notre époque post-industrielle, il désigne aussi les espaces et constructions (mines, usines, ateliers...) abandonnés

8

Lisez le texte et donnez les deux tendances contradictoires que révèle l'architecture des villes.

9

Vrai ou faux ? Répondez et justifiez.

1. Il est impossible de concilier l'histoire avec une vision futuriste.
2. Les décideurs urbains veulent éliminer le passé.
3. Des usines désaffectées ont moins d'intérêt que des ruines médiévales.
4. Un processus de large concertation doit précéder l'aménagement des villes.

BIBLIOGRAPHIE
• Gracq (Julien), *La Forme d'une ville*, Éd. José Corti, 1985
• Moriconi-Ébrard (François), *L'Urbanisation du monde depuis 1950*, Éd. Anthropos, 1993
• Ragon (Michel), *L'Homme et les Villes*, coll. « Espace des Hommes », Éd. Berger Levrault, 1985
• Vieillard-Baron (Hervé), *Les Banlieues, des singularités aux réalités mondiales*, Éd. Hachette, 2001
• Vilar (Luc), Souchier (Raphaël), Audrerie (Dominique), *Le Patrimoine mondial*, coll. « Que sais-je ? », n° 3436, Éd. PUF, 1998

10

Cochez les bonnes réponses.

1. Retrouvez dans le premier paragraphe la définition de la « tension », révélée par les villes selon Francis Godard.
   - ☐ On veut garder les traces du passé mais la nécessité de moderniser les villes ne le permet pas.
   - ☐ Certaines villes refusent de garder la mémoire du passé alors que d'autres se replient sur sa conservation.
   - ☐ Certaines villes, n'ayant pas de patrimoine historique, se replient sur le choix de la modernité.

2. La question du deuxième paragraphe signifie :
   - ☐ En général, l'attachement à un brillant passé est un bon signe pour l'avenir.
   - ☐ Le repli sur un passé idéalisé révèle la crainte de l'avenir.

3. La question du troisième paragraphe signifie :
   - ☐ Vouloir supprimer le passé, c'est sacrifier son appartenance culturelle et son identité.
   - ☐ Oublier le passé, c'est gagner une nouvelle identité.

11

Commentez ce dessin.

Mise en pièces

J'étais loin de m'imaginer, en traçant un cercle malhabile autour de l'annonce qui avait retenu mon attention, que je m'engageais dans une aventure qui marquerait ma vie, et dont le souvenir hanterait chacune de mes nuits. [...]
Cela faisait trois mois que j'arpentais Paris avec mon canard ouvert à la page des petites annonces, dépensant des fortunes en cartes téléphoniques dans l'espoir d'arriver le premier sur le palier, et de me coller de la tête aux pieds contre la porte en attendant qu'on me dise d'entrer. J'avais beau acheter *Le Figaro* dès que le motard le déposait au kiosque et appeler à l'ouverture des bureaux, rien n'y faisait : quand j'arrivais, il y en avait toujours une vingtaine qui battaient la semelle devant l'immeuble ou qui faisaient la queue dans l'escalier, chacun occupant sa marche.
J'avais obtenu ma meilleure place en mai, quatrième de la file, à la suite d'une annonce de la *Centrale des particuliers* qui promettait un petit trois-pièces kitchenette dans le dix-huitième…

Didier Daeninckx, *À louer sans commission*,
Éd. Gallimard, 1991

POINT INFO

Le bail de location

Un bail écrit est obligatoire. Rédigé en deux exemplaires, le contrat précise :
- le nom (ou la dénomination) du bailleur (ou de son mandataire) et son domicile (ou son siège social) ;
- les caractéristiques de la location (nombre de pièces, présence d'un garage…) ;
- la destination de la chose louée (habitation, exercice d'une profession libérale…) ;
- le prix et les dates de paiement du loyer ; les règles et la date de révision du loyer, si celle-ci est prévue ;
- la date de début de la location et sa durée ;
- le montant du dépôt de garantie, éventuellement.

État des lieux

Lors de la visite, le propriétaire (ou son représentant) et le locataire font un constat écrit indiquant ce qui se trouve dans le logement et les défauts constatés. Il est indispensable de noter tous les défauts, même ceux qui paraissent minimes. Le constat est rédigé sur papier libre en deux exemplaires et signé par le propriétaire et le locataire.
En l'absence d'état des lieux, le locataire est présumé avoir reçu le logement en parfait état et doit le rendre dans le même état.

1 👁

Lisez ce début de roman et résumez la situation.

2 👁

Relisez et répondez.
1. Quels éléments du texte (mots ou expressions) soulignent la difficulté de l'entreprise ?

2. Le narrateur a-t-il trouvé ce qu'il cherchait ? Qu'est-ce qui l'indique dans le texte ?

3 ◎ 🌐

Échangez.
Ce texte pourrait-il illustrer la situation du logement dans une grande ville de votre pays ? Racontez une anecdote personnelle.

4 🎧

Écoutez la première partie de l'échange, précisez la situation puis cochez les réponses correctes.

1. La priorité du demandeur est :
   - ☐ l'environnement
   - ☐ la proximité de son lieu de travail
   - ☐ l'époque de construction
   - ☐ le nombre de pièces
   - ☐ la superficie
2. On lui propose un appartement de :
   - ☐ deux chambres
   - ☐ deux pièces principales
   - ☐ une cuisine et une pièce
3. Les charges couvrent :
   - ☐ l'entretien de l'appartement
   - ☐ la participation aux équipements collectifs
   - ☐ le téléphone et l'électricité

5 🎧

Réécoutez et notez les caractéristiques de l'appartement proposé dans la résidence Alexandra.

> Montant du loyer (loyer + charges) : …
> Superficie : …
> Avantages : …

6 🎧

Écoutez la deuxième partie de l'échange.

a) Relevez la liste des pièces à fournir.

b) Quelle est la condition requise quand on est étranger et qu'on loue pour la première fois un appartement en France ?

Julien Vinet
Résidence Alexandra bâtiment B
Côte Saint-Jacques
14000 Caen

Agence Immo 14
125 boulevard Jean Jaurès
14000 Caen

Caen, le 5 janvier 2007

Objet : remplacement d'une chaudière vétuste

Madame, Monsieur,

Locataire depuis sept mois dans un appartement de la résidence Alexandra, loué par l'intermédiaire de votre agence, j'ai constaté dès les premiers froids que la chaudière à gaz était défectueuse.

J'ai fait venir à mes frais un plombier qui, après une réparation de fortune, m'a conseillé de changer l'appareil. J'ai donc téléphoné au propriétaire, Monsieur Loisel, en lui exposant le problème. Il m'a objecté que, ce fait n'étant pas signalé sur l'état des lieux, l'éventuel changement de l'appareil était à la charge du locataire. Renseignements pris, une réparation de cet ordre, qui n'est pas un problème d'entretien courant, incombe au propriétaire. J'ai rappelé Monsieur Loisel, mais il est en vacances pour deux semaines et injoignable.

Je m'adresse donc à vous pour résoudre au plus vite cette question : l'hiver avance et je crains de tomber en panne de chauffage. J'ai déjà appelé deux fois l'agence mais je n'ai pas pu obtenir une réponse précise.

Vous comprendrez l'urgence de ma demande, que je vous saurais gré de bien vouloir prendre rapidement en considération. Soit votre agence fait procéder au changement de l'appareil par un plombier de votre choix, soit je fais procéder moi-même à cette intervention et je vous adresse la facture que vous transmettrez au propriétaire.

Souhaitant une réponse rapide et un règlement à l'amiable de cette question, je vous prie de recevoir, Madame, Monsieur, mes salutations.

Julien Vinet

Stratégies *pour...*
exposer un problème lié à une location

Rappeler son rapport avec l'interlocuteur
- *Locataire depuis 3 mois de l'appartement situé... que vous possédez à...*
- *Nouveau colocataire dans l'appartement loué par vous à Monsieur...*
- *Ayant contacté votre agence en mai pour...*

Exposer son problème
- *J'ai pu constater que le mur de la cuisine était humide.*
- *J'ai observé des dégradations, des dégâts, des dommages...*
- *J'ai remarqué que la chaudière était défectueuse.*
- *Il y a eu des fuites, des écoulements, des infiltrations...*

Relater les démarches entreprises
- *J'ai fait venir une entreprise, ...*
- *J'ai appelé l'EDF, ...*
- *J'ai consulté un plombier, ...*
- *J'ai envoyé un courrier recommandé à l'agence de location, au propriétaire.*

Dire ce que l'on veut (ou ne veut pas)
- *Je souhaite le remplacement, le changement, l'amélioration...*
- *Je crains une panne, un court-circuit, une fuite importante.*
- *Je ne voudrais pas que la peinture soit endommagée.*

Proposer une / des solution(s)
- *Je peux acquitter la facture et vous m'en rembourserez le montant.*
- *Soit vous faites faire la réparation, soit je m'en charge et je vous enverrai la facture.*
- *Nous pouvons prendre rendez-vous avec une entreprise.*
- *Si vous prenez en charge la réfection du sol, je changerai la moquette à mes frais.*

Insister sur l'importance du cas
- *Vous comprendrez l'urgence du problème...*
- *Une intervention rapide s'impose.*
- *Vous serez sensible à la nécessité de...*

Formule finale
- *Souhaitant un règlement rapide, ...*
- *Espérant une solution rapide, ...*
- *Dans l'attente de la solution que vous proposerez...*
- *Je vous prie de recevoir, Madame, Monsieur, mes salutations.*

7

Lisez la lettre et donnez un titre à chaque paragraphe.
- Proposition de solutions.
- Demande d'intervention.
- Rappel de l'objet de la lettre.
- Détail des démarches entreprises.
- Conclusion et salutations.

8

Relisez et relevez les expressions qui montrent que Julien :
> a déjà payé une réparation : ...
> n'a pas obtenu satisfaction du propriétaire : ...
> s'est renseigné sur ses droits : ...
> fait des propositions : ...
> manifeste sa bonne volonté : ...

9 ✎

Une fuite d'eau a provoqué des dégâts dans votre logement. Vous écrivez au propriétaire.

Construire et aménager

1 a) Lisez ce récit, dites qui parle et de quoi.

J'ai vu le jour après quatorze mois de gestation. Quatorze mois poussiéreux et bruyants. Quatorze mois pendant lesquels aucun retard ne m'a été épargné : intempéries fréquentes, délais de livraison des matériaux non respectés, faillite de l'entreprise... Je rongeais mon frein... Cette lenteur, surtout pendant le gros œuvre : terrassements, fondations, découvertes inattendues en sous-sol, mise en place de la structure... Un vrai cauchemar... On s'est alors occupé de moi. Je me suis trouvé branché : eau, gaz, électricité, j'étais ficelé de toutes parts ; puis l'on m'a menuisé, vitré et à partir de ce moment-là a commencé le plaisir du second œuvre : bichonnage, pomponnage...

Le jour de la réception du chantier, j'étais fin prêt : enduit, peint, carrelé, appareillé, équipé, moquetté...

Michèle Zaoui, « Tout en Un » in « Habiter, habité », revue *Autrement,* n°116, septembre 1990

b) Relevez les termes qui appartiennent :
> à la construction
> aux finitions

2 Le narrateur écrit dix ans plus tard. À l'aide des mots suivants, faites un nouveau récit.

Agrandir, retapisser, démolir, réduire, multiplier, déplacer, supprimer, rénover, aménager, restaurer, prolonger.
Après dix ans de bons et loyaux services, le propriétaire a décidé de me réaménager...

3 Échangez : qu'est-ce qui, dans votre maison ou votre immeuble, mériterait des transformations ?
On devrait aménager les caves, la cuisine a besoin de...

La qualification : les relatifs simples et composés

4 Associez.
1. La cuisine est un lieu de convivialité
2. L'équipement est aux couleurs « techno » : inox, blanc, bois clairs
3. La nouvelle cuisine privilégie les équipements suspendus

a. dont l'aspect pratique nous séduit.
b. dans lequel on aime à se réunir en toute simplicité.
c. grâce auxquels l'impression d'espace s'accentue.
d. dont les créateurs se sont emparés.
e. qui égayent l'univers quotidien.
f. auxquelles s'opposent les sols et les murs aux couleurs vives.

5 Complétez le texte à l'aide des pronoms relatifs appropriés.

Elle aimait les greniers, ces espaces oubliés ... passent les ombres de tous ceux ... avaient un jour vécu dans la maison. Il y avait les ancêtres ... on ne savait plus rien, ... on ne gardait qu'un portrait aux couleurs délavées et ... on pouvait à peine identifier. Il y avait les tapis usés ... des générations d'enfants avaient marché, dansé ou dans la douceur ... ils s'étaient allongés pour dormir et rêver peut-être. Il y avait aussi des meubles démodés, des fauteuils cassés ... on avait lu les vieux livres aux couvertures usées ... l'on retrouvait dans des caisses poussiéreuses, des armoires démontées dans le fond ... on retrouvait parfois quelques feuillets annotés par une main anonyme ... rendait compte des petits faits banals d'une vie d'autrefois.

Oui, elle aimait les greniers ... le seul nom provoquait en elle, toujours, une émotion et une curiosité insatiable.

La qualification par un nom

6 a) Complétez cette liste d'objets avec une des prépositions suivantes : *de, à, en.* **Justifiez votre choix.**

Des objets, il y en a beaucoup dans la maison. Il s'agit rarement d'objets précieux, mais plutôt d'objets quotidiens sans valeur esthétique a priori : des lames ... rasoir, du papier ... cigarettes, des chaussures ... cuir avec une semelle ... crêpe, des boîtes ... sardines, des pots ... épices, des couteaux ... cuisine, un panier ... salade, un œuf ... Pâques peint à la main, des fourchettes ... aluminium, des boîtes ... carton, des morceaux ... ficelle, une pince ... linge, deux verres « bistrot » ... pied.

b) Complétez cette collection par cinq autres objets de la maison définis au moyen d'un nom.

7 Décrivez, en les qualifiant de façon détaillée, les cinq objets que vous trouvez les plus importants dans votre logement.

Exemple : Je privilégie d'abord mon oreiller en plume, doux, tendre et soyeux sous sa taie de coton rose, sur lequel je pose ma tête pour lire et pour rêver...

Le passif

8 Mettez les phrases suivantes au passif comme dans l'exemple.

Exemple : C'est l'architecte Jean Nouvel qui a conçu le musée du Quai Branly.

→ *Le musée du Quai Branly a été conçu par l'architecte Jean Nouvel.*

1. On a livré le bâtiment prêt à accueillir les œuvres pendant l'été 2005.

2. C'est Jacques Chirac qui avait annoncé ce projet de création d'un nouveau musée dès son arrivée à la tête de l'État en 1995.

3. L'annonce de ce projet avait déclenché une grève parmi les collaborateurs du musée de l'Homme.

4. Jacques Chirac inaugura ce musée le 20 juin 2006 en présence de ses principaux ministres.

9 Transformez les phrases en utilisant la forme pronominale à sens passif.

Exemple : On vend des maisons préfabriquées comme des petits pains.

→ *Les maisons préfabriquées se vendent comme des petits pains.*

1. On finit toujours les réunions par des discussions enflammées avec le constructeur.

2. On avait souvent vu ce genre de cas en architecture.

3. On emploiera de moins en moins ce matériau dans la construction.

4. On utilisait déjà ce procédé dans les années 60.

5. On a beaucoup transformé les normes de sécurité.

6. On a achevé les travaux il y a trois ans.

Fiche page 165 ➧

10 Transformez ces phrases en utilisant un des verbes pronominaux suivants.

se voir - s'entendre - se faire - se laisser

Exemple : On a reproché à l'architecte son manque de ponctualité.

→ *L'architecte s'est vu reprocher son manque de ponctualité.*

1. La dessinatrice a été attaquée sur son projet et elle ne s'est pas défendue.

2. On nous a répondu qu'il fallait attendre plusieurs mois pour avoir le permis de construire.

3. Les habitants de l'immeuble insalubre ont été expulsés sans qu'on les prévienne.

4. On nous a signifié notre congé et nous avons dû partir.

11 Écrivez, en utilisant différentes formes du passif, les chapeaux des articles dont voici les titres. Vous pouvez en inventer les détails.

1. Coincé par son piano à queue.

2. La vengeance de la gardienne.

3. Une chèvre perdue en pleine ville.

Musée du Quai Branly

*Station de métro à Paris,
réalisée en 1900 par Hector Guimard*

1

Écoutez le document.

a) Reformulez le thème du débat.

b) Répondez.

1. Quelle est la spécificité de Paris sur le plan architectural ?
   - ☐ C'est une ville en pleine évolution architecturale.
   - ☐ Il y a peu de place pour construire de nouveaux lieux.
   - ☐ Le patrimoine n'est pas assez protégé.

2. Quel est le risque pour la ville de Paris ?
   - ☐ De perdre une partie de son patrimoine.
   - ☐ De devenir une « ville musée ».

2

Réécoutez et répondez.

1. Quel est l'argument avancé en faveur de la construction de tours à Paris ?
2. Quelle conception de l'urbanisme inquiète le dernier intervenant ?

3

Échangez.

Que pensez-vous de la construction de tours dans une ville historique ? Êtes-vous satisfait de l'urbanisme de votre ville ? Que proposeriez-vous ?

Au bord du lac s'élevait, comme un champignon, la maison du chef jardinier, bâtie sur un pédoncule[1].

Ce style architectural répondait au double souci de laisser le sol à la disposition de la circulation et de hisser les pièces d'habitation vers la lumière. La maison pouvait pivoter sur sa tige et présenter au soleil telle ou telle face, selon le désir de ses habitants. Le pédoncule renfermait l'ascenseur, l'escalier et le vide-ordures.

Une cité ouvrière de cent mille foyers avait été construite […] selon ces principes.

Pour éviter la monotonie, l'architecte avait laissé toute liberté à ses collaborateurs, en ce qui concernait le style du corps même des habitations. Si bien que sur cent mille piliers de ciment absolument semblables et alignés au cordeau[2], s'épanouissaient des maisons d'aspect infiniment varié, depuis le chalet suisse, le castellet Renaissance, le rendez-vous de chasse, la chaumière normande et la maisonnette banlieue 1930, jusqu'au cylindre de chrome, au cube de plastec[3], à la sphère de ciment et au tronc de cône d'acier. L'immeuble le mieux réussi et le plus perfectionné était celui qui abritait la mairie de la cité. Il avait la forme d'une galette, mais se développait chaque matin et prenait de la hauteur, comme un chapeau claque[4]. Le soir, les employés partis, le concierge appuyait sur un bouton, les bureaux rentraient les uns dans les autres, les meubles s'aplatissaient, les plafonds venaient rejoindre les planchers, et l'immeuble se réduisait au dixième de sa hauteur.

René Barjavel, *Ravage*, Éd. Denoël, 1943

1 pédoncule : queue d'une fleur
2 alignés au cordeau : alignés de façon régulière et nette
3 plastec : matériau miracle imaginé par Barjavel
4 chapeau claque : chapeau haut-de-forme qui s'aplatit

*La Grande Arche de la Défense à Paris,
conçue par l'architecte Otto Von Spreckelsen*

Les cités entonnoirs[1] de Jonas

Les cités entonnoirs du Suisse Walter Jonas sont nées d'un désir d'introversion. Elles portent d'ailleurs en allemand le nom de *Intrahaus*. Partant de cette constatation que les logements traditionnels ou modernes sont tous orientés vers l'extérieur, alors que, dans les villes, ils ne disposent presque jamais de vues intéressantes, mais que, par contre, les bruits, la poussière et les gaz nocifs peuvent pénétrer dans les appartements, Walter Jonas en est arrivé à repenser l'orientation des logis. [...] La cité entonnoir (pyramide ou cône inversé posé sur sa pointe) est donc une sorte de vallée artificielle avec des logements s'ouvrant à l'intérieur de l'entonnoir. La protection contre les gaz nocifs et les bruits de la circulation est absolue. [...] Chaque « entonnoir » est formé, jusqu'au premier tiers de sa hauteur, des installations pour lesquelles la lumière artificielle est suffisante : ascenseurs verticaux, magasins, cinémas. Ce socle se termine par une superstructure supportant la place centrale, ou patio, plantée d'arbres. Les écoles sont groupées autour du patio, sur le cercle le plus bas, puis, sur les cercles suivants qui se succèdent en forme d'arène, s'étalent les appartements et les jardins. La circulation s'effectue soit à l'extérieur de la cité, par des ascenseurs inclinés, des voies circulaires, des corridors et des rampes, soit à l'intérieur par des promenades, des escaliers, des squares. Un contre-cône enterré (donnant ainsi à la structure la forme d'un verre à pied) permet d'aménager des garages souterrains. [...] Ces *Intrahaus*, par grappes de sept unités reliées entre elles, pourraient former une ville de cent deux mille habitants.

Maquette de la cité entonnoir de Walter Jonas

Michel Ragon, *Histoire mondiale de l'architecture et de l'urbanisme modernes*, Tome 3, Éd. Casterman, 1986

1 entonnoir : instrument de forme conique servant à verser un liquide dans une bouteille

4

Lisez les deux textes et donnez leur thème commun.

5

Remplissez le tableau en attribuant les éléments clés suivants à l'un ou l'autre projet. Justifiez vos réponses.
Orientation vers l'intérieur, recherche de la lumière, variété des habitations, forme conique, protection contre la pollution, lumière artificielle, adaptation aux goûts des habitants, créativité et fantaisie, structure en plusieurs cercles, circulation extérieure et intérieure.

| Cité de Barjavel | ... |
| Cité de Walter Jonas | ... |

6

Trouvez les différents indices (temps verbaux, style...) montrant que le texte de René Barjavel est extrait d'un roman, tandis que le texte de Michel Ragon est une présentation de projet.

7

Échangez.
Dans quelle cité préféreriez-vous vivre si vous aviez à choisir entre les deux ? Pour quelles raisons ?

8

Participez à notre concours « Rêvez votre cité ». Écrivez la description de la cité de vos rêves en 200 mots environ et illustrez-la.

9

Reportez-vous au mot *Journées du patrimoine* de l'abécédaire culturel (p. 146).
Dites si cette manifestation existe chez vous.Quelles mesures sont prises pour valoriser le patrimoine urbain dans votre pays ?

DES MOTS ET DES FORMES

Les noms composés

1 a) Classez les noms composés suivants dans le tableau.

Porte-fenêtre, abat-jour, vide-ordures, monte-charge, salle de jeux, passe-thé, œil-de-bœuf, rez-de-chaussée, sous-sol, deux-pièces, jaune citron, vert-de-gris, garde-manger, canapé-lit, appuie-tête, presse-citron, salle de bains, tire-bouchon, chambre à coucher, porte-serviette, ouvre-boîte, bleu-vert, verre à orangeade, rouge cerise.

Couleurs	...
Meubles et décoration	...
Éléments d'un bâtiment ou d'un appartement	...
Pièces	...
Ustensiles et objets	...

b) Donnez le sens de ces noms en expliquant comment ils sont composés.

Exemple : Vide-ordures = un conduit dans lequel on jette les ordures.
→ *Le mot est composé du verbe « vider » et du nom « ordures ».*

c) Mettez ces noms au pluriel.

La cause et la conséquence

2 Associez puis dites quelles sont les causes et quelles sont les conséquences.

1. Les délais de construction n'ont pas pu être respectés
2. Le voisin s'est mis en colère
3. Nous sommes venus à bout du ponçage du parquet
4. Le couloir était trop étroit
5. Il n'a jamais su planter un clou correctement
6. Les travaux n'ont pas pu être terminés
7. L'électricité était en mauvais état
8. La salle de bain a été inondée
9. La cuisine était très sale

a. à cause de sa maladresse.
b. sous prétexte que les ouvriers faisaient trop de poussière.
c. faute d'argent.
d. à tel point que j'ai été obligé de repeindre.
e. suite à un dégât des eaux.
f. à force de patience.
g. en raison des intempéries.
h. si bien que j'ai dû changer l'installation.
i. de sorte que je n'ai pas pu faire passer l'armoire.

Fiches pages 169 et 171 →

3 Complétez les phrases avec : *suite à, faute de, à force de, sous prétexte de, grâce à.*

1. ... un accident du travail, le plâtrier est en arrêt maladie pour quinze jours.
2. Nous n'avons pas fait les réparations nécessaires ... argent.
3. ... travaux de rénovation, les bureaux offriront un espace plus convivial.
4. ... travail, nous avons sauvé cette belle maison du XVIIIe siècle.
5. Dans ce magnifique bâtiment historique, l'entrepreneur a cru bien faire en utilisant du béton armé ... consolider la construction !

4 Trouvez la cause et la conséquence.

1. Dans le jardin il y avait tant ... que ... .
2. Les meubles de jardin étaient si ... que ... .
3. Les voisins ... tellement que ... .
4. Dans le quartier, nous avons été si ... que ... .

5 Complétez les phrases avec l'un des verbes suivants : *découler, provoquer, inciter, être imputé, susciter.*

1. La fuite ... par l'expert au robinet d'arrêt.
2. Les taupes ... des dégâts importants dans le jardin.
3. La naissance de notre petit troisième nous ... à partir en banlieue.
4. Beaucoup de problèmes dans la construction ... de la nature des sols.
5. Les petites maisons individuelles ... un intérêt constant.

6 Vous venez d'emménager dans une maison écologique très sophistiquée. Vous écrivez dans une lettre à un(e) ami(e) vos joies et vos déboires (expliquez-en les causes et les conséquences).

La concession et l'opposition

7 Mettez les verbes entre parenthèses au temps qui convient.

1. Bien qu'il ... (savoir) que les matériaux écologiques sont plus chers, il les a utilisés pour sa maison.
2. Nous n'aurions pas habité en banlieue même si on nous ... (offrir) un appartement !
3. Contrairement à ce que tu ... (dire), tu es attaché aux vieilles pierres.
4. Quoique les appartements vides ... (être) nombreux, il y a trop de mal-logés dans les villes.
5. Mon mari ... (avoir beau) insister, je n'ai pas voulu déménager.
6. Au lieu du rouge, vous ... (devoir) mettre une couleur pastel pour adoucir la pièce.

Fiches pages 173 et 174

8 Complétez avec le marqueur approprié : *toutefois, encore que, quand même, en revanche, malgré, n'empêche que.*

1. Elle raconte partout qu'elle est fauchée, ... elle vit dans une super villa.
2. Nous avons loué l'appartement assez facilement ; mais ça nous a causé des problèmes ... .
3. Le propriétaire était absent ; ... l'architecte a su faire exactement ce qu'il avait demandé.
4. Les H.L.M. manquent cruellement. ... les constructions privées individuelles prospèrent.
5. Il n'est pas allé au bout de sa tâche ... sa ténacité.
6. Beaucoup de Français achètent leur maison à crédit ... cela puisse être dangereux s'ils s'endettent trop.

9 Quoi que, quoique ou quel(le)s que soi(ent) ? Complétez.

1. ... les conditions, ils veulent s'installer dans le quartier historique.
2. ... vous en pensiez, l'architecture moderne embellit les villes anciennes.
3. Il faut innover ... la résistance des passéistes.
4. ... le fer et le verre aient été les nouveaux matériaux de son siècle, Haussmann les a utilisés modérément.
5. ... on dise, il y aura toujours des opposants à la modernité.
6. ... on dise que les architectes d'intérieurs sont des décorateurs, ils sont en réalité de véritables « transformateurs d'espace ».

10 On a détruit un immeuble insalubre dans le centre-ville. Les habitants sont en attente d'un relogement dans des immeubles neufs à la périphérie de la ville. Ils réagissent sur le forum de la mairie. Imaginez leurs réactions en utilisant des expressions d'opposition et de concession variées.

- Deux nostalgiques :
  - *Même si l'immeuble était en mauvais état ...*
  - *... quels que soient ...*
- Un impatient :
  - ...
- Deux déçus :
  - *Contrairement à ...*
  - ...
- Trois heureux (avec des réserves) :
  - ...
  - ...
  - ...

faire un résumé

Destruction d'une barre du quartier Balzac

Comment sont nés les grands ensembles

Le mouvement moderne en architecture est né dans les années 1920. Quelques architectes – dont Le Corbusier – lancèrent alors une série de propositions pour modifier radicalement la ville. En effet, la tradition, jusqu'à Haussmann, avait privilégié une ville « en creux », organisée autour de ses espaces publics – rues, places, jardins. La ville « en relief » doit donc lui succéder, ordonnée autour d'objets isolés, ensembles architecturaux détachés les uns des autres et posés sur des surfaces vertes – les « machines à habiter », chères à le Corbusier. Les nouveaux quartiers, à l'activité spécifique – logements, travail, loisirs –, seront reliés entre eux par des voies rapides. Ainsi, ces « cités radieuses », rationnelles, propres, ensoleillées seraient débarrassées des violences et des pollutions inhérentes à la cité traditionnelle.

Ces fonctionnalistes, regroupés au sein des Congrès internationaux d'architecture moderne (CIAM) vont voir leur projet se matérialiser après 1945. Les nouveaux quartiers nés à la périphérie des grandes villes sont l'expression de cette nouvelle idée urbaine. La planification et l'industrialisation seront les outils de cette rupture avec le passé.

Ce mouvement radical tombe à pic car, au début des années 50, la construction est une nécessité absolue. Les destructions de la guerre, l'accélération de l'exode des campagnes, la volonté d'éradiquer taudis et bidonvilles, et surtout l'augmentation de la population – de 1954 à 1974, la France gagnera presque 10 millions d'habitants – due à l'explosion du baby-boom, au retour des rapatriés et à l'immigration, tout concourt à l'élaboration de mesures radicales. [...] Cent dix grands ensembles de plus de mille logements sont donc construits en région parisienne entre 1956 et 1962.

À l'époque, rares sont les architectes ou les urbanistes qui osent s'élever contre les principes mis en application. [...] La planification et la rationalisation se conjuguent avec l'industrialisation du bâtiment et cette massification a son revers : construction médiocre, terrains mal raccordés avec le centre. [...] En dépit de leurs défauts, les nouveaux logements ont été bien reçus par leurs habitants : ces derniers viennent souvent de taudis. Ils trouvent là lumière, salle de bains, ascenseur et vide-ordures. Et puis ces bâtiments étaient neufs, propres, donc beaux. Mais ils cumulaient aussi les inconvénients de la promiscuité et ceux du désert, l'environnement restait sinistre, les liaisons avec les centres-ville étaient insuffisantes… très vite, ceux qui ont pu fuir l'ont fait. Ils ont été remplacés par une deuxième, puis une troisième génération moins urbanisées, souvent issues de l'immigration. Si les défauts sont restés, les qualités (nouveauté, propreté) ont disparu. La crise, la médiocrité de l'architecture, la pauvreté croissante, bref le mal de vivre vont peu à peu transformer ces périphéries, désormais plus vastes que les anciennes villes historiques, en autant de situations problématiques. Tous les acteurs de la société vont s'exprimer sur le « mal des banlieues ». [...]

Symbole de cet échec urbain et des cités périodiquement secouées par la fièvre, les barres et les tours que l'on fait sauter devant les caméras de télévision. « L'architecture moderne s'est inventée contre la ville, reconnaît l'architecte Christian de Portzamparc. La ville historique, la ville qui s'agglomère dans le temps, qui est hétérogène, incontrôlable, vivante ; cette ville est l'objet maudit de l'architecture contemporaine, son modèle négatif, son repoussoir. Il faut maintenant penser au-delà de cette double exclusion, entre ville et architecture ».

Emmanuel de Roux, *Le Monde*, janvier 2006

1 👁

Lisez et répondez.

Cet article présente :

☐ les origines de l'architecture moderne.

☐ la disparition des villes historiques.

☐ la rétrospective des constructions d'après guerre.

2 👁

Vrai ou faux ? Répondez.

1. La conception de la ville a radicalement changé au début du XXᵉ siècle.
2. L'urgence de la situation après-guerre a entraîné un manque de planification.
3. Les locataires relogés ont apprécié leur nouvel habitat.
4. Les villes nouvelles étaient bien desservies par les transports.
5. Les défauts des grands ensembles ont fait fuir leurs premiers habitants.
6. Des immigrés sont venus vivre dans les « cités » de banlieue.
7. Les cités de banlieue ont été bien intégrées dans le paysage urbain.

3 👁

Remettez dans l'ordre d'apparition.

- La réalisation des projets.
- Devant l'échec, quelle solution ?
- Les raisons de la rapide implantation des grands ensembles.
- Défauts et qualités des nouvelles constructions.
- Une nouvelle conception de l'architecture.

PRÉPARATION

❯ Lisez le texte une première fois sans vous arrêter aux difficultés de compréhension des termes ou aux éléments inconnus et dégagez le thème général.

Exemple : Thème général : L'origine et l'évolution des grands ensembles en région parisienne.

❯ Relisez une deuxième fois et séparez d'un trait les différentes étapes du texte.

❯ Relisez le texte attentivement et entourez les mots-clés. Pour cela, déduisez le sens des termes inconnus à partir du contexte.

❯ Organisez votre plan en respectant l'ordre du texte. Notez l'idée principale de chaque étape.

❯ Relisez et entourez les termes (connecteurs, mots, expressions...) qui servent à l'articulation logique du texte pour bien comprendre l'enchaînement des idées du rédacteur (auteur).

Exemple : §1 : en effet, ...
        §3 : car, due à ...
        §4 : en dépit de, et puis ...

RÉDACTION

❶ **Rédigez un premier texte en suivant votre plan.**

- Reformuler les idées en cherchant les formes les plus économiques, les formules les plus courtes.

Exemple : Introduction : Vers 1920, des architectes modernes ont voulu changer la ville traditionnelle centrée sur les espaces publics en proposant une organisation en éléments isolés ayant chacun une fonction définie (habitat, loisirs, travail). Ils cherchaient ainsi à « nettoyer » la cité de ses désordres. (43 mots)

- Faire une transition entre chacune de vos parties avec un articulateur explicite.

❷ **Relisez votre résumé, améliorez encore** si possible les formulations « économiques » (pour un examen, le nombre de mots est spécifié).

Exemple : Introduction : Vers 1920, des architectes modernes ont voulu changer la ville traditionnelle pour la « nettoyer » de ses désordres. Ils proposaient une organisation en espaces isolés ayant chacun une fonction définie (habitat, loisirs, travail). (34 mots)

❸ **Relisez une deuxième fois pour vérifier** vos enchaînements et la cohérence du texte.

❹ **Relisez une troisième fois** pour vérifier la correction de la langue.

Compréhension *écrite* (10 points, soit 20/2)

Un étonnant rapport se trouve sur le bureau de la ministre de la Culture et de la Communication, Christine Albanel. Intitulé « Commission d'étude sur la reconstruction des Tuileries », le document est le fruit de la réflexion de
5 quelques personnalités, parmi lesquelles des écrivains et académiciens [...] ou de hauts fonctionnaires. Il s'agit de reconstruire à l'identique le palais qui, sous le Second Empire, réunissait le Louvre et les Tuileries, au-delà de l'arc du Carrousel. Ce qui revient à barrer la longue perspective jusqu'à la place de l'Étoile.
10 Et à former une enceinte autour de la pyramide de Pei. De belles bagarres d'experts en vue ! Il appartient à l'État, propriétaire du bâtiment, de se prononcer.

Alain Boumier, ingénieur des travaux publics à la retraite et président de l'Académie du Second Empire est chargé de l'étude.
15 « François Ier a commencé le Louvre, Catherine de Médicis a commencé les Tuileries et Napoléon III a réuni les deux entre 1852 et 1857 », explique-t-il. Il ajoute que tous les régimes s'y sont succédé, de Louis XIV à Napoléon III. Les Tuileries seraient le « maillon manquant entre la France de Versailles et l'Élysée ». Elles ont aussi abrité, un temps, l'Opéra et la Comédie-Française. Beaumarchais y créa *Le Barbier de Séville*.

Incendié en 1871, pendant les événements de la Commune, le 25 bâtiment fut rasé sur le fondement d'une loi de 1882. Avec la promesse de Jules Ferry, ministre de l'Instruction publique et des Beaux-Arts, de reconstruire un « monument ».

« En 1994, le président de l'Assemblée nationale, m'avait promis une proposition de loi », raconte Alain Boumier avec un certain 30 bagou. En 2002, il défend son projet au Louvre, lors d'une cérémonie commémorative. Maurice Druon rejoint sa cause en 2005. Un peu embarrassé, l'ancien ministre de la Culture met en place une commission d'études. Laquelle conclut à la faisabilité du projet ! 35

Pour y faire quoi, au juste ? Les Tuileries pourraient servir d'annexe au ministère des Affaires étrangères, accueillir une salle de conférences et des expositions temporaires. Le lieu devra être « rentable », vu le coût du chantier, évalué entre 350 et 500 millions d'euros. M. Boumier sait qu'il ne pourra pas demander 40 un euro à l'État. Il mise sur les fondations privées et une multitude de petits chèques de 10 euros.

Clarisse Fabre, *Le Monde*, le 04/06/07

Le Palais des Tuileries à Paris au milieu du XIXe siècle, AFP.

Faut-il ressusciter les Tuileries ? Et puis quoi encore ? pourquoi ne pas recoller la tête de Louis XVI aussi ? De mal en pis, les nouvelles dans le journal ! Dans un pays qui peine à assumer son patrimoine construit, ne voilà-t-il pas qu'un club du 3e âge veut reconstruire ce qui n'a plus aucune raison d'être : le Palais des Tuileries, pour en faire une annexe du ministère des Affaires étrangères.

5 Tous les six mois, nous avions droit dans les colonnes du Figaro, la veille du 15 août et du 11 novembre, à un court article sur l'idée un peu farfelue de ce projet, témoignage de l'activisme de l'académicien Maurice Druon. Maintenant c'est *Le Monde* qui s'y met [...].

Et après ? Pourquoi ne pas reconstruire l'enceinte de Louis Philippe et en prime la Bastille ? (au moins pour tous les embastiller !)

10 Reconstruire à l'identique un bâtiment symbolique juste après un incendie ou après une guerre, fait sens : une génération reconstruit face à l'histoire et aux générations futures le résultat de sa maladresse. Mais sinon cela revient à nier le souffle de l'Histoire, les décisions des générations de l'époque de ne pas reconstruire ce qui était. Il faut accepter le déroulé du temps, ses cicatrices, ses marques et finalement, reconnaître le temps comme véritable architecte de la ville.

15 350 et 500 millions d'euros, le coût de la reconstruction. Quel sens cela aurait aux yeux du monde entier dans une société qui consacre si peu à l'avenir, muette de nouveaux concepts, et à la peine pour le simple entretien de ce qui existe ?

Rubrique « polémiques », www.archicool.com, le 04/06/2007

1 **Lisez les deux documents et reformulez le thème de la polémique.** (2 pts)

DOCUMENT 1

2 **Entourez les 2 bonnes réponses. Les Tuileries furent :** (1 pt)

A. un musée.

B. une demeure royale.

C. un ministère.

D. une prison.

E. une salle de spectacle.

3 **Qui est l'autorité responsable du patrimoine des Tuileries aujourd'hui ?** (1 pt)

4 **Relevez un argument qui défend le projet.** (1 pt)

5 **Notez deux conséquences négatives du projet.** (2 pts)

6 **La proposition d'Alain Boumier est-elle réalisable ? Justifiez votre réponse par une phrase.** (3 pts)

DOCUMENT 2

7 **Citez un argument qui s'oppose au projet.** (1 pt)

8 **Quelle expression montre que les défenseurs du projet sont passéistes ?** (2 pts)

DOCUMENTS 1 ET 2

9 **Expliquez avec vos propres mots :** (4 pts)

- « De belles bagarres d'experts en vue ! » (document 1, lignes 10-11)
- « Il faut [...] reconnaître le temps comme véritable architecte de la ville. » (document 2, lignes 13-14)

10 **Le ton de l'auteur du document 1 est :** (0,5 pt)

A. convaincu.

B. sceptique.

C. ironique.

11 **Le ton de l'auteur du document 2 est :** (0,5 pt)

A. attristé.

B. ennuyé.

C. révolté.

12 **Justifiez vos réponses par une expression extraite de chaque document.** (2 pts)

Expression *écrite* (10 points)

GERARDMER (88)

260 € LA SEMAINE - 2 À 6 PERSONNES

 PARTICULIER LOUE APPARTEMENT TOUT CONFORT, 2/6 PERSONNES, AU REZ-DE-JARDIN DANS CHALET RÉSIDENTIEL, EXPOSITION PLEIN SUD, VUE LAC ET MONTAGNE, PISCINE DÉCOUVERTE DANS RÉSIDENCE. À 1 KM DU LAC ET DU CENTRE VILLE.

TEL : 03.29.23.98.44 OU 06.14.22.35.27

Grâce à cette annonce, vous avez loué cet appartement proche du lac de Gerardmer dans les Vosges, mais ce qui était annoncé ne correspond pas du tout à la réalité. Vous écrivez au propriétaire pour lui faire part de votre déception et pour vous plaindre de divers problèmes que vous considérez comme des préjudices. Vous demandez réparation. (environ 200 mots)

Compréhension *orale* (10 points)

Vous allez entendre un entretien entre Benjamin Stora, historien et professeur à l'École des Langues Orientales, et Jean-Noël Jeanneney, historien des médias et ancien président de la Bibliothèque nationale de France. Avant de l'entendre, vous aurez quelques secondes pour lire les questions correspondantes. Puis vous écouterez cette interview une première fois et vous aurez deux minutes pour commencer à répondre. Vous écouterez une deuxième fois l'enregistrement et vous aurez à nouveau deux minutes pour compléter vos réponses.

1 Depuis quand, selon Jean-Noël Jeanneney, la question de l'immigration est-elle au cœur de la vie politique ?   (0,5 pt)

2 À quelle occasion institutionnelle ce thème s'est-il exacerbé ?   (0,5 pt)

3 La création d'un ministère de l'Immigration et de l'Identité nationale a provoqué :   (0,5 pt)
A. l'adhésion.
B. l'indifférence.
C. la controverse.

4 Parmi les thèmes suivants touchant à l'immigration, entourez les trois cités par Jean-Noël Jeanneney.   (1,5 pt)
A. La morale.
B. La scolarité.
C. L'économie.
D. Les coutumes.
E. La religion.

5 Complétez l'article 4 de la Constitution de 1793.   (3 pts)
« Tout étranger âgé de ... accomplis qui, domicilié en France depuis une année, y vit de son travail, y acquiert une propriété ou ... ou ... ou nourrit un vieillard, est admis à l'exercice des droits de citoyen français. »

6 Notez deux thèmes évoqués par Benjamin Stora en relation avec l'immigration.   (1 pt)

7 Choisissez les trois bonnes réponses. Selon Benjamin Stora :   (3 pts)
A. la politique migratoire est un héritage du passé républicain.
B. les nouvelles lois ont changé la tradition républicaine de la France.
C. ce qui est problématique, c'est la politique d'assimilation.
D. chaque mouvement migratoire est un défi pour les valeurs républicaines.
E. il faut supprimer la notion d'identité nationale.
F. les immigrants ne peuvent pas s'adapter aux principes républicains.

Expression *orale* (10 points)

Prenez connaissance des données sociologiques suivantes, publiées sur le site de l'association « Justice papa, Parité parentale ».

« Un Français sur deux se sépare ou divorce dans les grandes villes, un sur trois sur le plan national. 85 % des enfants de parents séparés vivent avec leur mère. Trois millions deux cent mille enfants sont concernés par la séparation ou le divorce de leurs parents. Plus de deux millions d'enfants ne voient plus la moitié de leur famille et notamment leur père et leurs grands-parents paternels. »

Dites quel nouveau phénomène social est ainsi mis en évidence. Évoquez l'évolution et les conséquences actuelles de ce phénomène en vous appuyant sur des exemples concrets puis présentez et défendez votre point de vue sur le thème.

Grandir

DOSSIER 4

Sommaire

Grandir

1 🎧

Écoutez Gaël et répondez.

1. Qu'est ce que « grandir » pour Gaël ?
2. Quels sont les deux événements qui l'ont fait grandir ? Quel âge avait-il ?
3. Pourquoi ne s'est-il pas vraiment senti grandir quand il est parti de chez ses parents ? Qu'est-ce qui l'a marqué le plus quand il est entré dans le monde du travail ?

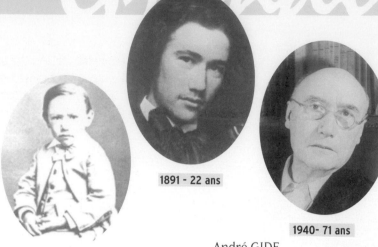

1891 - 22 ans

1940- 71 ans

André GIDE
Écrivain français (1869-1951)

1875 - 6 ans

À dix-huit ans, quand j'eus fini mes premières études, l'esprit las de travail, le cœur inoccupé, languissant de l'être, le corps exaspéré par la contrainte, je partis sur les routes, sans but, usant ma fièvre vagabonde. Je connus tout ce que vous savez : le printemps, l'odeur de la terre, la floraison des herbes dans les champs, les brumes du matin sur la rivière, et la vapeur du soir sur les prairies. Je traversai des villes, et ne voulus m'arrêter nulle part. Heureux, pensais-je, qui ne s'attache à rien sur la terre et promène une éternelle ferveur à travers les constantes mobilités. Je haïssais les foyers, les familles, tous lieux où l'homme pense trouver un repos ; et les affections continues, et les fidélités amoureuses, et les attachements aux idées – tout ce qui compromet la justice ; je disais que chaque nouveauté doit nous trouver toujours tout entiers disponibles.

André Gide, *Les Nourritures terrestres*, Éd. Gallimard, 1944

2 👁

Lisez cet extrait de *Les Nourritures terrestres* d'André Gide et répondez.

1. À quel âge et dans quel état d'esprit est-il parti « sur les routes » ?
2. Que rejette-t-il ? Que découvre-t-il ? Et que cherche-t-il ?

3 🗣

Échangez.

Y a-t-il un âge dans la vie où l'on a besoin de trouver une liberté totale ? La maturité exige-t-elle une expérience comme celle décrite par André Gide ? Faites part de vos expériences.

Boris Cyrulnik

Né à Bordeaux en 1937, Boris Cyrulnik est médecin, éthologue*, neurologue et psychiatre. Il contribue à légitimer, en France, l'éthologie humaine, science controversée, et, par ses recherches, bouleverse de nombreuses idées reçues sur le comportement humain. Ses ouvrages relatant ses travaux sur le concept de résilience, cette capacité à pouvoir surmonter les traumatismes psychiques et les blessures émotionnelles les plus graves, connaissent un immense succès.

* spécialiste des comportements

BIBLIOGRAPHIE
CYRULNIK (Boris) *De Chair et d'Âme*, Éd. Odile Jacob, 2006
DOLTO (Françoise) *Lorsque l'enfant paraît*, Le Seuil, 1990
FLAUBERT (Gustave) *L'Éducation sentimentale*, Folio classique, 1869

4 ◉

Lisez l'interview et cochez.

L'interview porte sur :

☐ la complexité des relations entre parents et enfants.

☐ les méfaits de l'éducation traditionnelle.

☐ le manque d'affection de la nouvelle génération.

5 ◉

a) Vrai ou faux ? Répondez et justifiez.

1. Le père reste le centre de la cellule familiale.
2. Les enfants ont du mal à quitter le cocon familial.
3. Le conflit aide les enfants à construire leur personnalité.
4. Les adolescents redoutent de faire leurs études en pension.
5. L'influence des parents est primordiale dans la transmission des savoirs.
6. Les technologies prennent une place importante dans l'éducation.

b) Quel conseil Boris Cyrulnik donne-t-il aux parents ? Qu'en pensez-vous ?

Le Nouvel Observateur : Comment expliquez-vous ce paradoxe : les parents n'ont jamais accordé plus d'attention à l'éducation de leurs enfants. Ils ont lu tous les livres, regardé toutes les émissions. Et malgré cela, ou à cause de cela, ils n'ont jamais été aussi désemparés, angoissés par la peur de mal faire...

Boris Cyrulnik : On assiste à une réorganisation complète des interactions à l'intérieur de la famille, du couple et dans les relations parents-enfant. [...]
Il y a trente ans, quand j'ai commencé, j'entendais des femmes me dire : « Je vais donner un enfant à mon mari, il sera heureux. » Aujourd'hui : « Je voudrais donner un père à mon enfant. » L'enfant est devenu le centre de la famille, alors qu'avant c'était le père.

N. O. : Cet enfant dont on découvre qu'il est lui aussi une personne...

B. Cyrulnik : C'est en effet un stéréotype nouveau : l'enfant est une personne, le bébé est une personne. Et même le fœtus est une personne. On va voir, grâce à l'échographie, qu'en fin de grossesse il a déjà des comportements préférentiels. La technologie participe au mythe.

N. O. : À partir des années 60, les maîtres mots sont désormais « dialogue et écoute » dans les relations parents-enfants. Est-ce que le tort de cette génération n'a pas été de refuser le conflit, de croire qu'on pouvait élever les enfants sans conflit ? De ne pas oser dire non ?

B. Cyrulnik : Le conflit, quand il est gouverné, a une fonction structurante, comme l'interdit. À condition que ce ne soit pas une amputation de la personnalité. Je suis frappé de voir qu'on assiste aujourd'hui à un retour de l'internat. Et de plus en plus ce sont les adolescents eux-mêmes qui le réclament. Parce que ça les aide à lutter contre une trop grande proximité affective avec papa-maman.
C'est la famille fusionnelle : je suis bien avec papa-maman et je leur en veux parce qu'ils ne m'ont pas donné la force de les quitter. L'internat sert alors de structure intermédiaire permettant aux enfants [...] de quitter progressivement leurs parents pour se préparer à l'autonomie sociale.

N. O. : Les parents se voient sommés par le discours ambiant – y compris celui des politiques – de faire preuve d'autorité. Mais comment exercer son autorité quand on l'a perdue ?

B. Cyrulnik : L'autorité est acceptée quand il y a une relation d'emprise.
Dans un livre, le psychiatre Daniel Marcelli montre que la technologie fait de nos enfants nos égaux et parfois nos supérieurs. C'est un événement considérable car la transmission est au cœur de l'éducation. Or nous leur transmettons de moins en moins de choses – ou alors des valeurs venues de Mars. Hier les hommes élevaient les garçons et les femmes élevaient les filles. C'était un apprentissage, on transmettait un modèle comportemental. Les filles apprenaient comment s'occuper d'un bébé. Les hommes transmettaient un métier, un savoir-faire d'ouvrier, de paysan, de charpentier de marine... Aujourd'hui ces savoirs sont sans valeur.

N. O. : Et pourtant nous continuons de vivre sur le postulat selon lequel l'éducation parentale joue un rôle décisif dans le développement de la personnalité. Les enfants deviennent-ils ce que nous en faisons ?

B. Cyrulnik : Les enfants sont de moins en moins pétris par leurs parents. Leur éducation passe de plus en plus par la radio, l'image, le cinéma, etc. Toutes les études démontrent que les images ont un pouvoir de façonnement émotionnel et intellectuel énorme. [...]

N. O. : Quel discours tenir aux parents angoissés ?

B. Cyrulnik : Je leur dirais d'abord : arrêtez de culpabiliser. Ne cherchez pas à être un parent parfait. L'imperfection parentale est une source de conflit qui aide les enfants à prendre leur autonomie : il va falloir que je me débrouille tout seul, car je ne peux pas attendre tout de lui.

Le Nouvel Observateur, n°2050, 19/02/2004

TU NE VAS PAS QUITTER L'ÉCOLE COMME ÇA !

SANS DIPLÔME !...

PRENDS AU MOINS UN GOÛTER

Génération formation

Sabine Mercier
112 avenue Wagner
34 000 Montpellier

CNFDI
124 avenue du général Leclerc
91 802 BRUNOY Cedex

Montpellier, le 12 mars 2007

Madame, Monsieur,

J'ai appris par une de vos élèves la possibilité de suivre des cours de stylisme par correspondance par l'intermédiaire de votre centre. J'ai terminé mes études secondaires. J'ai obtenu un bac L et après une année de cours de dessin académique, j'ai fait une année de modélisme dans une école privée. J'ai suivi des cours sur l'Historique et sur la sociologie de la mode. Je me suis initiée au dessin de mode (vêtement et volume) et j'ai appris à prendre des mesures, tracer des patrons de vêtements pour enfants. J'ai déjà une première approche du métier de modéliste puisque depuis un peu plus d'un an, je travaille avec un styliste pour élaborer une collection de prototypes pour les bébés et les enfants de 0 à 5 ans.

J'ai très envie de me perfectionner et de poursuivre mes études afin de créer ma propre entreprise. Votre offre de formation diplômante paraît correspondre à mes besoins en stylisme et je voudrais savoir si, avec mes acquis et mon expérience professionnelle, j'aurais la possibilité d'obtenir une dispense pour la première année, qui me paraît ne donner qu'un niveau de base. Dans l'hypothèse positive, j'envisagerais de m'inscrire à votre centre et j'aimerais connaître le montant des frais d'inscription, les tarifs des cours, la durée de la formation et les débouchés professionnels qu'elle offre.

Je voudrais également connaître les démarches à accomplir pour obtenir une prise en charge de mon employeur. Je vous serais très reconnaissante aussi de bien vouloir m'adresser le programme détaillé des études.

Je vous remercie par avance de votre réponse et dans cette attente, je vous prie d'agréer, Madame, Monsieur, l'expression de mes sentiments distingués.

1 ⊙

Lisez la lettre et cherchez les phrases correspondant à ces différentes étapes.

- remerciement et formule de politesse
- demande d'informations
- exposé de ses objectifs
- rappel de l'objet de la lettre
- détails de son cursus

2 ⊙

Relisez et relevez les formules utilisées par Sabine pour :

> décrire ses connaissances
> *Exemple : J'ai terminé...*

> demander des informations
> *Exemple : Je voudrais savoir...*

3 🎧

Écoutez et notez.

1. À qui Sabine téléphone-t-elle et pourquoi ?
2. Quel son projet professionnel ?

4 🎧

a) Réécoutez le dialogue et cochez.

Sabine pose des questions sur :
- ☐ le niveau requis
- ☐ le mode de transmission des cours
- ☐ les modalités d'évaluation
- ☐ la prise en charge des cours
- ☐ l'assistance pédagogique
- ☐ les outils en ligne
- ☐ les recours en cas d'échec
- ☐ les possibilités de stage
- ☐ les opportunités de trouver un travail

b) Réécoutez et, pour chaque question, notez la réponse de l'assistant.

5 👁

Reportez-vous au mot *Cours par correspondance* de l'abécédaire culturel (p. 144) et au Point info, dites si ces affirmations sont vraies ou fausses.

1. Les cours par correspondance se font principalement sur internet.
2. Le premier centre d'enseignement à distance est un établissement public.
3. Les employés d'une entreprise peuvent faire valider leurs acquis pendant leur formation et obtenir un diplôme.

Stratégies *pour...*
écrire à un organisme de formation

Respectez le rituel de présentation de la lettre formelle.

Donnez des détails sur votre cursus
- *J'ai obtenu le diplôme de...*
- *J'ai fait une première année de...*
- *J'ai suivi des cours de..., une formation...*
- *Je me suis initié(e) à...*
- *J'ai appris à...*
- *J'ai des notions de...*
- *J'ai acquis une bonne connaissance de...*
- *Je me suis familiarisé(e) avec...*

Variez les formules de demande d'informations
- *Vous serait-il possible de me faire* { *- parvenir... - savoir... - connaître...*
- *Je souhaiterais* { *- être informé(e) sur le fonctionnement de... - avoir des renseignements, des précisions sur...*
- *J'aurais aimé recevoir une documentation sur...*
- *Je vous serais très reconnaissant(e) de bien vouloir m'indiquer...*

⬤ POINT INFO
La formation continue

En France, tous les adultes sortis du système scolaire, quels que soient leur âge et leur niveau d'études, qu'ils soient engagés dans la vie professionnelle ou demandeur d'emploi, ont accès à la formation tout au long de leur vie.
L'éducation des adultes et la formation professionnelle permettent à tout un chacun, à différentes étapes de sa vie et suivant ses besoins ou ses envies, de bénéficier d'une formation pour obtenir un premier diplôme, acquérir ou perfectionner ses connaissances, changer d'orientation professionnelle, s'adapter aux nouvelles technologies, enrichir sa culture personnelle... C'est-à-dire avoir la possibilité de retourner à l'école, à l'université pendant une année ou plus pour obtenir un diplôme ou bien de suivre une formation de quelques jours pour maîtriser un logiciel informatique.

Connaissances et savoirs

1 Complétez les phrases avec les verbes *savoir* ou *connaître*.

1. Je ne le ... pas aussi cultivé et pourtant je le ... depuis l'enfance !
2. En informatique, je n'y ... rien par contre je ... tout de la vie de Jules Ferry.
3. Il ... énormément de difficultés dans la vie et il ... faire preuve de reconnaissance envers ceux qui l'ont aidé.
4. ...-tu l'heure de la prochaine conférence ? Je ne ... pas bien les horaires.
5. Il ne ... pas encore bien lire, par contre il ... ses tables de multiplication sur le bout des doigts.
6. Alors, il paraît qu'on t'a proposé un pont d'or dans ta boîte ! Je n'aurais pas dû le ..., mais tu ... ce que c'est , les gens ne ... pas garder les secrets !

2 Associez (plusieurs combinaisons sont possibles).

1. Il est au courant
2. Il est informé
3. Il méconnaît
4. Il est conscient
5. Il ignore

a. de la valeur des cours qu'il reçoit.
b. de tous les nouveaux programmes d'études.
c. le nom de son professeur de psychologie.
d. les règles de fonctionnement de l'université.
e. des nouvelles modalités de passation de l'examen.
f. le numéro de la salle où a lieu la conférence.

3 a) Lisez cette liste de mots ou d'expressions et classez-les dans le tableau.

avoir des dons pour la danse

avoir de la mémoire

avoir de l'imagination

être doué en calcul

avoir de l'endurance

être habile de ses mains

avoir l'oreille musicale

avoir la bosse des maths

avoir des talents de conteur

avoir de la créativité

avoir de l'intuition

avoir des aptitudes / des dispositions / des facilités / des possibilités en langues

avoir la capacité de se concentrer

avoir de la résistance

avoir le sens de l'orientation

Capacités intellectuelles	Capacités artistiques	Capacités physiques
...	...	...

b) Faites la liste de vos capacités ou incapacités, de vos compétences ou incompétences notoires.

Exemple : J'ai un don pour le dessin mais je n'ai aucune imagination, etc.

Exprimer des souhaits

4 a) Mettez les verbes entre parenthèses aux modes et temps qui conviennent.

D'énormes investissements ... (être déjà consacré) à l'équipement des établissements scolaires en ordinateurs et à leur raccordement à Internet. Mais il faudrait que l'enseignement dispensé ... (être) de meilleure qualité et que les jeunes, en sortant de l'école, ... (se sentir) armés pour la société du savoir. Pour qu'on ... (avoir la possibilité) de concrétiser les avantages de cet investissement, il ne suffit pas que les élèves ... (savoir) utiliser les technologies de l'information pour accomplir autrement des tâches traditionnelles. L'idéal serait que l'école leur ... (apprendre) à changer. Depuis longtemps, nous savons que les établissements scolaires ... (vouloir) utiliser des logiciels et des matériels numériques de qualité. Mais il serait temps que les professeurs ... (devenir) des utilisateurs judicieux et bien informés. Souhaitons que les établissements scolaires ... (mettre en place) de nouveaux modes d'organisation. Dès lors, nous aurons l'assurance que les enseignants ... (pouvoir) bénéficier de l'aide et des conseils d'experts dans ce domaine en évolution rapide.

b) Soulignez les expressions qui expriment le souhait.

5 Exprimez cinq souhaits pour l'école de demain en variant les formes utilisées.

6 Donnez l'équivalent des formes proposées en français standard. Utilisez le subjonctif présent.

Exemple : Il aurait été souhaitable que vous envoyassiez cette lettre plus tôt. → Il aurait été souhaitable que vous envoyiez cette lettre plus tôt.

1. Il aurait aimé que nous ne sussions rien.
2. J'aurais préféré qu'il devînt un grand mathématicien.
3. Mes amis ne souhaitaient pas que j'allasse étudier à la campagne.
4. Nous aurions désiré qu'elle fût parmi les meilleurs de sa classe.
5. Il voulait que ses parents l'accompagnassent davantage dans ses études.

Fiche page 162 →

7 Conjuguez le verbe entre parenthèses au subjonctif imparfait. Vous obtiendrez un homonyme du nom en gras.

*Exemple : Il aurait fallu qu'ils **pussent** leur secouer les **puces**.*

1. Nous avions souhaité que tu ... (voir) cette **vis**.
2. Il aurait fallu que la chatte ... (lécher) les **chats**.
3. Ils auraient aimé que leur fils ... (devenir) **devin**.
4. Ils auraient voulu qu'il ... (pouvoir) vider l'abcès de son **pus**.

Exprimer son intérêt ou son indifférence

8 **a)** Écoutez le dialogue 1 et répondez.

1. Dans cette opération, les scolaires :
☐ feront une étape du Tour de France comme les professionnels.
☐ développeront leurs connaissances en prenant le Tour de France pour thème.
☐ organiseront des rencontres avec des coureurs du Tour de France.
2. Comment s'appelle l'opération ? Expliquez le choix du nom.
3. Notez les expressions utilisées par Babette pour marquer son intérêt.

b) Écoutez le dialogue 2 et répondez.

1. De quel événement Marion parle-t-elle à son père ? Quel est le nombre total de participants ?
2. Pourquoi le père est-il surpris ?
3. Notez les expressions utilisées par le père pour exprimer son intérêt.

c) Écoutez le dialogue 3 et répondez.

1. De quel exploit Alexandre parle-t-il ? De quel sport s'agit-il ?
2. Relevez :
> le lexique spécifique à ce sport
> les expressions utilisées par Constantin pour exprimer son intérêt

IL AURAIT AIMÉ J'AURAIS PRÉFÉRÉ NOUS AVIONS SOUHAITÉ ILS AURAIENT AIMÉ ILS AURAIENT AIMÉ ILS AURAIENT VSO

9 Classez ces expressions dans l'une des catégories.

C'est fou ça, quand même !

Sans blague !

Ça m'intéresse énormément !

Qu'est-ce que tu veux que ça me fasse ?

Je suis attiré par tout ce qui est artistique.

Ça ne me fait ni chaud, ni froid !

Ça alors, je n'en reviens pas !

Je n'en ai rien à faire !

C'est tout à fait exaltant !

Ah ben dis donc !

Non, je ne peux pas le croire !

Ça me laisse de glace.

Je m'en fiche complètement !

Je n'en crois pas mes oreilles !

Exprimer son intérêt pour quelque chose	Exprimer sont intérêt pour ce que dit quelqu'un	Exprimer son indifférence
...	...	...

10 Prenez un journal quotidien ou un magazine. Énumérez les principales informations du jour ou de la semaine. Votre voisin(e) de classe réagit en montrant son intérêt ou son indifférence. Changez de rôle.

11 Présentez à la classe une opération existant dans votre pays pour développer la pratique du sport. Votre auditoire se montre très intéressé et l'exprime.

Erasmus ou l'étranger revisité

Oubliés Jack Kerouac, la route et les sacs à dos : les jeunes globe-trotters du XXIe siècle préfèrent aller étudier à l'étranger plutôt que d'aller courir le monde le nez au vent. Un signe des temps symbolisé par le succès du programme européen Erasmus qui fête ses vingt ans.

Tout commence par une belle idée. Au milieu des années 1970, des ministres de l'Éducation européens, relayés par quelques enseignants, imaginent pour la première fois de « développer la mobilité étudiante ». L'idée fait lentement son chemin jusqu'en 1987. Une année à marquer d'une pierre blanche pour les étudiants, puisqu'elle voit la création du programme Erasmus. Son principe : permettre aux jeunes Européens d'aller suivre des cours pour une période de trois à douze mois dans l'un des trente et un pays adhérents au programme, tout en validant cette période dans leur école ou leur université d'origine.

Vingt ans et un film devenu culte – *L'Auberge espagnole* de Cédric Klapisch – plus tard, le programme, qui doit son nom à un savant néerlandais globe-trotter du XVe siècle, est un petit phénomène de société. Si les étudiants hippies des années 1970 partirent à moto ou à pied, leur progéniture du XXIe siècle ne jure que par le voyage d'études en Europe… […] Depuis sa création, le programme a permis la mobilité de 1,5 million d'étudiants, chiffre que l'Union européenne prévoit de doubler d'ici à 2013. […]

Stimulation intellectuelle ou école de surf ?

Mais dans les faits, à quoi ressemble le séjour d'un étudiant « en mobilité ». […] Chacun a une histoire différente à raconter. Studieuse pour Lars, étudiant danois cité sur le site consacré à l'éducation par l'Union européenne, parti en Allemagne chercher un « environnement intellectuel stimulant ». Romantique pour ceux et celles rencontrés par une journaliste pour son reportage « L'Union fait l'amour », qui s'intéressait avant tout aux aventures amoureuses européennes des Erasmus. Résolument touristique pour d'autres : « Certains étudiants émigrés en Australie semblent être revenus avec une licence de surf » ironise la mère d'un étudiant… La nature même de l'enseignement entre également en ligne de compte dans certains cas comme l'explique un universitaire : « En psychologie et sciences humaines, beaucoup vont au Québec, car l'approche de l'enseignement de ces disciplines est différente ». Erasmus est un peu une auberge espagnole !… Chacun y met ce qu'il veut y mettre. Le succès dépend de l'étudiant, des enseignants, des établissements. Mais le but est toujours de valider des enseignements dans le cadre de son cursus en France. C'est une « mobilité diplômante », pas des vacances. Et d'ajouter : « Au passage, les étudiants découvrent d'autres modes pédagogiques, portent un autre regard sur le fait d'enseigner et d'apprendre, voient que le système d'éducation français n'est qu'un exemple. »

Autre mérite des programmes de mobilité et pas des moindres : faire sortir les jeunes étudiants de chez papa-maman et les pousser à se débrouiller seuls. Bref gagner un peu de maturité et prendre du recul avec le cocon familial. […] Au pire le séjour à l'étranger ne sera pour l'étudiant qu'une excellente occasion de faire un pas de géant dans sa connaissance des langues étrangères, ce qui est déjà beaucoup…

Olivier Cirendini, *TGV magazine*, n°92, mars 2007

ERASMUS FÊTE SES 20 ANS !

1987-2007

1

Lisez le texte et répondez.
Quel changement de mentalité
chez les jeunes l'article met-il en valeur ?
☐ Ils n'aiment plus parcourir le monde.
☐ Ils découvrent l'étranger dans le cadre
  de leurs études.
☐ Ils courent le monde longtemps après
  la fin de leurs études.

2

Relisez et répondez.
1. Relevez la phrase qui présente
   le programme dont on fait l'historique.
2. Quels adjectifs le rédacteur emploie-t-il
   pour qualifier les séjours à l'étranger
   des étudiants ? Quels écueils sont
   suggérés avec ironie ? Quelle
   expression du texte résume le mieux
   ce qu'est l'expérience Erasmus ?
3. Quels sont les éléments positifs
   de ces séjours selon le rédacteur ?

3

Échangez.
Dans votre pays, quels systèmes existent
pour partir étudier à l'étranger ?
À votre avis, faut-il rendre obligatoire un
séjour à l'étranger pendant les études ?

4

Écoutez Renaud et répondez.
1. Dans que pays est parti Renaud, dans
   quel cadre et pour quoi faire ?
2. Quels ont été pour lui les trois
   obstacles principaux qu'il a dû
   surmonter ?
3. Qu'est-ce qu'il a ressenti quand il est
   arrivé ?
4. Grâce à cette expérience, de quoi
   a-t-il pris conscience ?
5. Quels sont les trois mots qu'il rattache
   à cette expérience ?

5

Échangez.
Avez-vous une expérience analogue
à raconter ?

● POINT INFO

Le programme Erasmus est un dispositif permettant aux étudiants des pays européens
d'effectuer une partie de leurs études universitaires dans un autre pays d'Europe. Mais ce
n'est pas le seul dispositif permettant d'étudier
à l'étranger. Le Crepuq, l'un des plus anciens
programmes d'échanges, s'adresse à ceux qui
souhaitent partir pour le Québec. Le Micefa,
pour sa part, permet d'aller dans les campus
américains. Chaque université dispose, par ailleurs, d'accords de coopération internationale
spécifiques avec des établissements étrangers,
ouvrant à leurs étudiants les portes de pays
aussi éloignés que la Chine, l'Inde ou
l'Australie.
Depuis peu, le programme Erasmus mundus
s'adresse aux étudiants de certains masters et
est ouvert à un nombre de pays élargi, hors
Union européenne.

**L'Auberge espagnole
de Cédric Klapisch**

Xavier, jeune Français de 25 ans, part pour
Barcelone grâce au programme Erasmus.
Il se retrouve en colocation dans un appartement
avec cinq étudiants de nationalités différentes.
Entre choc culturel, dépaysement et difficultés
avec la langue, il s'intègre peu à peu...

L'expression du but

1 Complétez avec les verbes suivants conjugués.

tendre vers un but - toucher au but - se donner pour but - marquer un but - remplir son but - être encore loin du but

1. Nous approchons du terme de notre ascension. Nous allons bientôt ... .
2. Il a fini de rédiger ses mémoires. Il ... .
3. Son équipe ... contre son propre camp.
4. Je viens de commencer mes études de médecine. Je ... !
5. Elle ... de devenir « quelqu'un ».
6. La conjoncture actuelle n'empêche pas les jeunes de ... .

2 Classez les répliques suivantes dans le tableau.

Pourquoi pas ?

Tu vas y arriver.

Je n'en vois pas l'issue.

C'est raté !

Prends ton courage à deux mains.

Je ne suis pas encore sorti de l'auberge.

C'est gagné !

On ne m'y reprendra pas.

Ne baisse pas les bras.

Mission accomplie.

Je n'y arriverai jamais.

Je me suis complètement planté.

Ne t'en fais pas ! Tu y arriveras !

À quoi bon, c'est perdu d'avance !

Encourager	Découragement	Atteindre son but	Manquer son but
...	...	...	...

3 Complétez avec les mots suivants.

dessein - fins - objectif - objet - visées

1. Ils ont fini par arriver à leurs ... : être dans les premiers au concours d'entrée.
2. Il n'est pas toujours facile d'atteindre l'... qu'on s'est fixé.
3. J'ai oublié de noter l'... de ma lettre.
4. J'ai agi de la sorte à ... : je voulais qu'il comprenne l'importance de son engagement.
5. Le nouveau directeur a de grandes ... pour son entreprise.

4 Associez les phrases.

1. Il a pris un appartement en colocation avec quelqu'un du pays de façon à
2. Elle a appris quelques notions de la langue afin de
3. Il a quitté sa famille de manière à
4. Il a acheté son billet d'avion aussitôt l'obtention de sa bourse de crainte que
5. J'ai économisé en vue de
6. Ils ont dévoré un livre entier sur la Roumanie afin que

a. pouvoir communiquer tout de suite.
b. apprendre la langue rapidement.
c. ses parents ne le laissent plus partir.
d. la culture du pays n'ait plus de secret pour eux.
e. voler de ses propres ailes.
f. voyager dans le monde entier.

5 Transformez les phrases sans en changer le sens en utilisant *de crainte, de sorte, afin*. Attention au mode (indicatif, subjonctif, infinitif) !

Exemple : Il a beaucoup étudié, alors son séjour a été profitable.
→ *Il a beaucoup étudié de sorte que son séjour a été profitable.*

1. Ils cherchent un petit job sur place dans le but de ne pas dépendre de leurs parents.
2. Je vais voyager dans le monde entier et je m'ouvrirai à de nouvelles cultures. J'en rêvais !
3. Elle n'avait aucun moyen de communication, voilà pourquoi personne n'a pu la joindre.
4. Elle est rentrée de son voyage ; elle avait peur de ne pas avoir suffisamment d'argent.
5. Ils sont partis à l'étranger et ils ont acquis de l'expérience.
6. Nous nous sommes inscrits tout de suite ; le *numerus clausus* pouvait nous en empêcher. C'était notre hantise !

Fiche page 172 ➜

6 Dites si *pour* indique un but ou une cause.

Exemple : Il a été accepté d'emblée pour ses compétences et sa capacité à s'intégrer rapidement. (cause)

1. Il a fait un détour pour ne pas arriver trop en avance.

2. Elle a perdu une occasion unique de partir à l'étranger pour ne pas avoir répondu assez vite à l'annonce.

3. Je voulais absolument cette bourse. Alors je me suis acharné à apprendre le chinois rapidement pour mettre toutes les chances de mon côté.

4. L'animateur a été mis en cause pour non assistance à personne en danger.

7 Terminez les phrases suivantes.

1. J'ai réuni tous les documents pour constituer mon dossier dans la perspective de ... .

2. J'ai pris une assurance à l'étranger histoire de ... .

3. Pendant mes voyages, j'ai pris énormément de notes avec l'espoir que ... .

4. J'ai rempli mon carnet d'adresses lors de mon voyage avec l'intention de ... .

5. J'ai pris un appartement avec quelqu'un du pays dans le souci de ... .

6. On a organisé une grande fête quelques jours après notre arrivée question de ... .

8 Complétez les réponses aux questions suivantes avec une proposition relative comme dans l'exemple.

Exemple : Quelle sorte d'assurance voudriez-vous prendre avant de partir à l'étranger ?

→ Je voudrais prendre une assurance qui me permette d'être indemnisé en cas d'accident et qui me rembourse les frais de voyage en cas de rapatriement sanitaire.

1. Quelle sorte de voyage aimeriez-vous entreprendre ? J'aimerais entreprendre un voyage dont ... .

2. Aimeriez-vous suivre des cours de perfectionnement de la langue pendant ce voyage ? Non, je préférerais des cours qui ... .

3. Apprendriez-vous une nouvelle langue étrangère ? Non, j'apprendrais plutôt quelque chose que ... .

4. Quel genre de contacts chercheriez-vous à avoir pendant votre séjour ? Je chercherais à rencontrer des gens avec lesquels ... .

9 Terminez ces demandes en exprimant un but avec *que* + subjonctif.

*Exemple : Pousse-toi un peu **que** je **puisse** voir !*

1. Parle un peu plus fort ... .

2. Tu as fait refaire faire l'ourlet de cette jupe ? Tourne-toi ... .

3. Donne-moi ton adresse e-mail ... .

4. Faites-moi un plan détaillé pour aller chez vous ... .

10 Complétez le texte en utilisant une des expressions de but suivantes : *afin de, afin que, de sorte que, de peur de, de peur que, de manière à.*

1. Je voudrais que tu lui donnes toutes les informations nécessaires ... il n'ait aucune difficulté à s'inscrire.

2. Il a choisi de louer un appartement près de la fac ... ne pas avoir de transport en commun à prendre.

3. Nous avons envoyé une lettre recommandée avec accusé de réception au propriétaire ... une lettre timbrée au tarif normal n'arrive pas à temps.

4. Ils se sont rendus au service des examens ... on leur donne leur diplôme.

5. Elle n'a pas osé prendre de remède contre le paludisme ... être allergique.

6. Il a couru à la poste ... sa lettre parte avant la dernière levée.

11 Faites le portrait d'une personne de votre entourage correspondant à ces définitions. Insister sur ses objectifs et sur les procédés qu'elle utilise pour les atteindre.

- Un jeune loup en entreprise.
- Un arriviste en politique.
- Un idéaliste écologiste.

12 Vous devez écrire un article sur les motivations qu'ont les gens de voyager (rencontre, découverte de richesses culturelles, plaisir de flâner, ...). Rédigez votre article en utilisant des expressions de but et d'intention variées.

exposer et développer son point de vue à l'écrit

Les nouvelles technologies aident-elles les jeunes à « grandir », à construire leur personnalité ? À quelles conditions ?

ARGUMENTS

1/ Les nouvelles technologies donnent accès à des ressources didactiques et documentaires inaccessibles par d'autres moyens.

2/ Les jeux vidéo développent certaines compétences et améliorent la gestion de l'inattendu.

3/ Les nouvelles technologies exercent sur les jeunes un attrait qui les fait travailler davantage et plus efficacement, selon des modalités qu'ils acceptent mieux.

4/ Une mauvaise utilisation peut entraîner des conséquences néfastes dans le domaine de l'éducation.

5/ Les jeux vidéo seront utilisés pour apprendre la médecine ou pour s'initier au mandarin.

6/ Internet asservit des familles à des circuits de communication dominés par quelques multinationales.

7/ Au nom du divertissement, les jeux vidéo font la promotion de la violence et de comportements antisociaux.

8/ Le seul outil pour apprendre, c'est le cerveau de celui qui apprend.

9/ L'usage des nouvelles technologies entraîne un changement dans les équilibres entre le service public d'éducation et les marchés privés en expansion vendant directement aux parents des savoirs et des services à destination de leurs enfants.

10/ Internet constitue un danger pour les jeunes qui risquent de croire tout ce qu'ils y trouvent.

11/ Les nouvelles technologies préparent l'intégration sociale et professionnelle des jeunes.

12/ L'ordinateur, comme n'importe quelle technologie nouvelle, n'est pas un outil pour apprendre.

13/ Les jeunes n'ont pas vraiment besoin d'outils qui fassent tout à leur place pour apprendre.

14/ C'est un moyen pour lutter contre les inégalités.

15/ Les jeunes peuvent avoir accès à des informations fausses ou offensantes.

16/ Les jeux vidéo aident les jeunes hyperactifs à se concentrer et à construire leur savoir.

17/ Les jeunes sont de plus en plus déconnectés du monde réel.

18/ L'ordinateur risque de remplacer le livre.

19/ Le temps passé à exterminer frénétiquement des monstres virtuels dans un jeu vidéo est une grande perte de temps.

20/ Les gens qui disposent du maximum d'équipement multimédia sont aussi ceux qui lisent le plus.

1

Lisez ces arguments sur les nouvelles technologies. Regroupez-les selon les sujets sur lesquels ils portent.
- toutes les nouvelles technologies : 1, ...
- l'ordinateur : ...
- les jeux vidéo : ...
- Internet : ...

2

a) Classez les arguments dans le tableau.

Positif	Négatif
...	...

b) Soulignez les arguments positifs ou négatifs qui vous semblent justes.

3 ✐

Un magazine vous demande de rédiger un éditorial sur les nouvelles technologies (cf. Abécédaire culturel p. 147). Vous devez traiter le sujet en donnant votre point de vue et en argumentant en 400 mots environ.

PRÉPARATION

> Reformulez le sujet.
> Prenez position.
> Sélectionnez les arguments qui vous serviront à soutenir votre prise de position et ceux que vous voulez contester.
> Cherchez deux ou trois exemples dans votre expérience qui éclaireront votre prise de position.

RÉDACTION

■ L'INTRODUCTION

Présentez le thème du débat sans prendre position immédiatement. Vous pouvez vous appuyer sur l'opinion générale, une opinion particulière ou deux opinions contradictoires. Puis posez des questions orientées, par exemple : *les nouveaux moyens d'information ont-ils ôté aux jeunes le goût de l'effort ou représentent-ils un moyen d'enrichissement ?*

■ L'ARGUMENTATION

> JUSTIFIER SON POINT DE VUE
en exprimant clairement ses arguments
- *Je suis tenté(e) de dire que...*
- *Pour ma part...*
- *Après avoir pesé tous les arguments, je dirais que...*

> EXPRIMER SON ACCORD
avec des réserves
- *C'est peut-être le cas de...*
- *C'est en partie vrai...*
- *Il faudrait approfondir la question...*
- *Cette situation donne à réfléchir...*
- *Ces faits méritent réflexion...*

> EXPRIMER SON DÉSACCORD
- *Contrairement à ceux qui pensent que..., je crois pouvoir avancer que...*
- *Il est absurde de croire que...*
- *Je suis en total désaccord avec ceux qui prétendent que...*

> INTRODUIRE DES ARGUMENTS OPPOSÉS
À l'inverse, en revanche, contrairement à cette idée, par contre...

> ORGANISER SES ARGUMENTS
avec des mots d'articulation
- *D'un côté..., de l'autre...*
- *Non seulement..., mais encore...*
- *Par ailleurs / en outre / on peut ajouter que...*
- *Quant à... / À propos de...*

> S'APPUYER SUR DES EXEMPLES PRÉCIS
et si possible vécus
- *L'exemple suivant illustre bien que...*
- *Les observations qui ont été faites à propos de... démontrent que...*
- *L'aventure vécue par... révèle que...*
- *Cet exemple constitue une indication sur... / est le signe de... / infirme l'idée que...*

> NUANCER SON POINT DE VUE
en tenant compte des opinions divergentes
- *Il n'est pas toujours évident...*
- *On pourrait penser que...*
- *Il n'est pas certain que...*
- *Ce n'est pas que je sois totalement opposé(e) à...*

> EXPRIMER UNE CONSÉQUENCE
CONTRADICTOIRE
- *Il n'en reste pas moins que...*
- *Il n'empêche que...*
- *Il n'en demeure pas moins que...*

> AFFIRMER DE MANIÈRE CATÉGORIQUE
- *Il a été prouvé par... que...*
- *Il est totalement faux de dire que... puisque...*
- *Il est absolument certain que... parce que...*

■ LA CONCLUSION
pour résumer la discussion et élargir la réflexion
> *On peut en tirer la conclusion que...*
> *On peut en déduire que...*
> *En conclusion, ...*
> *Ces derniers éléments nous permettent de conclure que...*

Professio

DOSSIER 5

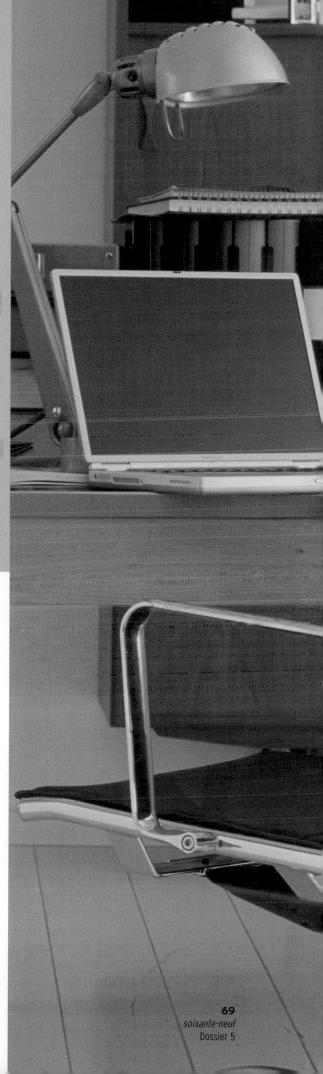

nnel 5

Sommaire

 B 2

1

Écoutez Fatima et dites quelle est sa profession. Faites des hypothèses sur son âge et son origine.

2

Réécoutez et répondez.

(Reportez-vous si nécessaire à la transcription page 186.)

1. Quelle est la priorité de Fatima dans l'exercice de sa profession ? Justifiez.
2. Que regrette-t-elle ?
   ☐ les contraintes que ce travail lui impose
   ☐ le manque de considération des gens pour son travail
   ☐ les relations avec ses employeurs
3. Quelle proposition fait-elle pour y remédier ?
4. Reformulez sa conception du rôle de la femme dans la société.

Ils travaillent dans l'ombre

Jean-Claude, *copiste*[1]

Je ne me considère pas comme un artiste, mais comme un artisan. Il n'y a rien de frustrant, c'est un métier en soi. La non-reconnaissance est largement récompensée par la satisfaction d'avoir bien copié. Quand le tableau est réussi, j'ai la preuve de mon talent.

Valérie, *nègre*[2] *dans l'édition*

Moi, passer à la télé, voir mon nom sur des livres, ça ne me motive pas. La reconnaissance, je la trouve auprès de l'auteur, lorsqu'il est content du résultat. Ma place n'est ni devant, ni derrière mais à côté de celui dont je reçois l'histoire… et le métier dont je me sens le plus proche est celui de sage-femme : cette étrangère qui, le temps de l'accouchement, joue un rôle décisif dans votre vie.

Daisy, *collaboratrice de son mari, journaliste satirique à la télévision*

Jusqu'à présent, j'ai aimé profiter du confort qu'il y a à se cacher derrière un autre, à être là, tout en me préservant des risques d'être trop exposée. Il faut laisser celui qui est déjà sous les projecteurs – et en a davantage besoin – être à cette place et le soutenir. Ce n'est pas un sacrifice, c'est un choix de vie.

D'après *Psychologie magazine*, novembre 2005, « Ils travaillent dans l'ombre »

1 - copiste : *artiste qui copie des œuvres de peintres célèbres*
2 - nègre : *écrivain qui met des témoignages en forme littéraire*

3

Lisez ces témoignages et répondez.

1. Donnez le nom de la personne correspondant à chacune des motivations suivantes.
   • mettre l'autre en lumière : …
   • aider l'autre à se réaliser : …
   • le plaisir du travail réussi : …
2. Selon vous, quelles sont les ressemblances et les différences entre ces témoignages et celui de Fatima ?

4

Échangez.

Et vous, qu'est-ce qui vous motive le plus dans votre travail ? Classez par ordre d'importance les motivations suivantes.

- l'argent
- la reconnaissance de votre compétence
- l'épanouissement personnel
- votre contribution à la société
- le statut social que vous confère votre emploi

5

Reportez-vous au mot *Salaires* de l'abécédaire culturel (page 150) et commentez la place de la femme dans le monde du travail en France. Comparez-la avec celle dans votre pays.

Marie Pinatelle : D'un point de vue sociologique, qu'est-ce qui a fondamentalement changé dans le travail récemment ?

Vincent de Gaulejac : On peut d'abord se demander comment le travail est devenu une valeur centrale d'insertion dans la société alors que, dans un certain nombre d'autres cultures et même historiquement dans la Grèce ancienne et au Moyen-Âge, voire dans la société industrielle, le travail était perçu comme une activité dont il fallait se libérer. Il était considéré comme asservissant – dans la Grèce antique, le travail était réservé aux esclaves, il appartenait au registre de la honte. Puis Marx a montré combien l'exploitation était au cœur du travail et qu'il fallait s'en affranchir. [...]

Le travail est devenu un élément central pour deux raisons : d'une part, il désigne la position de quelqu'un dans la société et d'autre part, il structure l'identité d'un individu, c'est-à-dire la façon dont il se vit lui-même dans la société. Il est notamment fondamental pour acquérir l'estime de soi. Cet aspect est très important pour les jeunes qui expriment une contradiction très forte entre la nécessité de travailler pour être reconnu et le besoin d'être plus proche de leur désir et de leur épanouissement personnel. Pour beaucoup de jeunes cet épanouissement passe davantage par des activités comme la musique ou le sport que par le travail.

On en vient ainsi à la question de l'emploi : aujourd'hui une des nécessités pour avoir une place dans la société qui soit relativement satisfaisante est d'avoir un emploi stable et reconnu. Après avoir bataillé dans une compétition scolaire assez rude pour certains jeunes, ils se retrouvent confrontés au marché du travail dans lequel ils n'ont plus la garantie d'occuper, grâce au diplôme qu'ils ont acquis, telle ou telle place. Ce phénomène est relativement nouveau.

M. P. : À quoi sont liés ces changements ?

Selon moi, la grosse coupure se fait dans la dernière partie du XXe siècle. [...] C'est à partir des années 70 que s'installe un décalage structurel entre le nombre d'emplois que l'économie produit et le nombre de personnes actives en âge de les occuper. Le second facteur c'est le changement des modes d'organisation du travail, un phénomène qui s'accélère à partir des années 70-80 : les entreprises produisent de plus en plus vite des biens et des services avec de moins en moins d'emplois. La productivité s'accélère de façon extraordinaire. [...] Aujourd'hui, même si la formule est un peu polémique, on peut affirmer que la lutte des places se substitue à la lutte des classes.

M.P. : Les jeunes sont-ils particulièrement sensibles à ces changements ?

Les jeunes sont existentiellement au cœur des contradictions de la société dans laquelle ils vivent. Ils perçoivent bien la contradiction entre la nécessité de socialisation, d'adaptation, d'insertion pour avoir une place dans la société et leurs aspirations, en termes plus existentiels, de réalisation de soi-même. Ils ne sont pas les seuls : on peut ressentir cette contradiction-là à tout âge. [...] Mais ils se situent plus dans une optique d'épanouissement de leur personnalité même dans leurs études : ils choisissent massivement la psychologie, le sport, les lettres, les arts, l'histoire etc., alors qu'on leur dit qu'il faut être ingénieur ou gestionnaire ! Et ils voient bien que l'épanouissement personnel et la réussite existentielle sont contradictoires avec ce que propose aujourd'hui la société « de l'entreprise » qui ne répond qu'imparfaitement à leurs aspirations.

Revue *Autrement*, interview de Vincent de Gaulejac, professeur de sociologie, coll. « Mutations », n° 192, avril 2000

BIBLIOGRAPHIE
• DUJARIER (Marie-Anne), GAULEJAC (Vincent de), *L'Idéal au travail*, Éd. PUF, 2006.
• GIRET (Jean-François), LOPEZ (Alberto), ROSE (José), *Des formations pour quels emplois ?*, Éd. La Découverte, 2005
• GORZ (André), *Métamorphoses du travail*, Éd. Galilée, coll. « Quête du sens », 1988
• Revue *Autrement, Travailler, premiers jours. Jeunes, entreprises : attentes et malentendus*, coll. « Mutations », n° 192, avril 2000

6

Lisez le texte et dites quel est son thème principal.
☐ l'importance du travail dans la vie
☐ la relation des jeunes au travail
☐ la place du travail dans nos sociétés

7

Quelles phrases correspondent aux idées de Vincent de Gaulejac ?

1. Dans les sociétés anciennes, le travail était méprisé.
2. Au Moyen-Âge le travail a changé de statut.
3. Aujourd'hui le travail permet de situer l'individu dans la société.
4. Grâce au travail, les gens acquièrent le sentiment d'exister.
5. De nos jours seul le travail permet de gagner de l'argent.
6. Depuis quelques années le marché du travail s'est réduit.
7. La scolarisation obligatoire a eu un rôle décisif.
8. Les jeunes constatent que l'entreprise ne permet plus de s'épanouir.
9. Les plus âgés monopolisent tous les postes intéressants.

8 ✎

En vous aidant des affirmations de l'activité 7, rédigez un résumé des propos de Vincent de Gaulejac.

9 ☺

Commentez ce dessin.

Touche pas à mon contrat !

1 👁 🎧

Lisez le Point info, écoutez le dialogue 1
et décrivez la situation.

2 🎧

Réécoutez.

a) Complétez.

1. Sandra a été embauchée en contrat ... .
2. Légalement une entreprise ne peut
   pas renouveler un contrat temporaire
   plus de ... .
3. Le salaire de Sandra sera de ... .
4. Elle percevra moins qu'avant parce
   qu'elle perdra ... .
5. Le niveau d'études de Sandra est ... .

**b) Notez deux expressions de Sandra
pour exprimer la difficulté à trouver
un emploi.**

c) Relevez :

> les raisons de la satisfaction de Sandra
> les motifs de la grogne de son
> interlocuteur

⬤ POINT INFO

Contrat de travail

Il n'y a pas de définition légale du contrat de travail : il y a contrat dès lors qu'une personne travaille pour le compte et sous la direction d'une autre moyennant une rémunération. La loi n'impose pas la rédaction d'un contrat écrit, mais l'employeur doit remettre un document sur lequel il s'identifie et où apparaissent la date et l'heure de l'embauche ; il doit également délivrer des fiches de paie.

CDI : Le Contrat à Durée Indéterminée est la forme normale du contrat de travail ; il peut être rompu à tout moment par le salarié (démission) ou par l'employeur (licenciement), en respectant un préavis fixé au moment de l'embauche.

CDD : L'employeur a recours au Contrat à Durée Déterminée dans le cas d'un surcroît de travail occasionnel ou du remplacement d'un salarié malade. Ce contrat est limité dans le temps et cesse automatiquement à la date prévue à l'embauche ; il ne peut pas en principe être rompu avant et ne peut être renouvelé qu'une fois. Le contrat d'intérim a les mêmes principes mais peut se renouveler.

Le Contrat Nouvelle Embauche (CNE) a été introduit par l'ordonnance du 2 août 2005 ; il permet à l'employeur de rompre librement le CDI pendant les deux premières années de travail. Cependant, ce contrat est fréquemment contesté auprès des tribunaux.

3 🎧

Écoutez le dialogue 2 et dites qui
Sandra appelle et pourquoi.

4 🎧

Réécoutez.

a) Vrai ou faux ? Répondez.

1. Le contrat de Sandra est fondé sur
   un accord collectif d'entreprise.
2. Le règlement intérieur sert de contrat
   de travail.
3. Un salarié qui a déjà travaillé dans
   l'entreprise ne fait pas de période
   d'essai.
4. La répartition du temps de travail
   est fixée par la loi.

**b) Complétez les points
de son contrat auxquels
Sandra doit être attentive.**

... fonction, ... , ... , date d'... , ...

**c) Donnez la définition du temps
de travail annualisé.**

5 👁 🌐

Échangez.

Est-il difficile pour de jeunes diplômés
de trouver un travail qualifié et motivant
dans votre pays ? Quelles professions
sont les plus rémunératrices ? les plus
reconnues ? les plus valorisées ?

Sandra Levert
56 boulevard de la République
30100 ALES

Monsieur le Directeur Général
Établissements MIGNARD
Zone industrielle du Clos
30100 ALES

Lettre recommandée avec AR

Alès, le 30 mars 2007

Monsieur le Directeur,

Ainsi que vous le savez, j'ai effectué ces dernières semaines un nombre important d'heures supplémentaires. À titre indicatif, le total de ces heures est le suivant pour les trois dernières semaines :
- Semaine du 19 au 23 février : 5 heures
- Semaine du 26 février au 2 mars : 4 heures
- Semaines du 5 au 9 et du 12 au 16 mars : 8 heures
Vous pourrez en vérifier l'exactitude auprès de mon chef de service qui en a le décompte.
Je ne remets pas en cause la nécessité de faire ces heures, notre entreprise ayant connu un pic de production dans les derniers mois. En revanche, je m'étonne qu'elles n'aient pas été rémunérées et ne fassent pas non plus l'objet d'un repos compensateur, conformément aux dispositions légales. Je vous rappelle que mon contrat de travail mentionne une durée hebdomadaire de travail de 35 heures. Je vous saurais donc gré de prendre toutes les dispositions pour que la loi soit respectée, faute de quoi je me verrais dans l'obligation de refuser d'effectuer les heures supplémentaires que vous seriez amené à me demander dans l'avenir.
Veuillez agréer, Monsieur le Directeur, mes respectueuses salutations,

Sandra Levert

Strategies *pour...* Rédiger une demande (congé sans solde, congé parental, formation...)

Pour toute demande d'ordre légal à son employeur, faire un courrier envoyé par la poste en recommandé avec accusé de réception. Pour des demandes de congés particuliers (congé sans solde, congé parental, formation...) des délais légaux sont fixés entre la demande et la date de début de congé.

Formuler sa demande
- J'ai l'honneur de vous informer que je souhaite...
- Je souhaite bénéficier de...
- Je vous informe { que je devrai m'absenter... / que l'état de santé de mon enfant nécessite que... / que je suis dans l'obligation de... } { à partir de... / à compter du... / pour une durée de... }

Justifier sa demande
- Je dois préciser que...
- En effet, j'envisage de... / j'ai le projet de...
- Ma femme étant mutée à...
- Mon enfant ayant besoin de...

Rappeler sa situation dans l'entreprise
- Je réponds aux conditions...
- Salarié(e) dans l'entreprise depuis...
- Ayant travaillé dans l'entreprise pendant...

6

Lisez la lettre puis identifiez les correspondants et l'objet du courrier.

7

Dans quel ordre apparaissent les éléments suivants ? Numérotez.
- Rappel des termes de la loi.
- Évocation des faits.
- Avertissement.
- Apport de preuves.
- Manifestation de bonne volonté.

8

Vous demandez à votre employeur de bien vouloir aménager pendant un trimestre vos horaires de travail afin de suivre une formation. Rédigez la lettre.

Strategies *pour...* Rédiger une réclamation à son employeur

Rappeler les faits
- Comme vous le savez, { - j'ai effectué des heures supplémentaires... / - j'ai été amené(e) à assumer des responsabilités non prévues dans mon contrat... }

Justifier sa réclamation
- Comme l'équipe peut en témoigner...
- À votre demande faite le...

Se montrer coopératif
- Je ne remets pas en cause... / Je ne discute pas...
- J'accepte de... / Je suis disposé(e) à...

Rappeler les termes de la loi
- En revanche, conformément aux dispositions légales...
- Toutefois, selon les termes de mon contrat de travail...
- Mais comme le spécifie
- Conformément à
- En vertu de
- En application de
} l'article X du Code du travail...

Réclamer l'application de la loi
- Je vous saurais gré de bien vouloir...
- Je vous serais obligé(e) de respecter...
- Je suis sûr(e) que vous aurez à cœur de respecter...

Poser ses conditions
- Faute de quoi, { je ne pourrai plus... / il ne me sera plus possible de... / je serai au regret de... / je me verrai dans l'obligation de... }
- Sinon,

DES MOTS ET DES FORMES

Rémunérations

1 a) Écoutez le parcours de Christian et relevez les différents métiers qu'il a exercés.

b) Réécoutez et, avec l'aide des propos de Christian, associez la rémunération et la profession ou la situation.

serveur •   • allocations
vendeur •   • don(s)
commerçant, chef d'entreprise •   • droits d'auteur
écrivain, compositeur •   • salaire + commission
profession libérale •   • salaire + pourboires
(médecin, avocat...)   • bénéfices
demandeur d'emploi •   • indemnités
« mendiant » •   • honoraires
salarié licencié •

2 Le magazine *Rebonds* veut relater l'histoire de Sylvie au parcours professionnel mouvementé. Vous êtes journaliste, vous êtes chargé(e) d'écrire l'article. Imaginez ses multiples métiers et ses différentes rémunérations.

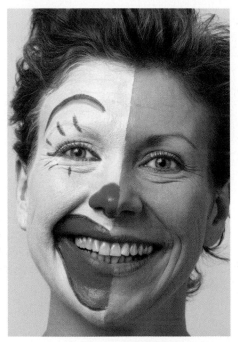

3 Classez, selon le registre de langue (soutenu ou familier), les synonymes du mot *travail*.
turbin - labeur - boulot - tâche - taf - job - besogne

Le conditionnel

4 Dans les phrases suivantes, dites si le conditionnel exprime un regret, un souhait, un conseil ou un reproche.
1. Vous auriez dû rappeler le client !
2. J'aimerais développer mes compétences en informatique.
3. Franchement, tu pourrais être moins exigeant.
4. On m'a proposé d'être réceptionniste. J'aurais préféré un poste de commercial.
5. Il vaudrait mieux attendre la signature de votre contrat.
6. On aurait bien voulu prendre nos vacances en mars, c'est possible ?
7. Vous devriez confirmer votre demande par écrit.

5 Complétez les phrases librement.
1. Si j'avais étudié le chinois... .
2. Si tu prenais une femme de ménage... .
3. Si vous aviez rempli votre carnet de commandes... .
4. Si l'entreprise déposait le bilan... .
5. Si les féministes n'avaient pas milité pour le travail des femmes... .

6 Mettez les verbes entre parenthèses à la forme correcte du conditionnel.
1. Au cas où vous ... (ne pas recevoir) la note de service, demandez-en une copie.
2. J'espérais qu'il ... (choisir) son métier quand il ... (finir) ses études.
3. Quand bien même le marché de l'emploi ... (se dynamiser), les jeunes ... (entrer) toujours aussi tard dans la vie active.
4. Tu as travaillé plus de 35 heures cette semaine ? À mon avis, tu ... (pouvoir) demander un repos compensateur.
5. Mais je pensais que tu ... (commencer) la semaine prochaine !

7 Dites quelle valeur prend le conditionnel dans les phrases suivantes.
Exemple : Dans le cas où le directeur commercial ne serait pas rentré de voyage, on pourrait faire une vidéo-conférence. (hypothèse)
1. La manifestation aurait rassemblé plusieurs centaines de salariés.
2. Auriez-vous dix ans d'expérience, vous n'en seriez pas plus avancé !
3. On serait dans une entreprise idéale, on choisirait nos horaires, notre rythme de travail...
4. Fussiez-vous Bill Gates en personne, je ne travaillerais jamais dans votre entreprise.
5. Vous pensez vraiment que je ferais ça pour vous ?
6. J'aimerais intervenir lors de la présentation du nouveau service.
7. Serait-il à l'article de la mort, il viendrait travailler !
8. Une grève serait prévue à la fin du mois.

Fiche page 161

8 Imaginez les pensées du peintre au fur et à mesure de son travail, puis les commentaires du modèle, ceux d'un critique d'art et ceux du mari du modèle en utilisant toutes les valeurs possibles de conditionnel.

Exemple : Le peintre : « Ça aurait plus d'allure si... ».

Les pronoms personnels et la double pronominalisation

9 Dites ce que remplacent les pronoms soulignés dans le dialogue suivant et justifiez leur emploi.

1. – Tu as demandé une augmentation à ton patron ?

2. – Je ne <u>lui</u> ai rien demandé. De toute façon, il ne me <u>l'</u>accordera pas maintenant.

3. – Qu'est-ce que tu <u>en</u> sais ?

4. – Je <u>le</u> sais, c'est tout. Il me <u>l'</u>avait fait comprendre...

5. – Tu <u>lui</u> <u>en</u> avais déjà parlé ?

6. – Pas exactement mais je <u>l'</u>avais un peu branché sur la question.

7. – Et alors ?

8. – Alors... il <u>y</u> pense pour l'année prochaine.

9. – Oh ! Tu es trop timoré ! Je ne m'<u>y</u> habituerai jamais !

10 Répondez avec les verbes entre parenthèses et en utilisant des pronoms personnels.

1. – Avez-vous besoin d'un ordinateur supplémentaire ?
– Oui, s'il vous plaît, ... (commander).

2. – Seriez-vous prête à changer de métier ?
– Oui, ... (rêver) depuis longtemps.

3. – Vous rappelez-vous votre premier patron ?
– Oh, oui, je ... (se souvenir) ! C'était un bourreau de travail.

4. – Vous avez la réclamation que Madame Brun a faite ?
– Non, ... (ne pas conserver) parce que la cliente ... (renoncer).

5. – Et si le stagiaire a mal fait son rapport ?
– Eh bien, ... (faire) recommencer.

6. – Qu'est devenue Marie-Hélène ?
– Elle a été mutée à la succursale de Bordeaux. Elle ... (être) enchantée ! Au début, on pensait que le patron voulait ... (se débarrasser), mais c'était une vraie promotion.

Fiche page 152 ➡

11 Associez les éléments suivants. Puis, d'après le contexte, expliquez le sens des expressions familières contenant un pronom.

1. Tu préfères le bureau près de la fenêtre ?

2. Tiens, un peu de boulot à faire à la maison...

3. Il a finalement décroché un CDI chez Xapox.

4. J'ai du mal à finir ce rapport, tu es plus doué que moi.

5. Vous avez besoin d'être sécurisée.

6. Je n'arrive pas à utiliser le scanner.

7. Bon alors, on bosse ?

8. Comment ça marche, ce truc ?

a. Où est-ce que **tu veux en venir**, exactement ?

b. D'accord, **on s'y met** après le café.

c. Encore un week-end fichu ! **J'en ai marre** !

d. Mais c'est parce que **tu t'y prends** mal ! Retourne ton document...

e. Demande au nouveau stagiaire, **il s'y connaît** drôlement en informatique.

f. Oh, n'importe... **je m'en fiche** !

g. C'est vrai, la flexibilité, **je ne m'y ferai jamais**.

h. Oui, mais ça a été dur, **il en a bavé**.

12 Imaginez qui a dit les phrases suivantes et dans quelle situation professionnelle. Relatez l'anecdote dans le journal de l'entreprise sous la forme d'un fait divers humoristique. (Évitez les répétitions en utilisant des pronoms personnels.)

Mettre et prendre

1 Lisez ces conseils donnés à des créateurs d'entreprises. Remplacez les expressions soulignées en utilisant un des verbes suivants.

valoriser - accuser - vieillir - tester - mesurer - lancer - activer - diversifier ses activités - affronter la réalité - surprendre - actualiser

1. Vous <u>mettez sur pied</u> une *start up* ? C'est bien, mais <u>ne mettez pas tous vos œufs dans le même panier</u>.
2. Promotion : <u>mettez en évidence</u> vos qualités et <u>prenez conscience</u> du rôle important de la publicité pour votre entreprise.
3. Vous rencontrez des difficultés ? <u>Ne mettez pas en cause</u> vos collaborateurs, <u>prenez le taureau par les cornes</u> et <u>mettez en œuvre</u> toutes vos capacités créatives.
4. Contrôle fiscal ? Ne vous laissez pas <u>prendre au dépourvu</u>, <u>mettez à jour</u> régulièrement votre comptabilité.
5. Embauche : <u>mettez les candidats à l'épreuve</u> pendant leur période d'essai, vous mesurerez leur réactivité.
6. Grâce à nos conseils, votre petite entreprise grandira en <u>prenant de l'âge</u> et de l'expérience !

Les constructions adjectivales

2 **a)** Associez les trois éléments. (Plusieurs combinaisons sont possibles.)

fier (fière)		enthousiasme
doué(e)		informatique
apte		changements
nul(le)		s'investir
excellent(e)	de	relations publiques
dépourvu(e)	en	responsabilités
prêt(e)	à	collaborer
plein(e)		s'adapter
opposé(e)		nouvelles technologies
expert(e)		initiative
conscient(e)		calcul mental

b) Préparez par deux une fiche avec les qualités requises, selon vous, pour exercer les professions suivantes.
- chef cuisinier
- professeur de français
- dompteur

Utilisez des constructions adjectivales.

Rapporter des propos

3 Complétez avec les verbes entre parenthèses à la forme qui convient.

Quand le chef d'orchestre est arrivé à la répétition, il a demandé si les musiciens ... (bien connaître) l'œuvre, combien de fois ils la ... (jouer) précédemment et ce qu'ils en ... (penser). Puis il a écouté les solistes jouer certains passages et a demandé qu'ils ... (faire) quelques modifications, parce qu'il estimait le tempo trop lent. Puis il les a interrogés sur ce qu'ils ... (dire) si un chef les ... (diriger) en leur tournant le dos. Un musicien farceur a répondu qu'il ... (pouvoir) enfin se concentrer sur un bon morceau !

4 Un chef de service s'adresse à sa collaboratrice. Rapportez au passé ses propos en variant les verbes introducteurs.

1. Vous avez pris les coordonnées du client ? *Il lui a demandé...*
2. N'oubliez pas de le rappeler vendredi avant midi.
3. Qu'est-ce que vous pensez de sa commande ? Pourra-t-on y répondre à temps ?
4. Lundi, rappelez-moi d'emporter ce courrier pour la réunion.
5. Si le client veut payer en trois fois, dites-lui que ce sera possible à condition qu'il fasse deux chèques antidatés.

Fiche page 178

5 **a)** Associez l'intention avec la réplique.

1. mise en garde	**a.** C'est un bon compromis.
2. menace	**b.** Ce n'était pas de ma faute.
3. avertissement	**c.** Si ça continue comme ça, je m'en vais !
4. acceptation	**d.** Attention à l'alarme, elle est sensible !
5. justification	**e.** Vous ne m'avez pas payé mes deux jours de RTT.
6. réclamation	**f.** Oui, mais ce sera la dernière fois.

b) **À partir des associations du a), trouvez, pour chaque propos rapporté ci-dessous, le verbe correspondant.**

Exemple : On nous avait prévenu de faire attention à l'alarme parce qu'elle était sensible. → 1-d.

1. Il ... ses deux jours de RTT qu'on ne lui avait pas payés.
2. Elle .... de s'en aller si ça continuait comme ça.
3. Je ... en précisant que ce n'était pas de ma faute.
4. Le patron l'... que ce serait la dernière fois qu'il donnait son autorisation.
5. Le délégué syndical ... un compromis qu'il jugeait bon.

6 Remplacez le verbe *dire* par un verbe plus précis : *annoncer, avouer, confier, expliquer, préciser, prétendre, promettre, signifier.*

1. Après deux heures d'entretien, il a fini par <u>dire qu'il était coupable</u>.

2. Pouvez-vous me <u>dire</u> comment marche cette machine ?

3. Il n'a pas fait les photocopies, il <u>dit</u> qu'il n'y a plus de papier.

4. Vous en faites une tête. Ça <u>veut dire</u> que vous êtes vexés ?

5. Il m'a <u>dit</u>, <u>en toute confidentialité</u>, qu'on ne connaissait pas l'origine de la fortune du gérant.

6. Le Président <u>a dit</u> que la séance était ouverte.

7. On nous avait <u>dit</u> qu'il y aurait des augmentations de salaire.

8. <u>Dites-moi exactement</u> ce qui s'est passé.

7 Modifiez les phrases suivantes en plaçant les verbes déclaratifs en fin de phrase ou en incise.

Exemples :
- *Elle a déclaré : « Je ne viendrai pas aujourd'hui. »*
→ *Je ne viendrai pas aujourd'hui, a-t-elle déclaré.*
- *Il a affirmé : « Vous le verrez, les augmentations de salaire sont équitables. »*
→ *Vous le verrez, a-t-il affirmé, les augmentations de salaire sont équitables. (incise)*

1. Il nous a répété : « N'ayez pas peur, le bilan sera positif ! » *(incise)*

2. Ils protestaient : « Ce projet est inacceptable, nous demandons de nouvelles négociations. » *(incise)*

3. Le rapporteur conclut : « Le débat est suspendu. »

4. Je pensais : « C'est une situation bizarre, comment s'en sortir ? » *(incise)*

5. Elle l'a supplié : « Renoncez à ce projet ! »

6. Je t'avais prévenu : « Plus de retard sans justification ! »

7. Le patron a affirmé : « Nous ne délocaliserons pas ! Il n'en a jamais été question. » *(incise)*

8 **a) Lisez cette courte scène de théâtre. Jouez-la par deux.**
b) Devenez romancier(ère) et racontez cette scène sous une forme littéraire.

Un bureau moderne, une table encombrée, une jeune femme attend sagement. Il entre...

LUI *(dossiers sous le bras, cheveux en bataille, sans cesse interrompu par le téléphone portable...)* : Vous m'avez attendu longtemps ?

ELLE : Oui.

LUI : Vous savez ce que c'est, nous sommes toujours débordés. *(Le portable sonne)* Excusez-moi... Allô ? Oui, c'est moi, bon je vous rappelle dans une minute, j'accueille ma future collaboratrice... *(Plus bas)* Elle est charmante ! *(Il raccroche)* Alors, je voulais vous faire visiter les locaux, ça vous tente ?

ELLE : Je ne sais pas.

LUI : Pardon ?

ELLE : Je pensais à ça en vous attendant. Je pensais s'il arrive maintenant... *(Le portable sonne)* Donnez-moi trente secondes de plus, s'il vous plaît, avant de répondre. Je pensais s'il arrive maintenant, je lui dirai : *(Elle prend un ton officiel)* j'ai bien réfléchi et tout bien considéré je ne pourrai pas travailler avec vous. Alors, voilà. Je ne peux pas travailler avec vous. *(Elle se lève et elle sort)*

LUI : Mais enfin, Mademoiselle... Mademoiselle !! *(Le portable sonne)* Allô ? Oui, c'est moi. Oui... c'est incroyable, elle vient de partir ! Elle dit qu'elle a changé d'avis. C'est fou ! Les gens n'ont aucune éducation aujourd'hui !

Dans un bureau moderne, un jeune homme est arrivé en demandant si on l'attendait depuis longtemps...

9 Dans votre entreprise, le chef du service comptable est arrivé avec un œil au beurre noir. Devant la machine à café, Sonia, la mauvaise langue, fait des commentaires acerbes. Georges, l'humoriste du service, invente une anecdote cocasse pour expliquer l'accident de son chef. Farida, incorrigible romantique, évoque une situation romanesque.

a) Imaginez les propos de Sonia, Georges et Farida dans une courte saynète.

b) Quelques semaines plus tard, vous racontez la scène à un(e) ami(e) en rapportant les paroles de vos collègues.

NOTES

15h Ouverture.

– Courte intervention du PDG sur l'enjeu des négociations : "remettre en selle" l'entreprise de façon durable, trouver les moyens de la sortir d'une crise financière chronique, malgré son grand dynamisme.

– La structure doit mieux s'adapter, l'environnement a changé (clients, pratiques, besoins). Il faut faire face à la concurrence, aux pics d'activité. Une "légère" augmentation du temps de travail est indispensable.

– Le statut de l'ensemble des salariés sera conservé mais en annualisant leur temps de travail.

– Pour les salariés non-cadres, l'accord prévoit un décloisonnement des postes : meilleure utilisation des diverses compétences de chacun et plus grande souplesse dans l'organisation du travail.

Débat

1. Il est demandé aux élus d'intervenir.

– **déléguée CGT** : son syndicat a tenu à être présent aux réflexions préalables pour essayer d'influer sur les contenus. Résultat final : cette influence est nulle. Les reculs sont massifs, mesures prises uniquement à l'encontre des salariés. Leurs conditions de travail seront déplorables. Par ailleurs, la mauvaise gestion continue. Cet accord est inadmissible et n'évitera peut-être pas les licenciements.

– **élu CFDT** : la consultation, la prise de conseils et la réflexion ne sont pas terminées. Il y a encore du temps devant nous. Restent à finaliser ou à revoir nombre de points : l'augmentation du temps de travail, la perte d'une partie de l'ancienneté, par exemple. Beaucoup de salariés n'ont pas encore compris tout ce qu'impliquerait l'application de cet accord. Il faut encore les consulter.

– **une élue UNSA** : toutes les délégations ont bien compris que c'est un gros effort demandé aux salariés. Le nouvel aménagement du temps de travail est un gros changement. Il faudra changer des habitudes acquises depuis 20 ans. Mais l'élue veut y croire. La politique salariale prévue est dynamique et peut entraîner une motivation nouvelle chez les salariés. L'élue est plutôt favorable au projet.

2. – **Le PDG** : la simulation de décembre sur les conséquences de l'accord offrait un bilan positif. Ce bilan deviendrait réalité pour 2007. Certains élus ne semblent pas rassurés par ces propos, en particulier la CFDT, qui voit plutôt se profiler du brouillard et des incertitudes.

– **La CGT** : elle fait un parallèle avec Siemens en Allemagne : le temps de travail des employés avait été augmenté de 10 % pour aboutir au bout de 2 ans à 10 000 licenciements. Comment avoir confiance ?

– **La DRH** : Mignard est une PME[1] de 210 salariés, rien à voir avec Siemens. Le monde est changeant, il faut du courage devant une réforme, les bénéfices se verront bientôt.

– **Pour la CFDT**, les salariés verront ce qu'ils perdent, les réponses qu'ils attendent de la part de la direction, ils ne les verront jamais.

– **LA DRH** : c'est une question de confiance.

3. Fin des débats, consultation sur le projet : 4 élus votants ; 1 vote favorable ; 3 abstentions donc 3 abstentions au texte en l'état. La séance est levée à 16h30.
Secrétaire adjointe : Béatrice Chetoumi
Présidente de séance : Patricia Rabier, DRH

COMPTE-RENDU DE LA RÉUNION DU COMITÉ D'ENTREPRISE DES ÉTABLISSEMENTS MIGNARD

SÉANCE EXTRAORDINAIRE DU 27 FÉVRIER 2007

CONSULTATION SUR LE PROJET D'ACCORD D'ENTREPRISE

ÉLUS PRÉSENTS : F. Balland, B. Chetoumi, J. Marenne, S. Rodriguez, T. Vandersaert (suppléant).
DÉLÉGUÉS SYNDICAUX : J. C. Cartier, M-F. Dumont-Virodet.
DIRECTION : J.C. Mignard (PDG), P. Rabier (DRH), M. Coste (secrétaire du service du personnel).

---

1 👁

Reportez-vous au mot *Syndicats* de l'abécédaire culturel (p. 150), puis lisez la page de titre du compte-rendu de réunion et répondez.
1. Quel est l'objet de cette séance ? Dans quel contexte se déroule-t-elle ?
2. Qui sont les participants ?

2 👁

Lisez l'ouverture de la séance faite par le PDG et résumez en une phrase le contenu du projet proposé.

1. PME/ PMI voir *Entreprises* page 144.

de réunion

3 👁

a) Lisez les notes de la réunion et complétez le tableau.

Défenseurs	...
Arguments	...
Détracteurs	*Déléguée CGT* *...*
Arguments	*Mesures prises uniquement à l'encontre des salariés*

b) Relisez les notes et qualifiez le ton de chaque intervenant : agressif, apaisant, consensuel, critique, ironique, désabusé...

4 👁

À partir des notes, rédigez le compte-rendu de cette séance extraordinaire du Comité d'entreprise des établissements Mignard.

Le PDG ouvre la réunion par une courte intervention sur...

PRÉSENTATION

> Sur la page de présentation, précisez le lieu, l'objet de la réunion, ainsi que les intervenants et leur fonction.

> En début de compte-rendu, précisez l'heure d'ouverture et de clôture et la personne qui l'annonce.

> En fin de compte-rendu, notez les noms du rapporteur (ou secrétaire) et de la personne qui préside les débats.

COMPTE-RENDU DE RÉUNION

> **Formulez de façon claire qui intervient (nom ou fonction, groupe, instance représentative).**
> *Exemple : Une élue UNSA, la déléguée syndicale CGT, pour la CFDT...*

> **Rapportez les propos avec des verbes introducteurs (ou des expressions) en les attribuant clairement à leur auteur. Suivez l'ordre chronologique des interventions.**
> *Exemple : Selon lui...*
> *Le PDG annonce, présente...*
> *Une élue a expliqué...*

> **N'utilisez pas de verbes qui marquent la subjectivité du rapporteur. Utilisez plutôt des verbes les plus objectifs possibles.**
> *Exemple : **Selon lui**, le statut des salariés sera préservé. (Et non : il prétend que...)*

> **Restituez dans une langue fluide l'essentiel des échanges : relatez le contenu principal, précisez le moment d'intervention et citez entre guillemets les formules significatives illustrant le propos.**
> *Exemple : **Le PDG ouvre** la réunion par une courte intervention sur l'enjeu des négociations. **Pour lui**, il s'agit de « remettre en selle » de façon durable l'entreprise, de trouver les moyens de la sortir d'une crise financière chronique, malgré son grand dynamisme. **Il insiste sur le fait** qu'une « légère » augmentation du temps de travail est indispensable.*

> **Conservez les exemples s'ils servent le débat.**
> *Exemple : La CGT fait un parallèle avec Siemens en Allemagne. **La déléguée rappelle** que le temps de travail des employés avait été augmenté de 10 % et finalement au bout de 2 ans, il y a eu 10 000 licenciements. **Elle se demande** comment avoir confiance.*

> **Restituez le mieux possible la rapidité de l'échange et le ton des débats sans prendre position.**
> *Exemple : **La DRH rétorque / réplique** que Mignard n'est qu'une PME de 210 salariés. Elle souligne que cela n'a rien à voir avec Siemens.*

Plaisirs

6

Sommaire

DELF

B 2

Directrice de la communication chez Lenôtre[1] à Paris, Alexandra Peyromaure a longtemps travaillé dans la mode et la beauté avant de découvrir un monde encore plus hédoniste, la gastronomie.

Comment êtes-vous devenue hédoniste ?

Je ne suis pas devenue hédoniste, c'est une nature profonde. Quand on a eu la chance de grandir dans un environnement où l'on aime la bonne cuisine, les bons vins et le voyage, cela vient naturellement. Susciter la curiosité et le goût de la beauté, voilà une chose que l'on peut transmettre à ses enfants et j'ai eu cette chance.

Faites-nous part d'une expérience forte.

Pendant un voyage en Algérie il y a longtemps, cela a été très fort de me réveiller avec de la neige autour de moi dans la montagne et de m'endormir au milieu des dunes de sable, avec simplement quelques heures de voyage entre les deux. Je me souviens aussi des dattes rouges, presque rondes, attachées aux branches, je n'en ai jamais goûté de meilleures.

Un souvenir ?

Par le plus grand des hasards j'ai trouvé un petit job d'étudiant pour accompagner les gens dans une cave à vins prestigieuse. Je ne connaissais rien aux vins et j'ai goûté des crus extraordinaires. En n'ayant aucune connaissance j'ai compris qu'on pouvait atteindre des sommets de plaisir et de raffinement à travers le vin. Cela a été une révélation.

Trois choses essentielles ?

- Le contact des enfants et de la famille proche c'est aussi essentiel que l'air que l'on respire.
- Je trouve essentielle la bonne gestion des rythmes. Il y a des moments où il faut concentrer ses énergies et des moments où l'on décélère.
- Quand j'arrive en fin de semaine, un verre de vin rouge c'est plein de signification. Je le bois très lentement. C'est le moment de la pause dans tous les sens du terme. J'abandonne la course pour être dans l'instant.

À quoi reconnaît-on un hédoniste ?

On ne le reconnaît pas, on le sent. Quelquefois quand on sert de très bons vins on voit des gens autour de la table qui s'arrêtent pour les apprécier, même s'ils ne sont pas connaisseurs. Il y a une sensibilité d'échange, une manière de percevoir l'autre.

Quels sont vos modèles ?

Gaston Lenôtre est à la fois un énorme travailleur d'une exigence absolue et un gourmand de la vie. C'est quelqu'un qui a complètement « dépoussiéré » la pâtisserie. Il a introduit des textures nouvelles, des saveurs plus légères, il a aéré, désucré. [...] Un autre hédoniste que j'ai rencontré et beaucoup apprécié c'est Jean-Paul Guerlain[2].

Quel est votre lieu préféré ?

New York. C'est un lieu hédoniste à sa manière. Il y a quelque chose de très vivant, c'est très stimulant. J'ai toujours très bien mangé à New York ! Un autre lieu qui m'inspire, c'est Amsterdam. J'aime beaucoup l'architecture, l'environnement et l'ambiance hors du monde, hors de l'agitation.

1 - Gaston Lenôtre : *(né le 28 mai 1920) est un célèbre pâtissier français qui a donné son nom à une société de restauration contrôlée par le groupe Accor*

2 - Jean-Paul Guerlain : *crée les parfums de la maison du même nom depuis 1956. En 1959, il compose* Vetiver *et en 1962,* Chant d'Arômes

1

À partir des éléments clés de l'interview, faites un portrait d'Alexandra Peyromaure.

- Sa famille : ...
- Son travail : ...
- Ses goûts : ...
- Ses références : ...

2

Relisez et répondez.

1. Qu'est-ce qui a contribué à rendre Alexandra Peyromaure hédoniste ?
2. Comment peut-on justifier les trois choses qu'elle trouve essentielles dans la vie ? Quel est leur point commun ?
3. En vous aidant de ce que dit Alexandra Peyromaure, donnez une courte définition de l'hédonisme.

3

Par groupe de deux, fabriquez un test de six questions à partir du sujet : « Êtes-vous hédoniste ? ». Établissez un score en attribuant un nombre de points (de 1 à 4) pour chaque réponse. Puis faites faire votre test à un autre groupe.

Exemple de question :
À quelle heure vous levez-vous le dimanche ?

a. Comme d'habitude. (1 point)

b. Légèrement plus tard que d'habitude, vers 9 heures. (2 points)

c. Quand vous sentez l'odeur du café. (3 points)

d. Quand votre chat saute sur le lit. (4 points)

Michel Onfray

Né d'un père ouvrier agricole et d'une mère femme de ménage à Argentan dans l'Orne, il devient docteur en philosophie et enseigne cette matière en classes de terminale de 1983 à 2002. Refusant l'enseignement de la philosophie tel qu'il est dispensé (selon lui, l'Éducation nationale enseigne l'histoire officielle de la philosophie mais n'apprend pas à philosopher aux élèves), il démissionne en 2002 pour créer l'Université populaire de Caen et en écrit le manifeste en 2004 : *La Communauté philosophique*.

Ses écrits célèbrent l'hédonisme, les sens, l'athéisme, le philosophe artiste dans la lignée des penseurs grecs célébrant l'autonomie de pensée et de vie. Il parvient grâce à son sens du « mot » à expliquer ses théories au sein de médias réputés conservateurs où il est souvent invité.

Michel Onfray se revendique d'une lignée d'intellectuels proches du courant individualiste libertaire.

4

Écoutez l'interview de Michel Onfray et répondez.

1. Pour Michel Onfray, l'hédonisme est une philosophie qui :
   ☐ est éloignée des préoccupations d'aujourd'hui.
   ☐ est née dans le monde actuel.
   ☐ a traversé toutes les époques.

2. L'hédoniste est :
   ☐ un pessimiste.
   ☐ un optimiste.
   ☐ un tragique.

3. Relevez la définition de chacun de ces trois mots selon Michel Onfray.

4. Notez sa définition de l'hédonisme, empruntée au moraliste Chamfort, et comparez-la avec celle que vous avez donnée après l'interview d'Alexandra Peyromaure.

5

Échangez.

Que pensez-vous de cette nouvelle définition ? Pensez-vous que cette philosophie conduise à l'égoïsme ? En quoi les biotechnologies servent-elles l'hédonisme ?

BIBLIOGRAPHIE
• CHENG (François), *Cinq méditations sur la beauté*, Éd. Albin Michel, 2006
• ONFRAY (Michel), *L'Art de jouir*, coll. « Figures », Éd. Grasset, 1991
• ONFRAY (Michel), *La Raison gourmande*, coll. « Figures », Éd. Grasset, 1995
• SERVAN-SCHREIBER (Jean-Louis), *Vivre content*, Éd. Albin Michel, 2002

Interview de Jacqueline Remy avec Jean-Louis Servan-Schreiber, auteur de *Vivre content* et directeur du magazine *Psychologies Magazine*

Il y a un petit air de résignation dans ce titre (*Vivre content*). Le bonheur serait-il un leurre ?
L'envie d'être heureux est inhérente à notre existence. Mais, comme le mot « bonheur » est un peu impressionnant, certains, aujourd'hui, le ressentent presque comme une contrainte. Il est vrai qu'on ne peut être sûr d'être heureux que rétrospectivement. Dans l'instant, on serait plutôt content : des satisfactions, du plaisir, des sensations plus immédiates. Une vieille histoire de sagesse indienne le dit très bien : « Comment fait-on pour manger un éléphant ? Comme le bonheur, on le coupe en petits morceaux. »

Pour vivre heureux, il faudrait donc se contenter de bouchées de bonheurs modestes...
Je l'observe à partir de ma seule légitimité : être vivant, contemporain et témoin de la difficulté à vivre de beaucoup de gens. Les progrès de notre modernité nous ont rendu le bonheur plus difficile. Nous en savons trop, parfois, pour être heureux. Dans les contrées plus primitives, les gens ne vivent pas dans le stress et dans l'angoisse. Je ne donne pas dans l'idéologie Larzac, je ne suggère pas de retour vers le passé, juste de retrouver une certaine simplicité. Ce qui n'exclut pas l'intensité. Retrouver cette simplicité demande de la vigilance. Je me dis : c'est ma vie, je n'en ai qu'une, il faut faire gaffe.

Cette philosophie n'incite pas à changer le monde, mais à s'y conformer.
Le réel est notre maître. Je ne dis pas qu'il est bien tel qu'il est, mais il faut s'y soumettre, sinon il se venge cruellement. Apprécions ce qui est. J'ai une marge de manœuvre en tant qu'humain à peu près libre, une marge certes infime, mais dont je me dois de faire un plein usage.

Vivre content, est-ce aussi se contenter de soi ?
Si cela amène à l'immobilisme et au laxisme, non. Certes, il faut se réconcilier avec soi et tenter de s'améliorer. Il y a des choses en moi que je ne changerai pas : c'est mon patrimoine. Je fais ce que je peux pour en tirer le meilleur parti, en termes de plaisir plutôt que de performance, de bien ou de mal. Qu'est-ce qui va me rendre vraiment content ? C'est la question à se poser devant tout choix d'action. Cela a l'air simple, mais qui le fait ?

Il n'y aurait pas de bien ni de mal ?
Chacun de nous a une morale. Nous en sommes pétris, du fait de notre éducation et de nos rapports avec les autres. Notre problème serait plutôt de ne pas en rester esclaves. Mais, pour être content à long terme, il faut souvent savoir différer un plaisir immédiat et, pour effectuer de bons choix, se connaître de mieux en mieux. Ne pas s'illusionner sur soi devient une vraie ascèse, une clef pour progresser dans la vie.

express.fr du 02/02/2007

6

Lisez l'interview de Jean-Louis Servan-Schreiber à propos de son ouvrage *Vivre content* et répondez.

1. Comment Jean-Louis Servan-Schreiber justifie-t-il le titre de son ouvrage ? En quoi sa position rejoint-elle la philosophie de l'hédonisme ?

2. Qu'est-ce qui est responsable de la difficulté à trouver le bonheur selon Jean-Louis Servan-Schreiber ?

3. Comment faire pour « vivre content » selon lui ? Cochez les bonnes réponses.
   ☐ faire un retour sur le passé
   ☐ gérer son patrimoine
   ☐ être détaché
   ☐ apprendre à se connaître
   ☐ prendre des risques
   ☐ être moins compliqué
   ☐ prendre du recul par rapport à son éducation

7

Échangez.

Votre conception du bonheur est-elle proche de celle de Jean-Louis Servan-Schreiber ? Quels sont vos plus grands plaisirs et vos plus grandes frustrations ?

Révolution de palais

① À la Marmite de Pierrot, bistrot campagnard célèbre pour ses spécialités de tripailles et de cochonnailles et pour ses plats flamands, Pierrot – secondé de sa fiancée Béatrice – vous bichonne et vous concocte sa véritable cuisine bistrot. 6 kilomètres de Lille et déjà la campagne avec tout le bonheur du Nord en prime, c'est ce qu'offre Pierrot de Lille. On le connaît depuis dix-huit ans au cœur de la capitale des Flandres.

②

Jacques et Nicole Bourgeois vous accueillent

À 25 km de Dijon et aux portes des grands crus, dans ce petit village Bourguignon, vous pouvez découvrir les grottes et la rivière souterraine, la source et sa promenade, les lavoirs et des vestiges du VIIᵉ siècle. Lors de votre séjour, vous aurez la possibilité de découvrir de nombreux châteaux. Dans le respect de la tradition de la cuisine du terroir

Ouvert 7 jours sur 7

Le Bourguignon
Hôtel - Restaurant
Rue Porte de Bessey
21310 Bèze
Tél : 03 80 75 34 51 - Fax : 03 80 75 37 06
E-mail : hotel-le-bourguignon@wanadoo.fr

③ Depuis 1905, le **Stépharo** poursuit la tradition du bouchon lyonnais de génération en génération. Frédéric et Laure perpétuent la tradition familiale, dans le respect de la cuisine lyonnaise : de l'andouillette, en passant par le fameux gâteau de foie de volaille et la quenelle de brochet ; en plein cœur du quartier des anciennes halles de Lyon.

④ Le Restaurant *Miramar* est idéalement situé sur le vieux port de Marseille. On y vient parce que l'adresse ne manque ni de saveurs, ni de goûts et surtout pour y savourer la « vraie bouillabaisse », l'une des meilleurs de la ville. De la terrasse ensoleillée, où dans la salle à manger, le décor possède une élégance feutrée, reposante, qui donne facilement l'envie de s'y attarder ou d'y revenir.

b

Ah ! le potjevleesch, une spécialité des Flandres composée de lapin, lard et poulet, garnie de frites et salade, les flamiches au fromage maroille, le filet américain "fait avec amour", le filet au poivre "comme quand j'étais petit", les rognons de veau frais, la tête de veau…Il y a même un poisson du jour. **Le tout proposé en formules à prix sympas.** Pour accompagner nos plats, la Bière "ch'ti" : blonde, 6,4°- 8,50 euros ; ambrée, 5,9°- 8,50 euros.

a

Salade lyonnaise
(croûtons, lardons, œuf mollet et salade de saison)
-
Fricassée de poulet au vinaigre de vin
Quenelle de brochet
-
Tarte lyonnaise aux pralines

c

Douzaine d'escargots de Bourgogne
ou
Salade Bressanne aux filets de caille
ou
Escalope de foie gras de canard poêlée à la crème de lentilles
(supplément 5 €)
ou
Salade tiède de rouget et queues d'écrevisses
vinaigrette balsamique

d

LA ROUILLE
C'est une sauce qui accompagne tous les poissons, qu'ils soient grillés ou cuits en bouillabaisse. La recette habituelle est à base d'aïoli auquel on ajoute du safran et du piment fort.
Une autre recette peut être réalisée à base de pommes de terre et de piment.

1 👁

a) Par groupes de deux, lisez les quatre annonces de restaurants et associez-leur un menu ou une recette.

b) Relevez les noms des spécialités régionales et, sur une carte de France, situez chaque restaurant dans sa région.

2 👂

Par groupes de quatre, dites quel restaurant vous choisiriez et pour quelles raisons.
Quels sont les plats que vous avez déjà goûtés ou dont vous avez entendu parler ?

3 🎧

Écoutez ces interviews. Retrouvez dans quel restaurant ces personnes ont mangé et si elles sont satisfaites ou non.

	Nom du restaurant	Satisfait	Non satisfait
Georges			
Arlette			
José			
Frédérique			
Philippe			
Carmen			
Damien			

4 🎧

Réécoutez et relevez les expressions utilisées pour :
> la satisfaction : ...
> l'insatisfaction : ...

5 💬

Échangez.

À l'aide des expressions de *Stratégies pour*, commentez à votre tour le dernier repas que vous avez fait au restaurant.

POINT INFO
Le guide Michelin

À l'origine, le guide Michelin était un guide publicitaire, offert au moment de l'achat de pneumatiques du même nom. Lorsqu'il est créé en 1900, la France compte 2 400 conducteurs.

Aujourd'hui, *Le guide Michelin* est le nom générique d'une série de guides publiés annuellement par Michelin pour une douzaine de pays différents. Plus particulièrement, l'expression désigne le guide rouge de Michelin, le plus ancien et le plus fameux des guides gastronomiques européens. Le guide rouge est celui dans lequel les "étoiles Michelin" sont attribuées. Il possède un réel pouvoir d'influence sur la clientèle potentielle.

L'édition 2007 du guide Michelin répertorie en France métropolitaine :
  - 26 restaurants 3 étoiles
  - 65 restaurants 2 étoiles
  - 436 restaurants 1 étoile

Les restaurants à 3 étoiles n'ont pas les mêmes ingrédients dans leurs plats que les autres restaurants (la truffe est présente dans 6 des 8 régions qui possèdent des 3 étoiles) mais il y a aussi la manière de préparer les ingrédients, comme le chocolat par exemple.
Pour les restaurants 2 étoiles, la cuisine est plus diversifiée.
Pour les restaurants 1 étoile, l'attachement régional est plus affirmé.

L'octroi d'une étoile entraînerait une augmentation de 30 % de la fréquentation du restaurant. Il en est de même pour la diminution de la fréquentation en cas de perte d'une étoile. Ces évolutions concernent surtout la clientèle étrangère.

Stratégies *pour...*
apprécier des mets

- Je me suis régalé(e).
- C'est exquis, savoureux, divin.
- C'est un délice, un vrai régal ! Un vrai bonheur ! Que du bonheur ! Un émerveillement ! C'est le top, le nec plus ultra, la classe !
- Une grande table !

- Le décor est d'un mauvais goût !
- La cuisine est bâclée, sans saveur.
- Les portions sont lilliputiennes.
- Le service laisse à désirer.

- La viande est { tendre et savoureuse. / dure comme de la semelle.

- Les poissons { sont d'une fraîcheur incomparable et subtilement choisis. / manquent de fraîcheur.

- Les légumes { sont cuisinés avec délicatesse. / baignent dans l'huile. / sont gorgés d'eau.

- La salade { est bien assaisonnée. / manque d'assaisonnement.

- La sauce { est bien relevée. / n'est pas assez relevée, est fade.

- Les fromages sont { frais, affinés, moelleux, / un peu secs, insipides, / comme du plâtre.

- Les desserts { sont fameux, fabuleux, à fondre, à mourir. / laissent à désirer. / sont trop chers pour ce qu'ils sont.

- Les vins sont secs, demi-secs, doux, moelleux.

- C'est { un élixir des dieux. / un grand cru. / de la piquette. / de la vinasse.

6

Vous devez rédiger pour *Le Guide des gourmands* un court article sur le restaurant *Miramar* à Marseille. Aidez-vous de la présentation du restaurant, des commentaires de Carmen et Damien et de la rubrique *Stratégies pour...* .

Les goûts

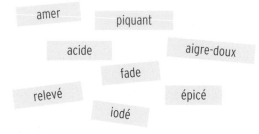

1 a) Écoutez les dialogues. Dites de quel aliment on parle et associez-le avec une de ces saveurs.

amer

piquant

acide

aigre-doux

fade

relevé

épicé

iodé

b) Cherchez un autre aliment pour chacune de ces saveurs.

2 a) Lisez le texte suivant et soulignez les mots qui font référence aux cinq sens et qui permettent d'évaluer les éléments dans le pain : *à la vue (l'aspect)...*

La grille d'évaluation d'un pain

À la vue, le bon pain suscite le désir de le manger. D'une teinte jaune doré, il possède une belle charpente et sa peau est lisse et régulière. Sa croûte est mince, craquante et croustillante. Elle émet des arômes particuliers, entre autre le grillé, le caramel, parfois la noisette. La mie est de couleur crème (ou nacrée) plutôt que blanche, d'une texture bien élastique, ni collante, ni cotonneuse. Elle est plus ou moins onctueuse, un peu grasse à la caresse.

Un pain bien fait va inexorablement émettre des arômes, un arôme terne ou pâle, ou éclatant ou vif ou dans une autre registre intéressant ou monotone.

Dans le bon pain, la structure gustative en bouche est ronde plutôt qu'anguleuse. Plus la qualité du pain est élevée, plus il dispose d'une longue saveur en bouche…

D'après *Cherchez le pain : Guide des meilleurs boulangeries de Paris* de Steven L. Kaplan, Plon, 2004

b) **Complétez en choisissant dans le texte les adjectifs qualifiant un bon pain.**
- Teinte : …
- Peau : …
- Croûte : …
- Texture de la mie : …
- Arôme : …
- Structure gustative : …

3 a) **Lisez le texte suivant sur la dégustation du vin. Combien d'étapes y a-t-il pour tester un vin ? Quels sont les éléments évalués à chaque étape ?**

b) **Quels sens sont sollicités pour chaque évaluation et dans quel ordre ?**

La grille d'évaluation d'un vin

D'abord, on examine sa limpidité pour avoir une indication sur la propreté.

On regarde sa couleur qui par son intensité, ses nuances donne une indication sur la consistance et l'évolution du vin et enfin sa brillance pour connaître la teneur en acidité du vin.

On note aussi la viscosité sur les parois du verre pour savoir s'il est onctueux, rond ou gras.

Puis on sent le verre qui reste au repos. L'intensité aromatique peut être puissante, ouverte, discrète ou fermée ; la nuance aromatique peut-être florale, fruitée, boisée, épicée, grillée, animale.

On refait la même chose après agitation du verre.

Enfin on goûte le vin. L'acidité peut être molle, souple, franche ou vive. On recherchera l'équilibre entre l'acidité et le moelleux selon les vins (rouges ou blancs). On teste le corps (la matière), léger ou consistant, la fin de bouche plaisante ou non et la longueur en bouche (emprunte laissée par le vin) courte ou longue. Le goût peut-être sucré, salé, acide ou amer.

c) **Échangez.**

Dans votre pays, y a-t-il des aliments indispensables à la composition d'un repas, des produits devenus « mythiques » comme le pain et le vin en France ? Comment a-t-on l'habitude d'évaluer leur qualité ?

L'expression de la condition et de l'hypothèse

4 Écoutez les dialogues et dites si les phrases commençant par *si* expriment un reproche, une hypothèse, une excuse, une menace, un remerciement, un souhait ou une justification.

5 Reformulez les phrases suivantes en utilisant le mot indiqué entre parenthèses.

Exemple : Si vous voulez que votre sauce soit plus épaisse pour napper des crêpes par exemple, utilisez un quart de litre de lait au lieu d'un demi-litre. (au cas où)

→ Au cas où vous voudriez que votre sauce soit plus épaisse, utilisez un quart de litre de lait au lieu d'un demi-litre.

1. Si vous ne mettez pas un peu de sel dans les blancs avant de les battre en neige, ils auront du mal à monter. (autrement)
2. Si tu veux que le gâteau soit bien cuit, laisse-le au four deux minutes de plus ! (deux minutes de plus et...)
3. Nous ne pourrons pas nous inscrire à ce cours s'il n'y a aucune défection. (sauf si)
4. Il réussira cette recette surtout si nous l'aidons un peu. (quitte à)
5. Je deviens rouge de plaisir si on me fait un compliment. (pour peu que)
6. J'irai vous chercher à l'aéroport si vous me donnez votre heure d'arrivée à temps. (pourvu que)
7. Si on avait un contrordre, on vous avertirait par mail. (en cas de)

6 Reformulez les phrases en utilisant *si*.

1. Avec un peu plus de poivre, ce serait meilleur.
2. Sans ce bon fromage, le repas n'aurait pas été assez copieux.
3. Sans l'aide de mes enfants, je n'y serais jamais arrivé !
4. Avec un peu plus de patience, il n'aurait pas raté son plat !

7 Complétez les phrases suivantes.

1. Nous irons manger à la pizzeria à moins que ... .
2. Je ne ferai pas les courses aujourd'hui à moins que ... .
3. Elle choisira le restaurant à moins que ... .
4. Il nous a promis qu'ils viendraient à moins que ... .

Fiche page 176

8 Reformulez les phrases suivantes en utilisant *à moins que.*

Exemple : Nous ne vous téléphonerons que si nous avons un problème.

→ Nous ne vous téléphonerons pas à moins que nous ayons un problème.

1. Je vendrai cette maison seulement si je ne peux pas faire autrement !
2. Il ne vous portera le dossier que la semaine prochaine sauf s'il vous le faut pour demain.
3. Nous n'utiliserons la tente qu'au cas où ne trouverions aucun hôtel où dormir.

9 Complétez les phrases suivantes avec une deuxième hypothèse.

1. S'il tente de me surpasser en cuisine et que ... , je lui laisserai toujours faire le dîner à l'avenir.
2. Si je rate mon gâteau et que ... , on ira en acheter un chez le pâtissier.
3. Si tu vas chez le libraire et que ... , achète-le ! Ça me rendra service.

10 Avec les deux hypothèses proposées, faites une phrase.

Exemple : aimer le veau / vouloir faire la recette d'un grand cuisinier (tu)

→ Si tu aimes le veau et que tu veuilles faire la recette d'un grand cuisinier, tu pourrais faire un rizotto aux champignons, j'ai la recette de Lenôtre !

1. désirer voir la mer / avoir envie de faire du bateau (il)
2. faire un bon repas / vouloir acheter un grand cru (vous)
3. acheter des chaussures à talons aiguilles / ne pas pouvoir les porter sans avoir mal aux pieds (tu)

11 Reformulez la phrase en utilisant *si tant est que.*

1. Il fera la recette s'il peut déchiffrer mon écriture, ce qui serait miraculeux !
2. On déjeunera en plein air si par bonheur le temps se remet au beau.
3. C'est nous qui ferons les courses si par chance nous en avons le temps.

12 Écoutez ces demandes de conseils sur répondeur automatique pour l'émission *Recophone*. Prenez des notes et reformulez chaque demande de conseil. Préparez par écrit la réponse écrite que vous allez donner aux auditeurs.

L'année précédente, dans une soirée, il avait entendu une œuvre musicale exécutée au piano et au violon. D'abord, il n'avait goûté que la qualité matérielle des sons sécrétés par les instruments et ç'avait été déjà un grand plaisir... charmé tout d'un coup, il avait cherché à recueillir la phrase qui passait et qui lui avait ouvert plus largement l'âme, comme certaines odeurs de roses circulant dans l'air humide du soir ont la propriété de dilater nos narines.

Marcel Proust, *Du côté de chez Swann*, Éd. Gallimard **1**

Écrire ! pouvoir écrire ! cela signifie la longue rêverie devant la feuille blanche, le griffonnage inconscient, les jeux de la plume autour d'une tache d'encre. [...] Écrire... cela veut dire aussi l'oubli de l'heure, la paresse au creux du divan, la débauche d'inventions [...] dans le petit cirque de lumière qui s'abrite sous la lampe...

Colette, *La Vagabonde*, © Librairie Arthème Fayard 1989 **2**

Mon amour de l'automobile date de mon enfance. Je me revois à l'âge de huit ans, assise sur les genoux de mon père « conduisant », prenant à pleines mains l'immense volant noir. Depuis, j'aime la voiture, aussi bien pour ce qu'elle est que pour le plaisir qu'elle me procure. J'aime la toucher, m'asseoir dedans, la respirer... C'est un peu comme un cheval qui comprend vos envies, qui répond à vos désirs. Il naît entre elle et vous une complicité, un échange de sentiments. L'un donne sa force, sa vigueur, sa vitesse. En échange, l'autre offre son adresse, son attention. **3**

Françoise Sagan, *Répliques*, Éd. Quai Voltaire

Le spectacle était commencé. Nous suivions l'ouvreuse en trébuchant, je me sentais clandestin ; au-dessus de nos têtes un faisceau de lumière blanche traversait la salle, on y voyait danser des poussières, des fumées ; un piano hennissait, des poires violettes luisaient au mur, j'étais pris à la gorge par l'odeur d'un désinfectant. [...] Je raclais mon dos à des genoux, je m'asseyais sur un siège grinçant, ma mère glissait une couverture pliée sous mes fesses pour me hausser. Enfin je regardais l'écran. [...] J'étais comblé. J'avais trouvé le monde où je voulais vivre, je touchais à l'absolu. **4**

Jean-Paul Sartre, *Les Mots*, coll. « Folio », Éd. Gallimard

Originaires de la province de Jiangxi où se trouve le mont Lu, mes parents nous y emmènent chaque été passer un séjour. [...] Le mont Lu est considéré comme un des plus beaux endroits de la Chine. [...] Cette beauté est due à sa situation exceptionnelle [...] qui offre des perspectives toujours renouvelées et des jeux de lumière infinis. Elle est due aussi à la présence de brumes et de nuages, de rochers fantastiques mêlés d'une végétation dense et variée, de chutes et de cascades qui font entendre, à longueur de jours et de saisons, une musique ininterrompue. [...] La Nature semble m'appeler à participer à son aventure et cet appel me bouleverse, me foudroie. **6**

François Cheng, *Cinq méditations sur la beauté*, Éd. Albin Michel

Il y avait quelque chose dans l'air, ce matin-là. Ça ne s'explique pas. Ça vient deux fois par an, peut-être, au début du printemps souvent, et quelquefois à la fin de l'automne. Le ciel d'avril était léger, un peu laiteux, rien d'extraordinaire. Les marronniers ne déployaient qu'avec parcimonie leurs premières feuilles sucrées. Mais elle l'avait senti dès les premiers pas sur le trottoir, avant même d'enfourcher sa bicyclette. Une allégresse. **5**

Philippe Delerm, *Paris l'instant*, © Librairie Arthème Fayard 2002

1 👁

Lisez ces extraits de textes littéraires. Qu'est-ce qui les relie entre eux ?

2 👁

Relisez et complétez le tableau suivant.

3 👁

a) Relevez, dans les textes, les expressions appartenant à chacun de ces sens.

> l'ouïe : ...
> la vue : ...
> le toucher : ...
> l'odorat : ...
> le goût : ...

b) Dites, pour chaque extrait, quels sont les sens les plus évoqués.

4 👄

Échangez.
Quel est l'extrait qui vous touche le plus ? Pour quelles raisons ?

5 ✒

Écrivez un petit texte (environ 150 mots) pour évoquer un moment de plaisir suscité par une émotion artistique. N'hésitez pas à faire appel aux différents sens.

	Objet ou moment évoqué	Mots liés au lieu et au moment	Comparaisons et images	Effet produit (émotions)
Texte 1	Concert de musique classique	...	...	...
Texte 2	...	...	...	Oubli de l'heure, ...
Texte 3	...	...	Comme un cheval	...
Texte 4	...	Salle de cinéma : ouvreuse, faisceau de lumière blanche	...	...
Texte 5	...	...	...	...
Texte 6	...	...	...	...

nts de vue sur...

6

Observez les deux tableaux. Décrivez-les.
Dans chaque tableau, quelle est la place
des personnages ? Quel rôle ont-ils ?

Portrait de famille, Nicolas de Largilière (1656-1746)

Peinture chinoise, XVIIIᵉ siècle

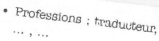
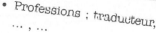

- Professions : traducteur,
  ... , ...
- Élu à l'Académie française
  en ...
- Né en ...
- Arrivé en France en ...
- Particularité : ...
- Ouvrages : ...

7

Écoutez la présentation
de François Cheng
et complétez sa fiche.

8

a) Écoutez la deuxième partie
et répondez.
1. Sur quel thème porte la question
   de la journaliste ?
2. François Cheng oppose la vision
   orientale et la vision occidentale
   de la peinture, reflet de la relation
   de l'homme avec la nature. Notez
   ce qu'il dit à propos de ces deux visions.
   > vision occidentale : ...
   > vision orientale : ...

b) Réécoutez et dites si ces
affirmations à propos de la peinture
chinoise sont vraies ou fausses.
Justifiez vos réponses.
1. L'homme n'est qu'un petit point dans
   le tableau.
2. Il est toujours placé au hasard.
3. C'est à travers ce petit homme qu'on
   voit le paysage.
4. La nature reste extérieure et sert
   de décor à l'homme.
5. Le paysage devient le paysage intérieur
   de l'homme.

9

Échangez.
Donnez les principales différences, entre
votre pays et la France, dans un domaine
artistique que vous connaissez bien
(littérature, peinture, cinéma, musique,
sculpture, bande dessinée...). Vous pouvez
vous regrouper par affinités ou
nationalités el faire une présentation
à la classe avec documents à l'appui.

DES MOTS ET DES FORMES

L'article

1 **Complétez le texte avec les articles suivants :** *le, la, les, l', un, une, des.* **Justifiez vos choix.**

C'est ... besoin de pain qui déclencha ... Révolution française. ... très mauvaises conditions climatiques de l'année 1789 conjuguées avec ... conditions économiques difficiles vont provoquer ... des famines ... plus importantes de l'histoire. ... prix du pain atteint ... sommets. ... émeutes éclatent dans toutes ... villes de province et ... 14 juillet 1789, ... peuple s'empare de ... Bastille, pour y saisir ... stock de blé qui y était entreposé. ... 5 octobre, ... armée de femmes, d'hommes et d'enfants affamés tentent d'arrêter ... roi, ... reine et ... dauphin rebaptisés « ... boulanger, ... boulangère et ... petit mitron ». ... boulangeries sont attaquées et ... peu de farine disponible est pillé. En 1791, ... Assemblée constituante impose ... prix obligatoire au pain et autorise ... seul type de pain : ... « pain d'égalité » fait d'... farine mélangée de trois quarts de blé et d' ... quart de seigle. En 1796, ... famine n'est toujours pas totalement éradiquée mais ... pain blanc, apanage des riches, est devenu officiellement ... pain de tous ... Français.

2 **Complétez, si nécessaire, avec** *de, des, le* **ou** *les.*
1. Il n'y a pas beaucoup ... distractions bon marché ni ... loisirs gratuits.
2. Il n'est pas possible d'être heureux sans ... loisirs et donc sans ... argent indispensable aux loisirs.
3. Je lis avec ... passion. J'ai besoin ... livres nouveaux toutes les semaines.
4. Il n'a pas ... bibliothèque assez spacieuse pour y loger tous ses bouquins et il n'a pas non plus ... espace dans son grenier pour les mettre.
5. Elle ne peut pas vivre sans ... livres et surtout sans ... livres que lui a donnés son père. Elle les conserve avec ... soin.

3 **Complétez avec** *de, du, de la, des, d'* **ou** *de l'.*
Exemple : Nous avons discuté ... avenir de la planète.
→ *Nous avons discuté* **de l'avenir** *de la planète.*
1. Quand je suis avec mes collègues, on essaye de ne pas parler ... boulot. On préfère parler ... musique par exemple.
2. Hier, j'ai parlé avec ma mère ... voyage que je viens de faire aux États-Unis.
3. Mes parents évitent de parler ... argent avec moi, pourtant je leur en dois.
4. Elle adore discuter ... mode avec ses amies et elle apprécie quand son frère parle ... affaires qu'il a faites dans la semaine.

4 **Complétez avec les mots entre parenthèses. Faites des transformations si nécessaire.**
Exemple : Il va falloir changer **la porte du four**. *C'est rare,* **une porte de four** *qui casse au bout de trois mois.* **(porte de four)**
1. ... Molière vient d'être restaurée. Il faudrait construire ... plus modernes dans notre ville ! (scène de théâtre)
2. ... aura lieu en présence des notaires de l'acheteur et du vendeur. ... ne se fait pas à la légère ! (signature de contrat de vente)
3. ... de l'Académie française a lieu vendredi prochain. Les membres de l'Académie française veulent faire ... chaque année. (réunion d'écrivains)
4. Il a prévu de mettre cet argent sur son compte à ... car ... sont souvent difficiles ! (fin de mois)

Les métaphores

5 **Lisez le texte et répondez aux questions.**

Personne dans la cuisine : une occasion à ne pas manquer. Je sautai sur la table et commençai l'ascension de la face nord du rangement à provisions. Un pied sur la boîte de thé, l'autre sur le paquet de petits beurre, la main, s'agrippant au crochet[1] de la louche, je finirais bien par trouver le trésor de guerre, l'endroit où ma mère cachait le chocolat et les caramels.

Un coffret de fer-blanc : mon cœur se mit à battre la chamade[2]. Le pied gauche dans un sac de riz et le pied droit sur les algues séchées, je fis exploser la serrure à la dynamite de ma convoitise[3]. J'ouvris et découvris, yeux écarquillés, les doublons[4] de cacao, les perles de sucre, les rivières de chewing gum, les diadèmes de réglisse et les bracelets de marshmallow. Le butin[5]. Je m'apprêtai à y planter mon drapeau et à contempler ma victoire du haut de cet Himalaya de sirop de glucose et d'antioxydant E 428 quand j'entendis des pas...

Amélie Nothomb, *Métaphysique des tubes*, Éd. Albin Michel, 2000

1 - **crochet** : morceau de métal pour accrocher un ustensile de cuisine
2 - **battre la chamade** : battre très fort
3 - **convoitise** : désir immodéré de posséder une chose
4 - **doublon** : petite boîte ronde contenant du cacao en forme de pièces de monnaie
5 - **butin** : produit qui résulte d'une recherche ou d'un vol, d'un pillage

1. À quoi la fillette compare-t-elle ce qu'elle est en train de faire pour arriver à ses fins ? Relevez les mots en rapport avec cette image.
2. Parmi les sentiments suivants, soulignez ceux éprouvés par la fillette. Justifiez.
   l'émerveillement - la surprise - l'envie - la fierté - le dégoût - l'appréhension
3. À quoi sont comparées les friandises ? Comment nomme-t-on ces figures de style et quelle impression produisent-elles sur le lecteur ?
4. Notez les deux noms utilisés pour parler de l'objet de sa convoitise.

6 **Quel souvenir gourmand de votre enfance cette histoire évoque-t-elle en vous ? Écrivez votre histoire (entre 150 et 200 mots).**

7 **À quel type de personnes font référence les métaphores suivantes passées dans le langage courant ?**

un rat de bibliothèque - les dinosaures de la politique - les éléphants d'un parti politique - les requins de la finance - une taupe - un jeune loup - un vieux renard - un charognard

8 **a) Parmi ces métaphores, regroupez celles appartenant au monde végétal et celles du monde animal et dites ce qu'elles signifient.**

avoir la main verte - en prendre de la graine - couper la poire en deux - être un bec fin - être mi-figue, mi-raisin - y laisser des plumes - avoir le cuir solide - sucrer les fraises - payer des queues de cerise

b) Complétez ces répliques avec les métaphores ci-dessus.
1. - C'est moi qui vais payer l'addition !
   - Pas question, on ... .
2. - Dans cette histoire, il a perdu pas mal d'argent.
   - C'est vrai, il ... .
3. - Je trouve que tu n'as pas pris beaucoup de précautions pour lui dire le fond de ta pensée.
   - Ne t'inquiète pas, elle ... .
4. - Je ne sais pas comment elle fait pour avoir un jardin aussi fleuri !
   - Oui, c'est quelqu'un qui ... .
5. - Comment tu as réagi à l'annonce du départ de ta fille pour l'Argentine ?
   - Je t'avoue que j'étais ... .
6. - Il fait travailler les gens jusqu'à 10 heures du soir.
   - C'est exact et en plus, il ... .
7. - Il adore aller dans les grands restaurants.
   - C'est ... .
8. - Il a appris à faire la cuisine très rapidement.
   - Tu pourrais ... ; toi qui ne sais même pas faire cuire un œuf !
9. - Tu crois qu'avec son grand âge, il est en possession de toutes ses facultés ?
   - Malheureusement, je pense que ... .

9 **a) Lisez le petit texte suivant et répondez à la question finale.**

C'est une mère qui te berce, c'est un cuisinier qui sale ta soupe, c'est une armée de soldats qui te retient prisonnier, c'est une grosse bête qui se fâche, hurle et trépigne quand il fait du vent, c'est une peau de serpent aux mille écailles qui miroitent au soleil. Qu'est-ce que c'est ?

Michel Tournier, Vendredi ou la vie sauvage
- « C'est l'Océan ! » triompha Robinson.

b) Créez à votre tour un petit texte de métaphores concernant un objet ou une chose et faites deviner ce que c'est à la classe.

faire une fiche de lecture

1 Elle est là, Saffie. On la voit.
Face blanche. Ou pour mieux dire : blafarde.
Elle se tient dans le couloir sombre du deuxième étage d'une belle maison ancienne rue de Seine, elle est debout
devant une porte, sur le point de frapper, elle frappe, une certaine absence accompagne tous ses gestes.
5 Elle est arrivée à Paris il y a quelques jours à peine, dans un Paris qui tremblotait derrière la vitre sale, un Paris
étranger, gris, plomb, pluie, gare du Nord. Ayant pris le train à Düsseldorf.
Elle a vingt ans.
Elle n'est ni bien ni mal habillée. Jupe grise plissée, chemisier blanc, socquettes blanches, sac en cuir noir et
chaussures assorties, sa tenue vestimentaire est d'une grande banalité – et pourtant, à bien la regarder, Saffie, elle
10 n'est pas banale. Elle est bizarre. On ne comprend pas d'abord à quoi tient cette impression de bizarrerie. Ensuite
on comprend : c'est son extraordinaire manque d'empressement.
De l'autre côté de la porte sur laquelle elle a frappé, à l'intérieur de l'appartement, quelqu'un travaille à la flûte
les *Folies d'Espagne* de Marin Marais. Le ou la flûtiste reprend à six ou sept reprises la même phrase musicale,
cherche à éviter l'erreur, la brisure de rythme, la fausse note, et finit par la jouer à la perfection. Mais Saffie
15 n'écoute pas. Elle est là, devant la porte, et c'est tout. Voilà près de cinq minutes qu'elle a frappé, personne n'est
venu lui ouvrir et elle n'a ni frappé une deuxième fois, ni tourné les talons pour repartir.
La concierge, qui a vu Saffie pénétrer dans l'immeuble tout à l'heure et qui arrive maintenant au deuxième étage
pour distribuer le courrier (elle prend l'ascenseur jusqu'au dernier et descend ensuite à pied, étage par étage), est
étonnée de voir la jeune inconnue ainsi figée devant la porte de M. Lepage.
20 – Mais ! s'exclame-t-elle.
C'est une femme obèse et laide, dont le visage est parsemé de naevus[1] à poils mais dont les yeux contiennent
énormément de tendresse et de sagesse à l'endroit des êtres humains.
– Mais il est là, M. Lepage ! Vous avez sonné ?
Saffie comprend le français. Elle le parle aussi, mais de façon hésitante.
25 – Non, dit-elle, j'ai frappé.
Sa voix est grave, douce et un peu rauque : une voix à la Dietrich[2], moins les simagrées. Son accent n'est pas
grotesque. Elle ne dit pas *ch* à la place de *j*.
– Mais il ne vous entend pas ! dit Mlle Blanche. Il faut sonner !
Elle appuie longuement sur le bouton de la sonnerie et la musique s'interrompt. Sourire jubilant de Mlle Blanche.
30 – Voilà !
Se penchant en avant avec difficulté, elle glisse le courrier de M. Lepage sous la porte et s'éclipse dans l'escalier.
Saffie n'a pas bougé. Elle est d'une immobilité vraiment impressionnante.
La porte s'ouvre avec violence. Flot de lumière dans la pénombre du couloir.
– Ça va pas, non ?
35 Raphaël Lepage n'est pas en colère, il fait seulement semblant. Il se dit que l'on ne devrait pas sonner aussi
agressivement pour une demande d'emploi. Mais le silence de Saffie le frappe de plein fouet. Il accuse le coup.
Se calme, se tait.
Les voilà face à face, l'homme et la femme qui ne se connaissent pas. Ils se tiennent de part et d'autre du seuil
de la porte, et ils se dévisagent. Ou plutôt, lui la dévisage et elle… est là. Raphaël n'a jamais vu cela. Cette femme
40 est là et en même temps elle est absente ; ça saute aux yeux.

Nancy Huston, *L'Empreinte de l'ange*, Éd. Actes Sud, 1998

[1] **naevus** : tache sur la peau ou grain de beauté
[2] **Marlène Dietrich** : célèbre actrice et chanteuse allemande (1901-1992) à la voix rauque

1

Lisez ce début de roman et répondez.

1. Selon vous, dans quel genre de roman êtes-vous entré(e) ? Historique, policier, roman psychologique, roman d'aventure, roman d'amour… Justifiez votre réponse.

2. Le roman est une alternance de scènes et de résumés pour faire avancer l'histoire. Quelles lignes correspondent à une scène ? Quelles lignes correspondent à un résumé ?

3. Dites où l'action se situe, qui sont les personnages et quelles relations ils entretiennent entre eux. Qui est le personnage principal ? Justifiez.

4. Avez-vous envie d'en savoir davantage sur l'histoire après cette entrée en matière ? Pour quelles raisons ?

2

Lisez une deuxième fois et analysez les éléments constitutifs de ce début de roman.

a) Les personnages.

1. Le personnage principal :
   - Que sait-on de son identité ? Repérez les mots-clés qui décrivent le mieux :
     > son apparence physique et ses caractéristiques
     > sa psychologie
   - À quel moment du passage connaît-on la raison de sa présence sur les lieux ?

2. Les personnages secondaires :
   - Qui est l'autre personnage important ? Quelle information unique a-t-on d'abord de cet autre personnage ? Pour quelle raison ?
   - De quel personnage secondaire a-t-on la description physique ? Pour quelle raison ?

b) L'intrigue.

1. À quelle ligne l'intrigue commence-t-elle à se nouer ? Que peut-on imaginer sur les relations futures des deux personnages ?

2. Y a-t-il une unité de temps, de lieu et d'action dans le texte ? Pour répondre, regardez la première et la dernière phrase du texte.

c) Le mode de narration.

1. Quels sont les temps utilisés ? Quel effet cela produit-il sur le lecteur ?

2. Quel procédé expressif est utilisé :
   - lignes 5 et 6 : ...
   - lignes 13 et 14 : ...
   - ligne 16 : ...
   - ligne 33 : ...

3. Le narrateur :
   - Le point de vue du narrateur est-il celui d'un personnage extérieur, d'un personnage du roman ou du personnage principal ? Justifiez.
   - Comment établit-il le lien avec le lecteur ?

4. Quel sentiment s'installe chez le lecteur tout au long du texte ?

5. Faites des hypothèses sur la suite du roman.

d) Après l'analyse de ce texte, pouvez-vous nommer les éléments importants servant à construire l'univers du roman ?

3

Rédigez une fiche de lecture sur un roman que vous avez aimé.

Cette fiche vous permettra :
- *de garder une trace personnelle d'une lecture ;*
- *d'informer et de susciter l'intérêt de celui qui n'a pas lu le livre ;*
- *de créer un document de référence pour une présentation orale d'un livre.*

PRÉPARATION

> Lisez ou relisez le roman ou la nouvelle de votre choix sans prendre de notes. Mettez des signets aux pages qui vous semblent les plus importantes.

> Notez ensuite vos premières impressions, les idées directrices et les questions que cette lecture vous évoque.

> Faites une seconde lecture : elle doit vous permettre de confirmer ou d'infirmer vos premières impressions. Notez en vrac, au fil de la lecture, vos impressions et les citations les plus marquantes sur des fiches.

RÉDACTION

La fiche de lecture ne doit pas excéder deux pages. Utilisez des phrases simples, des termes précis et quelques citations.

INTRODUCTION

> Présentez d'abord l'œuvre en général : situez l'auteur et donnez les éléments biographiques élémentaires (nom, prénom, dates de naissance et de décès éventuellement), l'époque, la place du livre si l'œuvre fait partie d'un ensemble plus vaste. On peut aussi citer quelques titres importants de l'œuvre de l'auteur.

> Parlez brièvement des circonstances dans lesquelles ce livre a été rédigé, si cela est pertinent.

> Donnez des précisions sur le genre de l'œuvre, le (ou les) thème(s) traité(s) et l'intrigue principale.

DÉVELOPPEMENT

> Brossez l'intrigue à grands traits et les différentes étapes de la narration.

> Présentez ensuite les personnages principaux en précisant leur rôle dans le récit, leurs caractéristiques psychologiques, morales, physiques ou sociales essentielles, sans toutefois les analyser. Situez les personnages dans l'espace et dans le temps.

> Soulignez les particularités stylistiques de l'auteur, et le mode de narration en faisant quelques citations (point de vue du narrateur, temps utilisés, procédés expressifs...). Mentionnez les modifications qui concernent la narration (changement de narrateur, retour en arrière, anticipation, ellipses, ...).

CONCLUSION

> Donnez votre point de vue personnel sur le livre. Si vous l'avez aimé, dites pourquoi vous avez pris plaisir à sa lecture. Faites part de vos émotions et donnez trois ou quatre raisons de le lire. Si vous ne l'avez pas aimé, donnez vos raisons et dites précisément sur quels éléments du livre portent vos critiques : déroulement de l'histoire, crédibilité des personnages, style de l'écrivain, etc.

> Ne dévoilez en aucun cas le dénouement du roman.

Compréhension *écrite* (10 points soit 20/2)

Vieux ? Moi, jamais !

Un pur scandale. Je ne ferai plus jamais de marathon avec des types de 65 ans. Au début, tout va bien. Rien à signaler, vraiment. Vous inspirez, vous expirez, vous souriez aux filles. Votre maman vous a toujours dit que 40 ans, c'était l'âge où l'homme était à son top. Du coup, vous partez à petites foulées, le mollet tranquille et la cheville décontractée. Vous fendez l'air, vous avez en vous une confiance inébranlable. Vous courez, vous courez. Au milieu du parcours, vous sentez néanmoins quelque chose de liquide et de contrariant couler sur votre corps : mais oui, c'est de la sueur… et vous voilà assez vite dans l'état du ravioli vapeur. Vous redoutez le pire et le pire a bien lieu : voilà qu'une colonie de retraités vous double, tout sourire, quasiment sans effort. Ça y est, ils sont déjà devant vous, vous ne les reverrez plus. Un scandale, on vous dit. Avant, les choses étaient simples. Les vieux avaient des têtes de vieux. Aujourd'hui, comment voulez-vous vous y retrouver ? [...] Le temps dure longtemps. On peut avoir aujourd'hui 90 ans et le cœur au ventre. « Lorsque j'arriverai à 115 ans, je demanderai des prolongations », aimait à dire le musicien Compay Segundo, mort à l'âge de 95 ans sans avoir jamais cessé de chanter. Nous sommes tous de passage, c'est entendu. Mais nous voilà embarqués dans un voyage qui promet d'être de plus en plus long. Cette longévité devrait changer considérablement la

donne. Récapitulons : vers 1900, l'espérance de vie à l'ouest dépassait à peine 45 ans. Aujourd'hui, elle approche une moyenne de 80 ans. C'est aussi la moyenne en France : 84 ans pour les femmes et 77 ans pour les hommes. Un record jamais atteint dans l'Hexagone. [...]

Nous ne vieillirons plus comme nos parents, c'est certain. Au-delà de notre hygiène de vie, la révolution de la biologie moléculaire et de la nanomédecine – la technologie, à l'échelle du milliardième de mètre, appliquée à la médecine – a déjà commencé [...] et en bricolant le génome d'un individu tous les dix ans, l'idée serait de remettre son horloge biologique « à zéro ». Et de vivre ainsi des milliers d'années.

On occulte néanmoins un problème majeur : le tube de dentifrice qu'on oublie de reboucher tous les soirs. Ou comment ne pas se disputer avec sa chérie pendant cinq mille ans. Être en pleine forme à l'âge de la retraite a déjà des conséquences sur la vie conjugale. « On constate aujourd'hui une augmentation notable des divorces au troisième âge, remarque le sociologue Jean-Claude Kaufmann. Après trente ans de vie commune, les gens ont tendance à penser que leur conjoint est devenu leur alter ego alors qu'il existe toujours autant de divergences dans le couple. Il y a des face-à-face douloureux au moment des retraites ».

Vous me direz, toutes ces techniques, ça doit coûter bonbon. Et vous aurez raison. Le risque que se confirme dans les années à venir une médecine à deux vitesses est réel. D'un côté, une sorte d'homme bionique et bien informé dont l'espérance de vie serait très supérieure à celle d'un individu pauvre à la santé précaire car les différences économiques et sociales jouent un rôle majeur dans l'espérance de vie. [...] Par ailleurs, la longévité pose d'autres problèmes : si les seniors sont de plus en plus nombreux et en bonne santé de surcroît, qui va payer leurs retraites, financées, comme on le sait, par les actifs ? [...] Si tout le monde devient centenaire, peut-on imaginer que tout le monde soit rentier entre 65 et 100 ans ?

Au vrai, on n'a pas fini de s'interroger sur la vieillesse – et la vie – idéale dans un monde en plein bouleversement. Et pendant que l'homme aime religieusement sa santé, les industries tournent à grands coups de CO_2 dans l'atmosphère. Homo sapiens réussira peut-être à dépasser spectaculairement sa condition individuelle mais il pourrait provoquer dans le même temps un réchauffement climatique irréversible. Étrange paradoxe. Étrange image que celle d'une Terre à l'agonie peuplée de vieillards en jogging.

Benoît Helme, *Le Monde 2*, 14 octobre 2006

---

1 Dans quelle circonstance particulière est née la réflexion de l'auteur sur la longévité ? (0,5 pt)
Relevez cinq mots qui évoquent cette circonstance. (2,5 pts)

2 L'auteur de l'article donne des indications sur sa personnalité. Relevez-en trois. (1,5 pt)

3 Benoît Helme s'inquiète de la longévité croissante de l'individu. À partir de quelles données scientifiques renforce-t-il sa réflexion ? (1 pt)

4 Relevez les trois facteurs cités favorisant la longévité. (3 pts)

5 Quelles sont, selon l'article, les conséquences de l'allongement de la vie ? (3 pts)

6 Choisissez l'affirmation qui résume le paradoxe du dernier paragraphe. (2 pts)
A. L'homme se préoccupe de la Terre et pourtant sa santé se détériore.

B. L'homme prend soin de sa santé mais pas de celle de la planète.

C. Plus la santé de la Terre se détériore, plus il y a de personnes âgées.

7 Trouvez quatre phrases qui justifient le titre de l'article. (2 pts)

8 Quel est le ton choisi par le journaliste pour présenter sa réflexion ? Justifiez votre réponse en relevant une phrase du texte. (1,5 pt)

A. Polémique.
B. Ironique.
C. Alarmiste.

9 Expliquez les expressions soulignées en vous aidant du contexte. (3 pts)

- On peut avoir aujourd'hui 90 ans et le cœur au ventre.
- Cette longévité devrait changer considérablement la donne.
- Toutes ces techniques, ça doit coûter bonbon.

 Expression *écrite* (10 points)

Présentez ce tableau. Quelles émotions suscite-t-il en vous ? Est-ce pour vous un exemple du « beau » ? Pourquoi ? Est-ce que la peinture est le mode d'expression artistique qui vous touche le plus ? Pourquoi ? (250 mots)

Édouard Manet, *Sur la plage*, 1873

 Compréhension *orale* (10 points)

Vous allez entendre une interview de Dominique Voynet, ancienne ministre de l'Environnement. Avant de l'entendre, vous aurez quelques secondes pour lire les questions correspondantes. Puis vous écouterez cette interview une première fois et vous aurez deux minutes pour commencer à répondre. Vous écouterez une deuxième fois l'enregistrement et vous aurez à nouveau deux minutes pour compléter vos réponses.

1 Quelle première question le journaliste a-t-il pu poser ? (1 pt)

A. Avez-vous fait des études brillantes ?
B. L'histoire vous a-t-elle toujours passionnée ?
C. Êtes-vous satisfaite de votre parcours scolaire ?

2 Que se reproche Dominique Voynet ? (1 pt)

A. De ne pas avoir écouté avec intérêt ses parents parler d'histoire.
B. De ne pas s'être engagée politiquement dès le lycée.
C. De ne pas s'être suffisamment intéressée à l'histoire.

3 Quelles ont été ses premières références historiques ? (2 pts)

A. Des livres scolaires.
B. Des bandes dessinées.
C. Des films historiques.

4 Sur quel ton a-t-elle choisi de répondre au journaliste ? (1 pt)

5 Quelle personne lui a donné le goût de l'histoire ? (1 pt)

6 Notez quatre qualificatifs décrivant cette personne. (2 pts)

7 Notez les deux fonctions que cette personne a occupées. (2 pts)

 Expression *orale* (10 points)

« Certains ont cru que l'idéal pour l'homme était de vivre dans une société des loisirs, du temps libre. Ce fut une erreur profonde. L'oisif s'ennuie très vite. Le travail a un rôle irremplaçable pour l'individu lui-même. »

Reformulez cette affirmation puis présentez votre opinion de manière argumentée.

Convictions

DOSSIER 7

Sommaire

DELF

B2

convictions

Tolérance

1

Observez la caricature, commentez-la et expliquez son titre.

2

Écoutez la présentation faite par Jacques Chancel. Les éléments suivants illustrent le parcours de Claude Lévi-Strauss, cochez ceux que vous entendez.

☐ enfance dans une famille de musiciens
☐ académicien français
☐ professeur de philosophie
☐ conseiller culturel à New-York
☐ professeur au collège de France
☐ historien des religions
☐ ethnologue
☐ spécialiste des mythologies
☐ écrivain

3

a) Écoutez la suite de l'entretien. Dites dans quel ordre les thèmes suivants sont évoqués :

• la politique
• son premier mariage
• l'attitude des hommes modernes
• la religion

b) Vrai ou faux ? Répondez.

1. Claude Lévi-Strauss a reçu une instruction religieuse.
2. Il a toujours été très tolérant.
3. Il a cru aux idées marxistes.
4. Il milite au parti socialiste.
5. Il revendique le titre de savant.
6. Il n'a pas confiance en l'homme moderne.

c) Relatez avec vos propres mots l'anecdote qui fait éprouver aujourd'hui des remords à Claude Lévi-Strauss.

d) Notez pourquoi « il n'aime pas les hommes de ce siècle ».

4

En quelques lignes, complétez la présentation générale de l'émission *Radioscopie*.
En 1989, l'ethnologue Claude Lévi-Strauss qui venait d'avoir 80 ans était interviewé dans l'émission *Radioscopie*. Au cours de cet entretien, il évoquait son évolution par rapport à certaines valeurs...

5

Voici par ordre d'importance les cinq valeurs principales que les Français estiment devoir transmettre aux jeunes générations (sondage Pèlerin / Sofres octobre 2005). Parmi ces valeurs, quelles sont celles évoquées par Lévi-Strauss dans son entretien à *Radioscopie* ? De quelle manière ? Et vous, êtes-vous d'accord avec le choix des Français ?

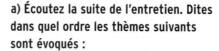

1 - l'honnêteté
2 - le respect d'autrui
3 - le goût du travail
4 - la tolérance
5 - le sens de la famille

Voltaire

François Marie Arouet dit Voltaire (1694-1778) est d'abord connu pour ses écrits philosophiques et ses engagements contre la monarchie absolue, l'arbitraire de la justice royale et le pouvoir de l'Église. Il a cependant brillé dans tous les genres littéraires, en particulier le théâtre (on recense 56 pièces). Il a également écrit des dialogues, des ouvrages historiques, des romans et des contes, de la poésie épique, des essais, des articles scientifiques et culturels, des pamphlets, des critiques littéraires. Fervent correspondant, il a laissé plus de 20 000 lettres. Emprisonné à la Bastille pour outrage au pouvoir, exilé en Angleterre où il fut profondément influencé par John Locke, philosophe de la liberté individuelle, il revint en France pour poursuivre sa carrière littéraire. Des poèmes officiels lui permirent d'entrer à l'Académie française et à la Cour comme historiographe du roi en 1746. Néanmoins, la publication de *Zadig* l'obligea à s'exiler de nouveau, à Postdam cette fois, répondant à l'invitation de Frédéric II de Prusse, puis à Genève. Voltaire s'installa ensuite définitivement à Ferney, près de la frontière suisse, où il reçut toute l'élite intellectuelle de l'époque et d'où il continua son combat pour la liberté, la justice et le triomphe de la raison, en défendant jusqu'à sa mort des causes célèbres.

Voltaire à 41 ans, par Maurice Quentin de la Tour.

Ce n'est plus aux hommes que je m'adresse ; c'est à toi, Dieu de tous les êtres, de tous les mondes et de tous les temps : s'il est permis à de faibles créatures perdues dans l'immensité, et imperceptibles au reste de l'univers, d'oser te demander quelque chose, à toi qui as tout donné, à toi dont les décrets[1] sont immuables comme éternels, daigne regarder en pitié les 5 erreurs attachées à notre nature ; que ces erreurs ne fassent point[2] nos calamités. Tu ne nous as point donné un cœur pour nous haïr et des mains pour nous égorger ; fais que nous nous aidions mutuellement à supporter le fardeau[3] d'une vie pénible et passagère ; que les petites différences entre les vêtements qui couvrent nos débiles corps, entre tous nos langages insuffisants, entre 10 tous nos usages ridicules, entre toutes nos lois imparfaites, entre toutes nos opinions insensées, entre toutes nos conditions si disproportionnées à nos yeux, et si égales devant toi ; que toutes ces petites nuances qui distinguent les atomes appelés *hommes* ne soient pas des signaux de haine et de persécution ; que ceux qui allument des cierges[4] en plein midi pour te célébrer 15 supportent ceux qui se contentent de la lumière de ton soleil ; que ceux qui couvrent leur robe d'une toile blanche pour dire qu'il faut t'aimer ne détestent pas ceux qui disent la même chose sous un manteau de laine noire ; qu'il soit égal de t'adorer dans un jargon[5] formé d'une ancienne langue, ou dans un jargon plus nouveau ; que ceux dont l'habit est teint en rouge ou en violet, 20 qui dominent sur une petite parcelle[6] d'un petit tas de la boue de ce monde et qui possèdent quelques fragments arrondis d'un certain métal, jouissent sans orgueil de ce qu'ils appellent *grandeur* et *richesse* et que les autres les voient sans envie : car tu sais qu'il n'y a dans ces vanités ni de quoi envier, ni de quoi s'enorgueillir. 25

Puissent tous les hommes se souvenir qu'ils sont frères ! et qu'ils aient en horreur la tyrannie exercée sur les âmes. [...]

Si les guerres sont inévitables, ne nous haïssons pas, ne nous déchirons pas les uns les autres dans le sein de la paix et employons l'instant de notre existence à bénir également en mille langages divers, depuis Siam jusqu'à la 30 Californie, ta bonté qui nous a donné cet instant. [...]

Voltaire,
*Traité sur la tolérance,
Lettre à Dieu*, 1763

1 - **décrets** : décisions de l'autorité
2 - l'ancienne négation « **ne point** » est équivalente à « ne pas »
3 - **fardeau** : poids
4 - **cierges** : grosses bougies utilisées dans les églises
5 - **jargon** : langue technique souvent incompréhensible
6 - **parcelle** : petite partie

6

Lisez le texte de Voltaire et répondez.

1. À qui s'adresse-t-il et sur quel ton : agressif, désinvolte, ironique, respectueux ?
2. Cette « prière » a pour objectif :
   - ☐ de dénoncer la multiplicité des croyances.
   - ☐ d'encourager les hommes à la foi en Dieu.
   - ☐ d'appeler les hommes à la tolérance mutuelle.

7

a) Relisez le texte.

1. Relevez toutes les expressions qui soulignent :
   > l'insignifiance de l'homme devant Dieu
   > la multiplicité des comportements humains
2. Dites quelle est l'intention de Voltaire en insistant sur les deux points vus précédemment.
3. De quelle façon Voltaire désigne-t-il les dignitaires de l'Église ? Quelles critiques formule-t-il indirectement contre eux ?

b) Relisez le dernier paragraphe.
Il signifie :

- ☐ Il faut adorer Dieu sous toutes les latitudes.
- ☐ La vie est courte, il faut donc vivre en harmonie.
- ☐ Il faut lutter contre toutes les guerres.

c) Relisez la première phrase et la dernière partie du texte et dites à qui Voltaire s'adresse en réalité dans cet extrait.

BIBLIOGRAPHIE
- GOLDZINK (Jean), *Voltaire : La Légende de Saint Arouet*, coll. « Découvertes », Éd. Gallimard, 1989
- ROGER (Dominique), PARINAUD (Claudine et André) sur une idée originale de, *Tolérance*, coll. « Cultures de paix », Éd. UNESCO, 1995
- VOLTAIRE, *Lettres philosophiques* (1734), Éd. des Mille et une nuits, 1999
- VOLTAIRE, *Le Dictionnaire philosophique* (1764), coll. « Philosophie », Éd. Flammarion, 1993
- VOLTAIRE, *Traité sur la tolérance* (1763), coll. « Philosophie », Éd. Flammarion, 1993

À voix hautes

www.martinblog.fr

Mais oui, il faut répondre à la question « pourquoi voter ? », que j'entends encore trop souvent autour de moi... Je dis pas « pour qui » voter mais bien pourquoi...

D'abord, parce que l'abstention progresse, que le droit de vote a été « chèrement acquis », qu'il est devenu un droit universel depuis peu, puisque, en France, jusqu'en 1945 les femmes ne pouvaient pas voter, le vote a donc un sens.
À quoi aurait servi la longue bataille pour obtenir le droit d'être citoyen « à part entière » ? Pourquoi croyez-vous que pendant des siècles on a refusé le droit de s'exprimer à des pans entiers de la population (les paysans, les pauvres, les femmes...) ?
Ce que je crois, c'est qu'en allant voter je montre que j'existe et que ça compte, c'est ça le fondement de la démocratie, on ne reviendra pas là-dessus... Vous voulez revenir là-dessus ?
Vous voulez laisser les autres décider pour vous ? Vous voulez que de moins en moins de gens décident pour la majorité ?
ALLEZ VOTER !

J'en reviens toujours pas quand on me présente cette statistique qui veut que plus d'1 jeune sur 4 s'abstient de voter...
Pour tous ceux et celles qui ne votent pas parce qu'ils :
> s'en tapent ;
> n'ont pas le temps ;
> pensent que leur silence va envoyer un message aux politiciens ;
> croient que leur vote ne sert à rien ;
> trouvent que la politique, c'est con ;
etc.

Je participe à un grand mouvement pour les inciter à s'inscrire sur les listes, avec des collectifs, des associations, des radios locales, des acteurs, des rappeurs... et on comptabilise aujourd'hui 4,2 % d'augmentation du nombre d'inscrits par rapport à 2006 ! Ça révèle une réelle envie de se faire entendre, de ne pas accepter la fatalité-facilité et de dire qu'on a quelque chose à dire. DITES-LE !
Et en votant rapelez-vous la mère de votre grand-mère et pensez à tous ceux qui n'ont pas le droit de s'exprimer aujourd'hui.

Vous avez des questions ?
Le site mavoix.com vous explique différents aspects de la « chose publique » pour
> comprendre les mécanismes électoraux ;
> s'informer sur la répartition des pouvoirs exécutif, législatif, judiciaire ;
> oser poser toutes les questions diverses et variées sur ce thème...
En plus, mavoix.com a mis en place un comparatif pour pouvoir comparer les idées et les candidats !

ALORS, INFORMEZ-VOUS ! ET VOTEZ !

Martin

MA VOIX PARLE !

1

Lisez le blog de Martin et répondez.
1. Pourquoi Martin a-t-il décidé d'écrire ce blog ?
2. À qui s'adresse-t-il ?
3. Dans quoi s'est-il engagé ?
4. Quels autres participants sont cités ?

2

a) Relisez et retrouvez dans le texte les passages où Martin :
> rappelle des faits historiques
> s'indigne
> incite à se documenter
> cite les arguments des non votants
> fait appel à l'amour-propre de l'interlocuteur

b) Dites quels effets produisent chez l'internaute les procédés suivants.
- Les adresses directes : *Vous voulez...*
- Les injonctions : *Allez voter !*
- Les assertions : *Mais oui, il faut répondre...*
- Les mises en relief : *Ce que je crois, c'est que...*
- Les apports de données factuelles : *4,2 % d'augmentation du nombre d'inscrits...*

3

Reportez-vous au mot *Élections* dans l'abécédaire culturel (p. 144) et comparez les élections en France et dans votre pays.

4

Échangez.

À quelle date les femmes ont-elles obtenu le droit de vote dans votre pays ? Faut-il, comme en France, s'inscrire sur des listes électorales pour pouvoir voter ? Le vote est-il obligatoire ? Sinon, l'abstention aux différentes consultations est-elle importante ?

5

Débloguez-vous ! Vous êtes mobilisé(e) sur un thème. Qu'il soit ambitieux (enjeux écologiques, humanitaires...) ou plus modeste (ouverture d'une boulangerie dans votre quartier, création d'un espace sportif ou de rencontres...), votre blog permet de mobiliser et de convaincre des partenaires. Écrivez-le.

POINT INFO

Le vote

Le suffrage universel (pour les hommes) a été instauré par la IIe République en 1848. Les femmes ont obtenu le droit de vote en 1945.

Devant l'enjeu des présidentielles de 2007, alors que plus de deux millions de Français en âge de voter n'étaient pas inscrits sur les listes électorales, un mouvement s'est constitué pour inciter les jeunes à aller voter. Des groupes institutionnels comme les partis politiques, les conseils régionaux, les mairies, la Ligue des Droits de l'Homme ou le CIDEM (Civisme et Démocratie, collectif d'associations engagées dans la promotion de la citoyenneté) se sont mobilisés. Un grand nombre d'associations de toutes origines, en particulier de jeunes des banlieues (Banlieues Actives ou Votez Banlieues), ont également mené des campagnes avec la participation d'acteurs, de chanteurs de hip-hop et de rap, de footballeurs pour appeler les jeunes à s'inscrire puis à voter.

Environ 45 millions de Français sont désormais électeurs, soit 1,8 million d'inscrits de plus qu'en 2006. La plus forte hausse depuis 1981. Le 22 avril et le 6 mai 2007, la participation a atteint un record historique avec un taux de plus de 80 %.

Stratégies *pour...*
défendre une cause

L'important est de maintenir l'attention, pour être lu ou entendu, jusqu'au bout de son développement. La sollicitation de l'auditoire par des adresses directes, par l'appel au vécu de l'interlocuteur, par des allusions ou des exemples, par la référence à la responsabilité individuelle permet de ne pas laisser l'interlocuteur passif.

Exposer le problème en suscitant l'intérêt
- *Oui, la participation électorale est un problème car il faut savoir que...*
- *L'eau est un luxe ! Vous savez que... ?*
- *Savez-vous que les fromages au lait cru seront interdits ?*
- *Est-ce que vous avez entendu dire que... ?*

Expliquer en s'appuyant sur des faits, des exemples
- *En effet, le droit de vote est une conquête depuis...*
- *Les prévisions les plus optimistes prévoient un réchauffement de 2 degrés de la planète...*
- *En dix ans, les cours d'éducation artistique ont diminué de...*
- *Un jeune sur quatre s'abstient de voter.*
- *Plus de 50 hectares de forêt tropicale humide disparaissent du globe à chaque minute.*
- *228 adhérents militent pour la création d'une Fédération de la Sieste Sportive.*

Impliquer l'interlocuteur
- *Vous voulez que... ? Est-ce cela que vous voulez ?*
- *Croyez-vous que... ? / Vous ne croyez pas que... ?*
- *Vous voyez qu'il est temps de...*
- *Et vous ? Qu'avez-vous fait pour... ?*

S'indigner
- *Je n'en reviens pas quand on me dit...*
- *J'ai été révolté(e) quand j'ai appris...*
- *Il est inconcevable que dans notre pays aujourd'hui...*
- *On ne peut pas croire qu'au XXIe siècle...*

Prendre en compte les arguments contraires
- *À tous ceux qui pensent que..., prétendent que...*
- *Certains disent... / On vous a dit que...*
- *S'il est vrai que...*

Exposer sa conviction
- *Ce que je crois, c'est que...*
- *Ce qui me semble le plus important, c'est...*
- *Il est absolument urgent, nécessaire, indispensable de...*

Maintenir le contact
- *Si vous avez des questions...*
- *Informez-vous auprès de...*
- *Vous pouvez me contacter...*
- *Nous sommes à votre disposition pour...*

Les mots de l'élection

1 Complétez les phrases suivantes avec le mot qui convient.

adhésion - bulletin - choix - soutien - suffrage - scrutin - vote - voix

1. Bien avant l'élection et pendant toute la campagne, il a exprimé son ... à la candidate qu'il appréciait le plus. Il avait pourtant refusé son ... au parti politique qu'elle représentait, en précisant que son ... ne dépendait pas d'un parti.

2. Le jour du ..., et selon différents modes de ..., chaque citoyen apporte sa ... par le moyen d'un ... secret, sur lequel apparaît soit le nom du candidat ou de la candidate, soit une liste qui, en France, ne peut pas être modifiée.

3. La possibilité donnée à toute personne, âgée de plus de 18 ans et inscrite sur les listes électorales, d'exprimer son opinion s'appelle le ... universel.

La mise en relief

2 Transformez les phrases comme dans l'exemple en utilisant *ce qui, ce que, ce dont, ce à quoi... + c'est... / ce sont...*

Exemple : Nous avons besoin de votre confiance.

→ *Ce dont nous avons besoin, c'est de votre confiance.*

1. Il est important de souligner que la notion de valeur a changé.
2. L'autorité est en crise, les sociologues en sont convaincus.
3. Dans un monde de plus en plus changeant, nous manquons de repères.
4. Vous êtes encore trop attaché à des croyances archaïques.
5. Vous voulez déstabiliser les fondements de la société !
6. Je ne renoncerai jamais à ma liberté de pensée.
7. Le sens civique des jeunes, moi, j'y crois.

3 Reliez les éléments suivants en plaçant en tête de phrase ce que vous voulez valoriser avec : *c'est... que, ou ce qui..., ce que..., c'est... .*

Exemple : l'évolution de la famille - depuis vingt ans - être indiscutable - ne pas pouvoir nier

→ *C'est depuis vingt ans que l'évolution de la famille est indiscutable, on ne peut pas le nier. (durée)*

ou

→ *Ce qui est indiscutable et qu'on ne peut pas nier, c'est que la famille a évolué depuis vingt ans. (aspect définitif)*

1. Constituer le thème du débat - aujourd'hui - l'application des valeurs de la République - liberté, égalité, fraternité - à l'Université de tous les savoirs

2. La rapidité de l'information - ces dernières années - apporter le doute sur les médias traditionnels

3. Le conférencier - développer une théorie antidémocratique - devant un public hostile

4. La question de la bioéthique - pendant la campagne électorale - poser - les candidats

4 Renforcez chaque tournure impersonnelle avec l'adverbe qui convient. Puis complétez en commentant l'actualité de la semaine.

Il est absurde...
C'est impossible...
Il est dangereux...   complètement
C'est incroyable...   franchement
C'est choquant...   profondément
Il est peu probable...
C'est difficile...

5 D'après un sondage de la Sofres (TNS Sofres décembre 2006), les Européens se rejoignent majoritairement sur les points suivants. Exprimez-vous sur ces thèmes en mettant en relief votre opinion.

Exemple : le patriotisme

→ *Il est parfaitement légitime, dans une société mondialisée, de défendre le patriotisme économique.*

→ *Ce qui est complètement dépassé, c'est, dans une société mondialisée, de défendre le patriotisme économique.*

1. L'avortement libre
2. L'opposition à la peine de mort dans tous les cas
3. L'adhésion à l'économie de marché
4. L'homosexualité libre

6 Le Parlement prépare une loi sur le thème sensible de l'abaissement de l'âge de la majorité à 16 ans. Un débat est organisé sur le sujet et vous allez y participer. En deux groupes, préparez vos arguments pour ou contre.

Exemples :

- *Il est évident que si on peut travailler à 16 ans, on doit aussi pouvoir voter.*

- *Moi, ce qui me paraît problématique, c'est qu'à seize ans, on est influençable.*

Gérondif, participe présent et adjectif verbal

7 **a) Remplacez les infinitifs de ce programme électoral par un participe présent ou un gérondif.**

Emploi : (*permettre*) à toutes les entreprises (*adhérer*) à la Charte de l'Emploi de créer deux emplois nouveaux sans charges sociales, on débloquera les embauches.

École : Tout enfant (*entrer*) en 6ᵉ doit savoir lire, écrire et compter. (*Créer*) des parcours scolaires spécialisés pour les enfants (*ne pas savoir*) maîtriser ces fondamentaux, l'école peut vaincre l'échec scolaire.

Entreprises : 50 % des marchés publics (*attribuer*) aux petites entreprises par la loi, celles-ci verront leur survie assurée.

b) Complétez ce programme en utilisant des gérondifs et participes présents sur des thèmes qui vous mobilisent (loisirs, transports, vie privée...).

8 **Comme dans l'exemple, faites des phrases en exprimant une cause simultanée ou antérieure avec un participe simple ou composé.**

Exemple : Choisir son candidat au dernier moment - hésiter beaucoup (*il*).

→ *Ayant beaucoup hésité, il a choisi son candidat au dernier moment.*

1. Augmenter considérablement - devenir un thème de débat politique (*l'incivilité*).
2. Trouver la violence intolérable - s'organiser pour la combattre (*les jeunes*).
3. Ne plus être éligible - détourner des fonds publics (*cet homme politique*).
4. Demander réparation aux médias - être injustement accusée (*une élue locale*).
5. Élever leurs enfants sans autorité - être débordé par les problèmes (*les parents*).
6. Militer dans une association - défendre les droits de l'homme (*nous*).

N'AYANT JAMAIS PU PRENDRE LA PAROLE, J'AI DÉCIDÉ D'EN PROFITER

POUR LA DÉFENSE DES ACTEURS DU CINÉMA MUET!

Fiche page 166

9 **Dans l'article suivant, remplacez les expressions soulignées par des participes.**

Les 20-30 ans : la génération pragmatique

Les jeunes d'aujourd'hui, <u>qui ont troqué</u> les idéaux libertaires de leurs parents, reviennent à des valeurs traditionnelles <u>qui expriment</u> mieux leurs aspirations. Pour eux, fonder une famille et trouver du travail sont les objectifs principaux : les plus jeunes (20-24 ans) <u>qui font passer</u> avant tout leur vie professionnelle et surtout les filles (<u>qui ont abandonné</u>, disent-elles, toute vie sentimentale !).

Pour ceux, <u>élevés</u> par des parents divorcés, le mariage n'est plus considéré comme une valeur ringarde ou bourgeoise, bien au contraire, se marier est devenu très tendance : 70 % <u>envisagent</u> de se marier et la moitié religieusement. C'est une surprise : la religion <u>n'apparaît pas</u> par ailleurs très importante pour 65 % d'entre eux.

N.B. Ce sondage, <u>réalisé</u> en milieu urbain, ne rend pas compte de l'opinion des jeunes ruraux.

10 **Dans les phrases suivantes, complétez avec le participe présent ou l'adjectif verbal des verbes proposés.**

1. Fatiguer
   a. On n'en pouvait plus de ces discours interminables et ... .
   b. Son intervention, ... le public, avait été interrompue.
2. Négliger
   a. Des organisateurs ... ont mal distribué le temps de parole.
   b. Les organisateurs, ... le droit de réponse des participants, ont complètement biaisé le débat.
3. Adhérer
   a. Toute personne ... à nos idées devrait pouvoir se faire entendre.
   b. Toute personne ... pourra payer sa cotisation par Internet.
4. Précéder
   a. Candidat malheureux aux élections ... , François Mitterrand sut conquérir le pouvoir en 1981.
   b. Les élections présidentielles ... les législatives en France, on pense avoir écarté le risque d'une cohabitation de tendances antagonistes.

Fiche page 166

11 **Vous n'avez pas été informé(e) des démarches nécessaires pour le renouvellement de votre adhésion à l'association dont vous faites partie et vous avez été radié(e) des listes. Rédigez un courrier d'une soixantaine de mots pour exposer votre problème (utilisez des participes quand c'est possible).**

Dans un monde caractérisé par la complexité et l'incertitude, les Français cherchent des explications, des points de repère et d'ancrage. Ils ne sont plus apportés par la religion. La séparation de l'Église et de l'État, décidée en 1905, s'est accompagnée au cours des dernières décennies d'une érosion de la foi et des pratiques. L'influence du catholicisme sur le mode de vie et sur les valeurs a beaucoup diminué, notamment auprès des jeunes. L'appartenance religieuse est devenue à la fois individuellement plus rare et socialement plus « sensible ». La France a en outre réaffirmé sa laïcité, avec notamment la loi interdisant le voile islamique à l'école. Dans ce contexte, la perspective religieuse d'un paradis après la mort s'est éloignée, de sorte que les Français sont à la recherche de satisfactions « ici et maintenant ».

De leur côté, les institutions de la République laïque ne sont plus en mesure de fournir les réponses attendues par ses membres. L'école peine à remplir son rôle de formateur des individus-citoyens. L'armée de conscription a été supprimée. Le crédit des partis politiques et des institutions s'est considérablement réduit. D'une manière générale, les figures de l'autorité sont ébranlées : parents, professeurs, patrons, cadres, prêtres, policiers, médias… Tous ceux qui incarnent le pouvoir, la morale et la foi sont aujourd'hui l'objet de critiques et leur influence est remise en cause.

L'évolution du système social et celle des mentalités se sont accélérées au cours des trente dernières années. Elles ont abouti à ce que beaucoup de Français ont ressenti comme un effondrement des valeurs. Il s'agissait en réalité d'une transformation spectaculaire et inédite des fondements sur lesquels reposait jusque-là la société. L'histoire de ces dernières décennies est celle d'une inversion spectaculaire des grands principes qui déterminaient la conception et le fonctionnement de la société française. Ainsi, l'importance du lignage s'est affaiblie avec le développement de la famille éclatée. La transcendance, issue d'une conception spirituelle et éternelle du monde, a été remplacée par une vision matérialiste limitée au court terme. La solidarité, vertu des sociétés traditionnelles, a fait place à l'individualisme.

Le principe de continuité a été remis en question par la génération des ruptures, des chocs (révolution de mai 68, choc pétrolier de 73, la « gauche » au pouvoir en 81, la guerre du Golfe en 91, la révolte sociale de décembre 95, le choc terroriste du 11 septembre 2001, l'élimination du candidat socialiste au profit de celui du Front National au 2e tour de l'élection présidentielle de 2002, le rejet de la Constitution européenne par referendum en 2005), différents chocs produits sur fond de mutations technologiques dans l'informatique, la téléphonie mobile, l'Internet, les biotechnologies. Les « accidents de parcours » dans la vie professionnelle rendent la vie plus difficile et les perspectives plus incertaines. L'*homo sapiens* des origines a laissé place à l'*homo zappens*[1] dont la caractéristique essentielle est la mobilité, à la fois physique et mentale. [...]

D'autres inversions se sont produites dans les mœurs contemporaines, liées à l'émergence de la « société du spectacle ». Le paraître a remplacé l'être, la forme a pris le pas sur le fond, les sens sur le sens. Le prestige et l'argent ne viennent plus du travail accompli mais de la notoriété, de la capacité à se donner en spectacle dans les médias. Les hiérarchies ne sont plus fondées sur la connaissance mais sur la reconnaissance.

Les dernières décennies du deuxième millénaire auront donc défait ce que les siècles précédents avaient patiemment construit, entretenu et préservé. Plus qu'une nouvelle société, c'est une nouvelle civilisation qui se prépare sur les décombres de la précédente.

Gérard Mermet, *Francoscopie 2007*, Éd. Larousse, 2007

1 homo zappens : du verbe francisé « zapper » : passer d'une chaîne de télévision à l'autre et, par extension, d'une conviction (idée) à une autre. L'auteur fait ici un jeu de mots avec « homo sapiens ».

1

a) Lisez le texte et donnez son thème principal.

b) Relisez les lignes 1 à 25.

1. Quels sont, selon Gérard Mermet, les trois repères traditionnels en voie de disparition ? Les mêmes repères sont-ils remis en question dans votre pays ?

2. Quelles causes avance-t-il pour expliquer la disparition de ces trois repères en France ?

c) Relisez les lignes 26 à 40.

1. Notez les trois autres piliers de la société qui se sont effondrés.

2. Relevez les deux mots-clés qui résument les nouveaux comportements engendrés par cet effondrement.

d) Relisez les lignes 41 à 55.

1. Classez les chocs évoqués selon les catégories suivantes :
   - France : …
   - Europe : …
   - Monde : …

2. Et chez vous, quels chocs ont été ressentis ces dernières décennies ? Ont-ils produit les mêmes effets ?

e) Relisez les lignes 56 à 68.
Dites en quoi la « société du spectacle » a changé les mentalités.

2

Trouvez un titre à cet article et écrivez son chapeau en 30 mots.

3

Lisez ces résultats d'une enquête réalisée en 2006. Confirment-ils l'analyse de Gérard Mermet sur l'évolution de la société française aujourd'hui ? Pourquoi ?

La moitié des Français ont une activité associative et 1 sur 4 est concerné par le bénévolat. [...] 64 % font des dons matériels (vêtements, jouets, dons alimentaires, sang...) et 35 % des dons financiers en faveur d'œuvres caritatives en France ou dans le monde.

POINT INFO

Les fondations d'entreprises sont des entités juridiques réservées aux sociétés civiles ou commerciales, représentées par un conseil d'administration et financées par des ressources annuelles apportées par la — ou les — entreprise(s) fondatrice(s) et par leurs salariés. Elles peuvent également recevoir des subventions publiques.

Le club Med. (Club Méditerranée) organise, dans des « villages » créés pour les touristes, des vacances pour la détente, le sport, les divertissements, dans des lieux exotiques et ensoleillés. Le personnel d'accueil porte le nom de G.O. (Gentil Organisateur).

4

a) Écoutez la présentation faite par Yves Decaens et répondez.

1. Quel principe a permis de faire naître les fondations d'entreprise ?
2. Qui en sont les différents bénéficiaires, selon le présentateur ?

b) Réécoutez et relevez les secteurs d'action qui sont cités.

5

a) Écoutez la suite de l'émission et dites si ces propositions sont vraies ou fausses.

1. 2 % de salariés de l'entreprise citée sont impliqués dans ses actions.
2. Les salariés impliqués ont des fonctions de direction.
3. Les jeunes ne sont pas assez concernés par le monde qui les entoure.
4. La Fondation Club Med est présente en Afrique.
5. La Fondation propose des programmes culturels.
6. Les programmes se réalisent au sein des villages de vacances.
7. Les animateurs sont souvent recrutés sur place.

b) Reformulez les critiques apportées à la Fondation Club Med.

6

Échangez.

Êtes-vous d'accord avec ces critiques ? Pourquoi ? Pourriez-vous répondre à la question de Claude, l'auditeur ? Pensez-vous que les Fondations d'entreprises peuvent contribuer efficacement aux actions humanitaires ?

Nuancer, modérer ses propos

1 a) Dites à quoi correspondent les expressions suivantes.

Exemple : un demandeur d'emploi → un chômeur

un plan social

une délocalisation

un pays en voie de développement

des minorités visibles

un mal-voyant

une personne à mobilité réduite

les sans domicile fixe

b) Parmi les mots suivants, choisissez les deux qui vous paraissent les plus déplaisants, puis imaginez un mot ou une formule pour les remplacer.

vieux - laid - ordures - mauvaise réputation - imbécillité

c) Dans votre langue, quels mots sont remplacés par des euphémismes ?

2 a) La litote est une figure de style consistant à dire moins pour faire comprendre plus. Dites ce que signifient ces « litotes ».

Exemple : Je ne te hais point. (Corneille) = Je t'aime.

1. Cette solution n'est pas mauvaise.
2. Ce candidat n'est pas antipathique.
3. Il n'est pas impossible que je rejoigne votre groupe.
4. Je ne suis pas contre cette proposition.
5. Je ne suis pas très favorable à cette idée.
6. Ça ne tombe pas très bien.

b) Acceptez ou refusez les propositions suivantes en utilisant des litotes pour ne pas répondre trop directement. Puis donnez une raison de votre accord ou de votre refus.

1. Vous présenter comme député pour le Parti Vert.
2. Prendre la parole dans un meeting.
3. Militer dans une association trois fois par semaine.
4. Offrir votre appartement pendant les vacances à une personne sans logement.
5. Faire la grève de la faim pour gagner votre cause.
6. Consulter un astrologue pour faire plaisir à votre entourage.

3 Soyez « diplomate » et reformulez, en les atténuant, les critiques suivantes.

Exemple : L'ex-ministre de l'Intérieur a commis de graves erreurs.
→ Des erreurs ont été commises par l'administration précédente.

1. Le directeur de cette ONG a accumulé les maladresses.
2. Ce sont des hommes assoiffés de pouvoir qui ont écarté les femmes de la politique.
3. Le président du jury a refusé d'entendre les représentants des victimes.
4. Le chef du gouvernement a détourné des fonds pour alimenter son parti.
5. La transparence doit s'imposer dans les comptes de l'association.
6. Les militants n'ont pas eu droit à plus de 30 secondes d'intervention dans l'émission !

4 Nuancez le mieux possible les expressions soulignées dans les propos de Doria, l'héroïne du roman de Faïza Guène.

Exemple : J'aime pas trop qu'il me parle → Je suis mal à l'aise quand il me parle.

En parlant d'école, j'ai un devoir à rendre en éducation civique sur la notion de respect. C'est Monsieur Werbert qui nous l'a demandé. Ce prof, il est gentil mais *j'aime pas trop qu'il me parle* car j'ai l'impression de lui faire pitié et *j'aime pas ça*. C'est comme au Secours Populaire avec Maman quand <u>la vieille</u> à qui on demande un sac en plastique pour mettre ses pulls qu'on a choisis nous regarde avec ses yeux mouillés. À chaque fois, <u>on a envie de lui rendre les pulls et de se tirer</u>. Monsieur Werbert, c'est pareil. <u>Il se la joue prophète social.</u> Il me dit que si j'ai besoin, je peux prendre rendez-vous avec lui... <u>Tout ça pour se donner bonne conscience</u> et raconter à ses potes dans un bar parisien branché comme c'est difficile d'enseigner en banlieue. <u>Beurk.</u>

Qu'est-ce que je pourrais dire sur la notion de respect ? De toute façon, les profs, <u>ils s'en foutent des devoirs. Je suis sûre qu'ils les lisent pas.</u>

Faïza Guène, *Kiffe kiffe demain*,
Éd. Hachette littérature, 2004

La place des adjectifs

5 a) Complétez les paragraphes avec les adjectifs appropriés de la colonne de droite et placez-les avant **ou** après le nom.

Parité : *peut mieux faire*

Avec toujours moins de 13 % de femmes à l'Assemblée nationale, la France fait figure de … élève … se situant au … rang … .	*européen* *perpétuel* *mauvais* *vingt et unième*
Pourtant, la France est l'un des pays à avoir instauré un … cadre … en la matière. La loi du 6 juin 2000 avait pour objectif de favoriser l'… accès … des femmes et des hommes aux … mandats … Il faut bien dire que le … équilibre … est encore loin !	*égal* *juridique* *futurs* *clair* *parfait* *électoraux* *paritaire*
La présidente de la … Délégation … aux droits des femmes s'en est inquiétée dans une … lettre … au … ministre … . En conséquence, une … mouture … est en cours, qui proposerait d'augmenter encore les … pénalités … pour les … partis … .	*parlementaire* *français* *ouverte* *fortes* *récalcitrants* *préparatoire* *solennelle* *Premier* *financières*

(*Direct Soir*, 29-11-06)

Deligne, *Pèlerin*, n° 6327

b) Rédigez une brève d'une soixantaine de mots pour évoquer la représentation féminine dans les institutions de votre pays. Utilisez des adjectifs.

6 Dans les phrases suivantes, donnez le sens de chaque adjectif souligné ou donnez un synonyme.

1. Il faut un <u>certain</u> courage et même un courage <u>certain</u> pour assumer ses convictions. Les personnes <u>simples</u> peuvent penser que c'est mieux de garder le silence, mais une <u>simple</u> déclaration peut renseigner les personnes <u>chères</u> sur vos intentions. Quoique cela puisse vous coûter <u>cher</u>…
2. Quand il était <u>petit</u>, Jean-Paul Sartre était un enfant <u>curieux</u> de tout. Il est devenu un <u>grand</u> homme par sa culture et ses écrits, même s'il est resté <u>petit</u> de taille. De <u>petits</u> esprits ont ricané sur ses engagements politiques, considérant que c'était un comportement <u>curieux</u> d'aller vendre son journal *Libération* dans la rue ou de refuser le prix Nobel.
3. De Gaulle, le <u>seul</u> homme qui ait appelé à la Résistance en 1940 n'a pas prêché dans le désert et n'est pas resté un homme <u>seul</u>.
4. Les <u>prochaines</u> élections auront lieu l'année <u>prochaine</u>.
5. Ce candidat est un <u>ancien</u> écologiste ; il s'est recyclé dans le militantisme en faveur de valeurs <u>anciennes</u> et nettement dépassées.

7 Faites oralement la présentation de votre grand homme (ou femme !) favori(te). Utilisez le maximum d'adjectifs pour qualifier sa personne, caractériser son comportement, pour apprécier et faire apprécier ses actions et ses réalisations.

Les homonymes

8 Testez vos connaissances.
a) Certains mots sont des homonymes. Ces homonymes prennent un sens différent selon qu'ils sont masculins ou féminins. Connaissez-vous l'autre sens des mots suivants ?
1. Une crêpe est une délicieuse pâtisserie, mais qu'est-ce que le crêpe ?
2. Une faux est un outil pour couper le blé. Qu'est-ce qu'un faux ?
3. Le greffe du Tribunal enregistre les actes officiels, mais une greffe ?
4. Un livre est un objet léger et indispensable et combien pèse une livre ?
5. Un moule permet de cuire les gâteaux, mais qu'est-ce qu'une moule ?
6. Une pendule donne l'heure. Que donne le pendule ?
7. Le poêle chauffe la maison et que chauffe la poêle ?
8. Un poste est un emploi particulier. Et une poste ?
9. Le solde d'un compte bancaire peut être négatif… et la solde d'un militaire ?
10. Une voile sert à faire avancer un bateau. À quoi sert un voile ?
b) Ajoutez quatre questions au test avec les mots : *mousse, somme, manœuvre, vase.*

faire une synthèse de documents

Document 1

Le « karma-cola » est le nom donné par les Indiens au commerce de la spiritualité hindoue. Par milliers, des Occidentaux se rendent dans des ashrams ou centres de retraite, en Inde ou ailleurs, à la recherche d'une sagesse « autre ». Si le fait n'est pas propre à l'hindouisme – le bouddhisme, le taoïsme ou l'islam, notamment soufi, pratiquent aussi ce tourisme du divin –, ce qui est important est que, plus largement, ce phénomène :

- s'opère par le biais d'individus passerelles, par exemple des gourous qui occidentalisent une religion orientale afin de la rendre digeste à des personnes issues d'autres cultures ;

- joue sur la réciprocité : l'hindouisme se syncrétise (le néo-hindouisme se nourrit autant des thèses de l'occultisme occidental que de spiritualités purement hindoues) [...] ;

- est transnational : il s'inscrit dans un monde aux frontières abolies, où l'individu peut faire son « marché » et se « bricoler » une religion propre ; le menu spirituel va mélanger des ingrédients de toutes origines : le message de Jésus peut s'amalgamer à celui du Dalaï-lama ;

- est consumériste et globalisé : de même que l'on peut trouver des Mc Donald's en Chine, on peut consommer du protestantisme évangéliste en Amérique latine ou en Afrique.

Le modèle de ces spiritualités reste l'évangélisme. Ce mouvement protestant est le prototype de ces mouvements religieux planétaires qui marquent de leur empreinte un monde toujours plus global. [...] Ces religions revitalisées offrent des modèles-types, basés davantage sur les affinités spirituelles et le volontariat que sur l'appartenance institutionnelle, pour se repenser comme acteur de sa vie. Protestation sociale et innovation religieuse communient ainsi dans un même élan. [...]

Nombreux sont les sociologues, anthropologues, historiens ou philosophes qui font aujourd'hui profession d'étudier cette globalisation du religieux. Certains surfent sur la vague en proposant des vulgarisations examinant l'ensemble du phénomène. [...] D'autres s'attaquent à ce sujet en suivant un angle plus académique, se centrant sur certains de ses aspects ou de ses objets. [...] Gageons que tous ces auteurs se sont choisi une niche éditoriale d'avenir : Dieu est immortel.

Laurent Testot, *Analyser le marché religieux*,
Sciences Humaines, n° 167, janvier 2006

Document 2

C'est en plein milieu de la campagne normande, qu'un médecin ayurvédique a planté le décor de son centre. Nous sommes dimanche soir et la mise en route a lieu dans la salle à manger autour du dîner... végétarien (salade verte, crudités, quinoa, épices indiennes). Je suis à la fois impatiente et anxieuse de commencer l'expérience : vivre à l'heure indienne, quelque part en Normandie.

Lundi, 7 heures du matin. Je cherche des yeux mon indispensable starter : le café. Et là, rien. Seulement de grandes Thermos remplies, au choix, d'eau chaude, de « t'chaï » (un thé au lait fortement épicé) ou de tisane de sauge et fenugrec (une plante très amère de la pharmacopée indienne). [...] Juste le temps d'enfiler un peignoir et de me présenter dans le bon bâtiment. Là, on m'explique qu'il faut « faire gandouche ». L'affaire consiste à garder dans la bouche une cuillère à soupe d'huile de sésame et d'aller marcher pieds nus dans l'herbe pendant un quart d'heure. [...] Puis vient le lavage des dents : il s'agit de tremper son doigt dans une poudre noire amère et de se frotter dents et gencives avec. Antiseptique et antibactérien, ce mélange est censé soigner et protéger les gencives, même les plus sensibles. Je gagne ensuite un lit dans la salle commune de repos, où une douce mélopée indienne me fait sombrer instantanément dans le sommeil. [...]

Le lendemain, je me réveille avec la nuque et les tempes douloureuses.

J'ai mal dormi et, côté estomac, je suis au bord du malaise. [...] « L'élimination des toxines est souvent douloureuse. » Je confirme !

Après le déjeuner, cours de cuisine. On nous apprend (succinctement) à utiliser les épices indiennes sous forme de plantes, de graines et de poudre, puis la cure reprend avec une lenteur exaspérante. On peut attendre plus d'une heure entre les soins. Une aberration pour la citadine surpressée que je suis. Ici, la lenteur fait partie intégrante du processus et participe au fameux « lâcher-prise ». Mais comme c'est angoissant de ne rien faire ! [...]

Nous sommes tous remués physiquement et émotionnellement. Les portables restent éteints. Le monde extérieur s'éloigne. Quand vient le soir, les corps pétris et chahutés finissent par se détendre, les tensions se relâchent. Mon mal de tête est passé. Le voyage intérieur peut commencer. [...] Le lendemain, je suis en pleine forme ! [...]

Après cinq jours de cure, me voilà nettoyée, « rangée », en parfait état de marche. Il ne me reste plus qu'à faire repartir l'étincelle et à entretenir mon feu domestique.

Isabelle Artus et Érik Pigani, *Ma cure en Normandie*,
Psychologies magazine, septembre 2004

Document 3

Claire Bretécher, *Agrippine et la secte à Raymonde*, Éd. Hyphen, 2001

1 👁

Lisez les documents et donnez leur thème commun.

2 👁

a) Listez les informations que chaque document vous apporte sur le thème commun.

b) Complétez le tableau.

c) Résumez le point de vue exprimé dans chaque document sur le phénomène.

Document 1: une analyse critique, qui met en évidence les aspects universels, commerciaux, adaptables à tous les individus qui recherchent une solution individuelle à leurs problèmes.

Des traits d'ironie (phrase finale par exemple).

Document 2: un témoignage vécu...

Document 3 : une BD...

Document	Type (source et genre)	Thèmes secondaires communs/divergents	Point de vue
Doc. 1	Article de presse Analyse du phénomène	... ...	Assez neutre, distancié (un peu critique)
Doc. 2	Article de presse Témoignage vécu	... ...	...
Doc. 3	B.D.	...	...

3 ✎

Faites la synthèse des trois documents.

INTRODUCTION

❶ Présenter le thème et les enjeux du thème (la problématique posée par le thème commun)

Ces trois documents présentent l'engouement pour de nouvelles pratiques de spiritualité ; un engouement à la fois compréhensible et inquiétant.

❷ Annoncer le plan général de la synthèse

Dans une première partie, nous allons montrer le développement des nouvelles spiritualités et dans une seconde partie, nous allons mettre en évidence leur rôle et leurs conséquences sur la société.

DÉVELOPPEMENT

➤ Dans un premier paragraphe, présenter succinctement les documents (type de document, origine, date de publication).

➤ Suivre ensuite le plan annoncé en introduisant des transitions entre chaque partie.

➤ Réintroduire, dans chaque partie, les données importantes et correspondantes issues des différents documents. Reformuler les idées et les informations issues des documents en les résumant, sans reprendre les phrases des textes (voir *Techniques pour résumer un texte*, page 53).

Selon les 3 documents, de nombreuses personnes s'intéressent aux nouvelles spiritualités (elles font des séjours, des « retraites », participent à des journées, des réunions). Le phénomène touche différentes catégories et classes d'âge. C'est un phénomène commercial et planétaire comme on peut le voir dans le document 1...

➤ Au fil du texte et des différentes parties, faire jouer un rôle argumentatif aux différents documents (mettre en regard les éléments convergents ou divergents).

Les trois documents présentent le phénomène comme une mode, mais le document 1 en souligne la dimension réellement profonde avec une référence au « besoin de devenir acteur de sa vie », alors que le document 3, avec la manière de parler des personnages, « J'ai chamanisme tellurique » par exemple, montre davantage une mode...

CONCLUSION

❶ Annoncer la conclusion par une expression claire :
- un connecteur logique : *en somme, en définitive, somme toute, ainsi...*
- une phrase introductive : *Comme on peut le voir, ces documents montrent...*

❷ Résumer en quelques phrases les grandes étapes de la synthèse (plan et idées générales) N'introduire aucune idée personnelle ou analyse nouvelle.

❸ Utiliser une phrase forte pour signaler la clôture. Cela peut être :
- un effet d'humour : *C'est le credo des incrédules.*
- un paradoxe : *La perte de la croyance religieuse aboutit à de multiples croyances.*
- une formule frappante grâce à une métaphore : *On peut dire que les nouvelles spiritualités sèment de par le monde leurs idées ;* ou une antithèse : *C'est le fait d'un monde devenu complexe jusque dans ses aspects les plus simples.*

TECHNIQUES POUR « faire une synthèse de documents »

Singularités

DOSSIER 8

ités **8**

Sommaire

B 2

singularités

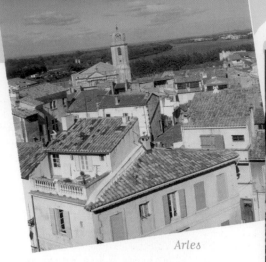

Arles

 1

Écoutez l'entretien entre Frédérique et Christiane et répondez.

1. Quels sont les liens particuliers des deux interlocutrices avec la ville d'Arles ?

2. Quels aspects de la ville sont évoqués ?

3. Notez les passages qui montrent que Christiane a une sensibilité d'artiste.

2

Réécoutez et relevez.

> l'origine historique de la ville d'Arles

> une conséquence de cette origine sur ses habitants

> les singularités du musée d'Arles :
  - son contenu
  - sa création
  - ce qui attache Christiane à ce lieu

Les Arlésiennes

 3

**Faites des hypothèses sur les raisons pour lesquelles Christiane redoute la restauration du musée.
Après avoir écouté cet entretien, quelle idée avez-vous de la ville d'Arles ?**

 4

a) Y a-t-il pour vous une région, une ville qui vous a ébloui(e) ou à laquelle vous êtes attaché(e) pour ses particularités ? Dites laquelle et pourquoi.

b) Écrivez un Point Info d'une dizaine de lignes pour présenter cette région ou cette ville.

 5

Reportez-vous au mot *Régions* de l'abécédaire culturel (p. 148-149) et comparez les régions françaises avec celles de votre pays.

 6

Traditionnellement, en pays bigouden (Bretagne), les femmes portaient la coiffe bigoudène. Observez ce dessin et donnez-en une interprétation.

● POINT INFO

Arles

À la pointe du delta du Rhône, cette ville constitue la plus grande commune de France (750 km²). Elle englobe la Camargue, un des plus beaux sites naturels d'Europe, où taureaux et chevaux vivent en semi-liberté, le plus souvent en troupeaux, appelés « manades », et surveillés par les gardians à cheval. Ceux-ci sont regroupés depuis 1512 dans une Confrérie dont la fête se célèbre le 1er mai. Le nom d'Arles est désormais associé à Van Gogh qui a su rendre la luminosité de la ville dans de nombreux tableaux (300 œuvres connues).

La célébration de la beauté des Arlésiennes remonte à l'Antiquité ; leur somptueux costume est porté par la reine d'Arles, élue tous les trois ans, couronnée en juillet pendant les fêtes de la ville. Gardienne de la culture, du costume et de la langue provençale, la belle du pays est l'ambassadrice de la ville et l'étendard d'une singularité revendiquée par les habitants du delta.

L'Europe, espoir des régionalistes
Les militants bretons, basques, occitans ou alsaciens comptent sur Bruxelles pour vaincre le jacobinisme[1] français.

On pourrait les caricaturer en représentants chagrins d'une France du passé, en porte-parole nostalgiques d'un folklore aux relents pétainistes[2], en défenseurs ringards – et parfois violents – de terroirs obscurs, à contre-courant de la modernité. On pourrait aussi les croire condamnés. Et l'on aurait tort. Bien sûr, les militants des partis régionalistes français sont une poignée. Mais ils gardent leur optimisme, persuadés de compter dorénavant, et pour longtemps, un allié objectif de poids : l'Europe.

Depuis 1995, Savoyards, Bretons, Alsaciens, Occitans, Corses, Catalans et Basques se sont regroupés au sein d'une fédération, *Régions et peuples solidaires*, qui tenait son université d'été et son congrès la semaine dernière à Argelès-sur-Mer (en « Catalogne nord », selon la novlangue des intéressés ; dans les Pyrénées-Orientales, en français courant). Conscients que, par-delà leur diversité, ils mènent un combat commun. « Nous souhaitons promouvoir nos cultures et imposer à la France un modèle fédéral, avec des degrés d'autonomie différents selon les régions », explique Christian Guyonvarc'h, secrétaire général de la fédération, porte-parole de l'Union démocratique bretonne (UDB) et par ailleurs vice-président du conseil régional de Bretagne.

Un combat qui, en général, recueille une audience confidentielle. [...] Les régionalistes manquent de relais dans la classe politique. De plus, dans l'esprit commun, « régionalisme » rime avec FLNC et ETA[3]. « Nous souffrons de cette confusion, reconnaît Gustave Alirol, président du Parti occitan et de Régions et peuples solidaires. C'est injuste : les partis réunis au sein de notre fédération sont strictement respectueux des règles démocratiques, condamnent l'utilisation de la violence et demandent l'autonomie, non l'indépendance. Mais c'est ainsi. »

Ces partis pâtissent aussi de leurs liens supposés avec l'extrême droite : des militants bretons n'ont-ils pas frayé avec l'occupant nazi ? « Cette tendance existe, constate Guyonvarc'h, mais elle est ultra-minoritaire. Pour notre part, nous sommes un mouvement ouvert. Notre charte précise explicitement que nous combattons toutes les formes de racisme et de xénophobie. On peut être régionaliste sans sombrer dans le repli identitaire, tout comme on peut être patriote sans être xénophobe. Nul ne songerait à confondre Le Pen et de Gaulle sous prétexte qu'ils prétendent tous deux défendre la nation. Je demande à nos adversaires de ne pas établir la même confusion. »

Dans un pays comme la France, marqué par deux siècles de jacobinisme, ces obstacles culturels pèsent néanmoins très lourd. Et les militants régionalistes auraient tout lieu de perdre confiance. Mais, si leur discours est imperceptible dans l'hexagone, il est banal en Europe, où c'est le modèle centralisé à la française qui est marginal. Et, selon eux, cela change tout. De fait, les régions italiennes, britanniques, allemandes ou espagnoles

disposent d'une autonomie beaucoup plus large que leurs homologues françaises. Et le droit européen autorise une région à investir dans un État voisin. Ce que se sont empressés de faire la Catalogne et le Pays basque espagnols chez leurs cousins français. Avec une cible privilégiée : le financement des écoles en langue régionale que l'État français, lui, freine. « Non seulement la France est isolée, mais elle est en pleine contradiction, pointe Gustave Alirol. À Bruxelles, elle se bat contre l'hégémonie de l'anglais. En Amérique du Nord, elle soutient le combat des Québécois. Mais elle refuse de faire vivre cette diversité culturelle sur son propre sol ! ».

La conclusion est simple : « L'intégration européenne obligera peu à peu la France à évoluer. » Et le slogan est même tout trouvé : la chance des régions françaises, c'est l'Europe.

Michel Feltin, rédacteur de la rubrique
« Régions », *L'Express*, 30/08/2004

---

1 - Le jacobinisme : on évoque souvent les « jacobins » (partisans de la nation contre les provinces pendant la Révolution française) pour souligner le centralisme de l'État français, héritage de la Révolution.
2 - aux relents pétainistes : le Maréchal Pétain, chef du gouvernement de Vichy et signataire de l'armistice avec Hitler en 1940, prônait une France du terroir et des valeurs traditionnelles.
4 - FNLC et ETA : Front de Libération Nationale de la Corse et Euskadi Ta Askatasuna. Ces deux groupes sont connus pour leurs violentes actions séparatistes en Corse et au Pays basque.

BIBLIOGRAPHIE
• BAGUENARD (Jacques), *La Décentralisation*, coll. « Que sais-je ? », P.U.F., 2004
• BENOÎT (Jean-Marc et Philippe), FELTIN (Michel) et RUCCI (Daniel), *La France à 20 minutes*, Éd. Belin, 2002
• CHAZOULE (Olivier), *Guide des droits civiques (les pouvoirs de l'État, comment s'organisent les régions, départements, villes, les droits et les devoirs du citoyen)*, coll. « Pratique », Éd. du Seuil, 2000
• MORIN (Edgar), *Penser l'Europe*, coll. « Au vif du sujet », Éd. Gallimard, 1987

7 👁

Lisez le texte et répondez.
1. De quel regroupement parle Michel Feltin ?
2. Quelle est la revendication des adhérents ?
3. Contre quels stéréotypes doivent-ils lutter ?

8 👁

a) Relisez et relevez les termes qui soulignent :
> le caractère minoritaire du mouvement
> le centralisme de l'État français

b) Sur quel allié de poids les régions peuvent-elles désormais compter ? Notez ce que cet allié peut leur apporter.

c) Reformulez les contradictions de l'État français dans sa politique culturelle selon les participants au groupement et selon le rédacteur Michel Feltin.

Droit de réponse

RENÉVILLEMAG
le magazine de l'opposition municipale
N°54 AVRIL 2007

RENCONTRE
un entretien

LES MARCH
Sauvons le

LES MARCHÉS **DU POUVOIR**

Il est question, une fois encore, de déplacer notre marché hebdomadaire pour l'isoler du centre ville en le délocalisant vers un nouveau complexe « artisanal » prévu en périphérie.

Et nous confirmons notre hostilité à ce projet.

Tout d'abord, comme il en a déjà été fait part lors du Conseil municipal du mois de mars, les habitants du quartier du Centre tiennent majoritairement à conserver leur marché du samedi qui anime le centre ville autour de la halle et permet aux commerçants d'augmenter leur chiffre d'affaires puisqu'ils profitent de l'affluence de chalands ce jour-là.

D'autre part, chacun connaît les difficultés que rencontrent nos producteurs locaux (maraîchers, fromagers) pour promouvoir leurs produits devant la concurrence des grandes surfaces. Ils sont déjà accablés de réglementations d'hygiène imposées par les normes européennes qui les contraignent à faire des investissements disproportionnés par rapport à leur petite production. Déplacer le marché pour l'isoler dans un espace réservé aux « touristes » serait un coup supplémentaire et fatal à leur activité. Nos producteurs vivent, ou plutôt survivent, grâce à leur fidèle clientèle locale qui consomme régulièrement leurs légumes et leurs fruits de saison ainsi que le beurre et les fromages au lait cru que nous avons tant de mal à défendre auprès des technocrates de Bruxelles. On veut maintenant les « ghettoïser » dans un lieu réservé au folklore, comme des spécimens de pratiques archaïques en voie de disparition, exhibés en saison aux regards condescendants des visiteurs en quête d'exotisme. Ce faisant, on les réduit à figurer dans un musée au lieu de les valoriser et de les défendre dans notre propre commune d'abord, puis devant les instances plus larges du Parlement européen auxquelles les voix des électeurs ont porté certains élus régionaux en espérant vainement qu'ils s'y feraient l'écho de leurs préoccupations...

Il est grand temps de défendre, avec le marché qui n'en est qu'un exemple, les traditions auxquelles nous sommes attachés au nom de notre histoire. Il est grand temps de faire entendre notre droit, celui de notre identité locale pour laquelle nous nous sommes battus et que nous devons défendre sans discontinuer. Quiconque a un peu de bon sens se demandera quelles intentions se cachent derrière les nouveaux projets de la majorité municipale...

ALAIN **LEGUÉNEC**, conseiller municipal sans étiquette.

1 👁

Lisez l'article. Dites quel est son objectif déclaré et son objectif plus large.

2 👁

a) Alain Leguénec est hostile au projet de la mairie pour plusieurs raisons. Reformulez-les.

b) Dites qui sont, selon Alain Leguénec, les différents adversaires des producteurs locaux.

c) Reformulez les conséquences qu'entraînerait la réalisation du projet.

d) Relevez une phrase qui marque :
> le désaccord
> la revendication
> le soupçon
> le soutien de la population

POINT INFO
Conseiller municipal, régional et député européen

Les conseillers municipaux sont élus, par listes, tous les 6 ans au suffrage universel direct. Ils désignent ensuite le maire par scrutin majoritaire. Souvent tête de liste au cours des élections municipales, le maire préside le conseil. Il est à la fois représentant de l'État dans la commune (fonctions de l'état-civil, garant de l'application des lois et des règlements, officier de police judiciaire) mais aussi exécutif des décisions du Conseil municipal.

Les conseillers régionaux sont également élus, par listes, au suffrage universel direct tous les 6 ans et élisent un Président du conseil.

La France compte 78 députés au Parlement européen (mandature 2004-2009), élus par régions. Siégeant à Strasbourg, les députés se répartissent dans 8 partis (+ un groupe de non inscrits, sans étiquette politique). Ils ont principalement une fonction législative qui leur permet d'adopter ou d'amender les lois européennes conjointement avec le Conseil des ministres. Le Parlement européen a droit de veto aux projets du Conseil dans de nombreux domaines.

En France, une même personne peut cumuler plusieurs mandats d'élu avec certaines limites : un mandat de parlementaire national ou un mandat d'exécutif local est incompatible avec un mandat européen.

Stratégies *pour...*
revendiquer
(argumenter par écrit)

Présenter le problème
- *Il est de nouveau question de...*
- *Le groupe X a décidé de...*
- *Nous avons été informés de...*

Exprimer son désaccord
- *Je tiens à vous exprimer notre hostilité à l'égard de...*
- *Nous sommes en complet désaccord avec...*
- *Il est impossible de cautionner... / de consentir à...*

Développer son argumentaire
- **Présenter un argument général :**

Tout d'abord,
En premier lieu, { *la majorité de la population...* *l'ensemble du groupe,* *tous les défenseurs des langues régionales...*

- **Développer les arguments spécifiques :**

- *D'autre part,* *Par ailleurs,* { *nous savons combien il est difficile...* *vous savez que...*
- *De plus,* *En outre,* { *ils sont déjà soumis à...* *elles ont déployé tant d'efforts pour...*
- *De surcroît,* *il a été si laborieux d'obtenir...*

- **Envisager les conséquences négatives :**
- *Consentir à cette directive serait / sera...*
- *Ce faisant, vous prenez le risque de...*
- *Par cette décision, vous nous exposez à...*

- **Rappeler les espoirs, les aspirations des intéressés :**
- *Longtemps ils ont compté sur...*
- *Nous attendions un geste, une réponse...*
- *Il avait pourtant été question de...*

Conclure sur une position ferme
- *Voilà pourquoi nous nous battrons.*
- *Nous ne désarmerons pas.*
- *Nous ferons entendre notre voix.*

3 ✎
Écrivez un article.
Vous habitez une commune desservie depuis peu par une petite ligne régionale de train. Un projet de train à grande vitesse permettra de relier beaucoup plus rapidement les deux métropoles entre lesquelles vous habitez mais supprimera la desserte de votre ville. Vous avez constitué une association d'usagers qui n'a pas obtenu gain de cause. Vous écrivez un article dans lequel vous vous opposez au projet de train à grande vitesse et faites valoir votre droit au transport local.

DES MOTS ET DES FORMES

Le folklore

1 a) Lisez cet article encyclopédique et relevez :
> les expressions qui permettent de définir le « folklore »
> les objets qui en témoignent

Le début du XXᵉ siècle voit s'affirmer la notion d'arts populaires. Arnold Van Gennep se laisse porter par cet engouement de l'art du peuple et se consacrera à faire reconnaître son étude comme discipline scientifique. Il publie en 1924 un petit manifeste, *Le Folklore*, dans une collection bon marché destinée à exposer cette « culture moderne » sous forme de beaux et insolites objets qui vont des moulins alsaciens aux toitures normandes. Pour lui, contes, chansons, danses, jouets, maisons et costumes sont les productions formelles qui renvoient aux subtilités d'une culture singulière. Van Gennep recueille les traces des mœurs et coutumes en voie de disparition dans le monde rural mais il rend compte aussi des traditions transmises par des outils et des savoir-faire dans la classe ouvrière en pleine expansion. Ce projet d'ethnographie de la France, Van Gennep le réalise avec « le » *Manuel du folklore français*, rédigé de 1937 jusqu'à sa mort en 1957.

b) Rédigez la définition du mot *folklore* pour un dictionnaire.
folklore n. m. (1877), de l'anglais « science » (lore) du « peuple » (folk). *Science qui étudie...*

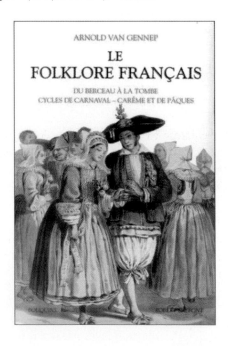

Droits et devoirs

2 Complétez les phrases suivantes avec l'expression qui convient : *avoir le droit de, avoir droit à, être dans son droit, être en droit de, s'adresser à qui de droit.*
1. Monsieur Badou ayant travaillé pour la commune pendant plusieurs années, je considère qu'il ... des indemnités de départ à la retraite.
2. Tout citoyen ... faire une réclamation devant la Cour européenne de Justice.
3. Par erreur, j'ai payé deux fois la taxe d'habitation. Par conséquent, je ... réclamer un remboursement au Trésor public.
4. N'étant pas compétent, je ne puis répondre à votre demande et vous conseille de ... .
5. J'ai refusé l'accès de ma propriété privée à un groupe de randonneurs et je considère que ... .

3 Complétez les phrases en choisissant la bonne proposition.
1. Vous êtes ... de répondre aux demandes de l'administration fiscale. (tenu, requis, astreint)
2. La Préfecture a ... 50 travailleurs clandestins à quitter le pays dans les 24 heures. (requis, tenu, contraint)
3. Vous auriez ... déposer une demande en bonne et ... forme à la mairie. (obligé, dû, requise, due)
4. S'il le faut, les forces de l'ordre seront ... pour évacuer les locaux occupés illicitement. (contraintes, requises, astreintes)
5. On m'a remboursé la caution que j'avais été ... de verser pour récupérer mon véhicule. (requis, obligé, dû)
6. Quand une loi européenne n'est pas respectée, le pays peut être ... à verser une amende pour chaque jour de retard dans l'exécution de la loi. (tenu, requis, astreint)

Emploi figuré de prépositions de lieu

4 Choisissez l'expression appropriée pour compléter les phrases : *face à, vis-à-vis de, à côté de, du côté de.*
1. Vous êtes passé complètement ... un problème essentiel : le financement du projet.
2. Quant au choix des moyens d'action, nous nous retrouvons désormais ... un défi passionnant.
3. Je me sens très mal à l'aise ... nos concitoyens à qui nous avions promis une solution rapide.
4. Vous sentirez-vous satisfaits quand les électeurs seront passés ... nos adversaires ?

Oppositions, désaccords et revendications

5 Écoutez ces extraits d'échanges en réunion.
a) Dites quels sont les six thèmes évoqués.
b) Pour chaque intervention, dites s'il s'agit d'une opposition directe, d'un simple désaccord ou d'une revendication.
c) Réécoutez et classez les expressions employées dans le tableau.

Opposition directe	Simple désaccord	Revendication
...	...	...

Les pronoms indéfinis

6 Dans cette intervention du président du Conseil régional de Bretagne, remplacez l'expression soulignée par un pronom indéfini.

« À plusieurs reprises, j'ai eu l'occasion de faire part à quelques <u>personnes</u> parmi vous de ma détermination en faveur de la réunification de la Bretagne historique à cinq départements. Et ce, parce que <u>n'importe quelle personne</u> connaissant notre histoire sait que la Loire-Atlantique est un morceau  de la Bretagne. Cette décision n'est pas à la portée de <u>personnes quelconques</u>, elle incombe au Parlement. Les déclarations de principe y ont donc été portées et dans l'attente des réponses (jusqu'ici, nous n'en avons <u>pas</u> obtenu <u>une seule</u> !...), j'ai souhaité entamer des négociations avec le Conseil régional des Pays de la Loire. <u>Dans aucun autre lieu</u> ailleurs en France une telle collaboration n'a été initiée. »

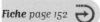
Fiche page 152

7 *Tous, tout, toute, ou tout le monde* ? Complétez.
1. ... sait que les élus locaux ont ... un mandat de 6 ans.
2. ... semblait lui réussir et, brutalement, elle a ... abandonné. Elle s'est retrouvée ... seule, ... étonnée de l'abandon de ses partisans.
3. Nous sommes ... rassemblés pour protester contre une décision ... empreinte d'autoritarisme et que ... conteste.

8 Lisez cet extrait du programme du parti *Chasse, Nature, Pêche et Tradition* et choisissez la proposition qui convient.
Pour construire une Europe des peuples où (chacun - on - tout le monde) conservera son identité, il faut défendre les coutumes qui sont (les siennes - les nôtres - les leurs) : les métiers traditionnels, les arts et les différents modes de vie de nos terroirs. (Quiconque - Chacun - N'importe qui) vivant dans une commune rurale sait que pour y survivre il faut pouvoir maintenir et développer nos cultures et nos racines.
Organiser des référendums populaires, instaurer un droit de veto pour chaque État au sein de l'U.E., imposer des institutions plus démocratiques, (celles-là - telles - toutes) sont nos revendications.
Tout (ça - ce qui - cela) doit vous inciter à rejoindre les défenseurs de la ruralité.
Faisons entendre la parole de tous (les autres - ceux - les nôtres) qui, de plus en plus nombreux, ne se reconnaissent plus dans le pays que nous imposent les technocrates de Bruxelles.

Les préfixes

9 a) Associez les adjectifs avec le (ou les) préfixe(s) qui peut / peuvent convenir pour constituer un adjectif de sens contraire.
Exemple : malhonnête, déshonnête.

mé / mes dé / dés / dis mal anti in / im	*honnête* connu habile estimé continu gracieux protectionniste propre européen

b) Faites une phrase en utilisant certains des adjectifs du a) avec les noms suivants : *un député, un mouvement, un nom, une politique.*
Exemple : Un nom disgracieux est un handicap pour un député !

10 Le préfixe *dé-* n'indique pas toujours un contraire. Donnez le sens de chacun des verbes dans les couples suivants et faites des phrases. Vous pouvez vous aider d'un dictionnaire.
- Mettre et démettre
- Battre et débattre
- Chiffrer et déchiffrer
- Couler et découler
- Sécher et dessécher

Je me présente : je suis franco-espagnole et j'étudie le droit à Paris, en espérant me spécialiser dans le droit européen. Ayant vécu dans plusieurs pays, dans le milieu des institutions européennes, j'en ai gardé l'idée que tous les Européens ne forment qu'un seul et même peuple. Ce qui m'a conduite, naturellement, à l'idéologie fédéraliste.

Pour moi, le fédéralisme est la seule voie pour l'Europe, de nos jours et pour l'avenir. L'idée que les Européens ne forment qu'un seul peuple, dans un « grand État composé de provinces », comme le disait si bien Montesquieu, a fleuri il y a très longtemps. Le parallélisme de nos histoires, de nos structures politiques et sociales, rend la tâche de convaincre les électeurs bien plus facile qu'ailleurs. [...] La déclaration suivante constitue le programme officiel du mouvement Europe United-Europe Unie concernant les langues.

Plusieurs cultures, une union. Plusieurs langues, une langue commune. [...]
En accord avec la vision qu'a le mouvement Europe United-Europe Unie d'un continent divers et pluriel, ce parti souhaite que toutes les langues européennes nationales ou régionales aient l'espace et les ressources nécessaires pour s'épanouir. La diversité linguistique est l'une des grandes forces de l'Europe et ajoute à la richesse de sa culture.

Cependant, notre vision est aussi celle d'un continent dynamique et unifié. Le fait que de nombreux Européens ne puissent pas communiquer directement les uns avec les autres est un obstacle à l'unité ainsi qu'au dynamisme de notre continent. À l'unité, parce que les barrières linguistiques empêchent une communication libre dans l'Union. Les gens ne pouvant pas communiquer les uns avec les autres se sentent étrangers les uns aux autres. Au dynamisme, parce qu'il va à l'encontre de l'un des principes centraux du marché commun, le droit de chaque Européen de travailler là où il veut dans l'U.E. [...]
À cette fin, notre mouvement croit que chaque Européen devrait apprendre au moins trois langues, dont deux au niveau de langues maternelles, et une troisième comme langue étrangère. Une des langues maternelles serait la langue officielle / dominante de l'État dans lequel le citoyen reçoit son éducation (appelée langue nationale de l'État). L'autre langue maternelle serait une langue auxiliaire de l'Union Européenne. Ce serait une langue commune permettant la communication entre plusieurs cultures dans l'objectif de conduire les affaires, les services, le commerce, les sciences, etc. En effet,

cette langue devrait être la langue de travail de l'U.E. Lorsque deux Européens issus d'États-membres différents se rencontreraient, leur langue commune naturelle serait la langue auxiliaire de l'Union. [...]
La question du choix de la langue commune de l'U.E. sera toujours politiquement sensible. Notre solution est de laisser le peuple de l'Europe décider. Europe United-Europe Unie propose un référendum paneuropéen de façon à laisser les citoyens décider par eux-mêmes quelle langue commune ils désirent parler.
Les Européens se verraient demander un ordre de préférence pour la langue qui devrait être la langue auxiliaire de l'U.E. Les langues proposées seraient les cinq les plus parlées de l'Union, l'esperanto et le latin. La langue ayant le plus de soutien serait alors retenue comme langue auxiliaire de l'Union.
Si les Européens choisissaient l'une des langues nationales, les États dont c'est la langue nationale devraient organiser un référendum additionnel pour choisir une deuxième langue à enseigner au niveau de langue maternelle.

Araceli Turmo, adhérente et militante du mouvement Europe United-Europe Unie, parti paneuropéen, septembre 2006

1

Lisez les deux textes, définissez leur thème commun, dites au nom de qui s'exprime chaque rédacteur et l'idée générale qu'il défend.

2

Lisez le texte d'Araceli Turmo et répondez.

1. Relevez pourquoi, selon la rédactrice, le fédéralisme est la voie de l'Europe.
2. Dites quelle option elle défend sur l'usage des langues en Europe et notez ses arguments.
3. Quelle modalité institutionnelle de vote propose-t-elle pour le choix des langues ?
4. Comment les langues en usage dans chaque pays seraient-elles choisies ?

3

Lisez le texte de Bernard Poignant et répondez.

1. Dites à quelle proposition s'oppose d'emblée le rédacteur du texte.
2. Quelles tentatives passées évoque-t-il ?
3. Quelle option défend-il sur l'usage des langues en Europe ?
4. Quelles difficultés évoque-t-il pour la France ?

4

Comparez ces deux points de vue sur les langues en complétant le tableau.

Points de convergence	Points de divergence
- Préserver la diversité linguistique en Europe	...

L'Europe a déjà connu une langue commune (mais pas unique) : le latin. Langue de l'Église, des lettrés, des savants, elle permettait de se comprendre de Paris à Venise, de Prague à Madrid. La division du continent en nations, la mise en place des États surtout à partir du XVIe siècle ont fait éclater cette langue partagée. Faut-il aujourd'hui faire le chemin inverse ? Je résumerai en quelques mots la position de l'Union.

Elle rejette le principe d'une langue commune, encore moins d'une langue unique. Il y a eu des tentatives, à l'échelle planétaire, plutôt sympathiques, généreuses et chaleureuses, à la fin du XIXe et au début du XXe siècle. On pense, à cette époque, qu'il est utopique de rendre internationale une langue existante et difficile de revenir à une langue morte et neutre, comme le latin. On recherche alors une Langue Internationale Auxiliaire (LIA) et j'en cite deux exemples :
- le Volapük, inventé en 1879 par un prélat catholique allemand (Johann Martin Schleyer 1831-1912) pour être un instrument pour l'Union et la fraternité des peuples ;
- l'Espéranto, toujours parlé et appris par des militants passionnés, proposé en 1887 par le Dr Zamenhof.

Aujourd'hui cette voie n'est pas retenue. L'égalité des langues officielles des États est le principe de l'Union européenne. Cette diversité a été inscrite dans un article de la Charte des droits fondamentaux adoptée au sommet de Nice en décembre 2000. Sans qu'il soit précisé si les langues régionales sont aussi concernées et en laissant à chaque État le soin de mener sa politique en la matière. [...]

La réalité ne respecte cependant pas les principes. Évidemment une langue tend à dominer les autres, l'anglais... ou plutôt un anglo-américain ou un anglais créolisé. Plus les États sont petits, plus leur langue est limitée en nombre de locuteurs, plus leurs populations apprennent une autre langue, internationale, et l'anglais l'emporte. Ce sera encore accentué avec l'arrivée des pays d'Europe centrale et orientale où l'apprentissage de l'anglais fait des progrès rapides. D'où la nécessité d'avoir une politique linguistique et aussi le souci de l'avenir des langues régionales, moins répandues, minoritaires. Le Conseil de l'Europe a eu très tôt cette préoccupation.

Le plurilinguisme est l'horizon de demain. Il ne faut pas le craindre. C'est à la jeunesse de s'y engager. La mobilité ne diminuera pas dans le siècle qui s'annonce. L'Europe n'a pas de frontière interne. De part et d'autre des anciennes frontières devenues seulement des limites territoriales, les échanges s'intensifieront et l'apprentissage de la langue du voisin sera indispensable. L'Europe s'en portera bien mais c'est la France qui aura le plus de mal à s'y faire. À nous de trouver cet équilibre positif qui fait rayonner la langue française, qui sache défendre les langues dites « régionales » et en même temps développer l'apprentissage des langues étrangères.

Les langues sont amies entre elles ; qu'elles le restent ! !

Bernard Poignant, député européen, le 30/06/01, Europinion.org

5

Écoutez la première partie de l'entretien.

a) Reformulez :
> la question posée à Claude Hagège
> l'argument du linguiste pour résoudre une apparente contradiction

b) Réécoutez et complétez.
1. Philippe Laburthe-Tolra : « Vous êtes d'un côté ... et d'un autre côté vous êtes ... ».
2. Claude Hagège : « Il n'est nullement contradictoire de ... d'une part, et d'autre part de ... ».

6

Écoutez la deuxième partie de l'entretien.

a) Résumez en une phrase la raison pour laquelle Claude Hagège défend le bilinguisme obligatoire en Europe.

b) Quel argument scientifique apporte-t-il pour affirmer que l'apprentissage de deux langues n'est pas un problème pour les jeunes enfants ?

c) Comparez la position de Claude Hagège sur les langues en Europe avec celles des rédacteurs des textes précédents.

7

Échangez.

Dans un pays ou dans une fédération d'États, faut-il donner aux langues locales un statut égal ? Faut-il imposer une langue unique ? Plurilinguisme, langue unique, bilinguisme obligatoire ? Prenez position sur le sujet, donnez vos arguments, apportez des exemples et des propositions concrètes.

Les antonymes

1 Complétez les réponses en utilisant un mot signifiant le contraire du terme souligné.

1. - J'attends votre <u>adhésion</u> à nos idées.
- Vous n'aurez que mon ... !

2. - Vous êtes un adversaire <u>belliqueux</u>.
- Pas du tout, je suis ... .

3. - Était-ce un public <u>hostile</u> ?
- Non, je l'ai trouvé ... .

4. - Le Conseil régional a une politique <u>opaque</u>.
- Au contraire ! c'est ... .

5. - Pour moi, c'est une victoire <u>partielle</u>.
- Soyez positive ! Dites une victoire ... .

6. - Nous sommes bien implantés en milieu <u>urbain</u>.
- Mais pas assez en milieu ... .

7. - Nous savons que les électeurs sont <u>volages</u> et changent facilement d'opinion.
- Il ne tient qu'à vous d'en faire des électeurs ... .

2 Remplacez le verbe souligné par un verbe exprimant le contraire en les variant à chaque fois.

1. - Il faudra <u>augmenter</u> les taxes locales déjà très élevées.
- Il a cherché à <u>augmenter</u> l'audience du groupe adverse.
- Les inégalités culturelles <u>augmenteront</u> avec l'élargissement de l'Europe.

2. - Il a fallu <u>combattre</u> les résistances locales.
- Vous <u>avez combattu</u> les théories des régionalistes.

3. - Nous <u>avons manqué</u> le train des réformes modernes.
- Certaines zones du pays <u>manquent</u> de main d'œuvre.
- Dans plusieurs pays, l'expérience de la décentralisation <u>a été manquée</u>.

3 Des antonymes se sont glissés dans ce discours et en déforment les propos. Corrigez-les.

Vous savez tous que l'échec de notre politique est lié à votre participation collective. Je compte donc sur vous pour combattre le principe d'égalité qui a toujours prévalu au sein de notre communauté. Dans l'avenir nous avons mis en place des instances de participation démocratique pour interdire aux citoyens de débattre. Il est indispensable de les supprimer pour les années qui viennent car le fondement de notre démocratie en sortira plus instable que jamais...

Registres de langue

4 Précisez le registre de langue des expressions soulignées et remplacez-les par une expression de registre standard.

Exemple : <u>Des sommités</u> du monde médical étaient réunies dans l'enceinte du Parlement. (soutenu) → Des personnalités ou des célébrités...

1. L'élégance et <u>le faste</u> ne <u>siéent</u> pas à la simple salle du Conseil municipal que vous allez rénover.

2. Je <u>vous saurais gré</u> de bien vouloir prendre notre demande en considération.

3. Je pense me présenter aux législatives, mais <u>j'angoisse un max.</u>

4. Vous devrez conserver ces documents <u>par-devers</u> vous pendant un an.

5. <u>La conduite</u> des élus doit être exemplaire en toute circonstance.

6. Je pense que ça suffit. <u>On en a ras-le-bol de vos combines</u> avec les promoteurs immobiliers !

7. Pendant la réunion, il <u>a fait des blagues</u> très <u>lourdes</u> qui n'ont fait rire personne.

8. Seul le maire était habilité à <u>apposer son paraphe sur</u> ce document.

5 Analysez les effets comiques dans ces extraits de discours : dites sur quelles erreurs de langage ils reposent, puis reformulez ce que voulaient exprimer les élus.

1. Si vous m'élisez, je serai 24 heures sur 24 à votre disposition et le reste du temps à l'Assemblée pour vous défendre.

2. Une fois mon équipe et moi à la mairie, il n'y aura plus aucune ordure dans la rue.

3. La kermesse que nous avons organisée à la clinique psychiatrique a eu un succès fou.

4. Nous étudions actuellement un projet pour déstaliniser le marais en bord de mer.

Synthèse sur les pronoms

6 Complétez l'article de presse avec un pronom de la liste suivante.

on - y (x 2) - auxquelles - ceci - elle-même - en - que - dont - les nôtres - celui-ci - qui - toutes - tout

L'Union européenne aura 50 ans en 2007. Elle vient de choisir le logo ... servira à toutes les manifestations ... les Européens seront alors conviés. Entre 1701 projets reçus, c'est ... qui a reçu le prix de 6 000 euros :

logo choisi pour figurer l'Union Européenne

Voici ce que j'... vois : un mot « together », ... le sens symboliserait l'idée d'Europe, unité dans la multiplicité. À ... près que ce mot appartient à une langue et une seule : l'anglais. Qu'... est-il du multilinguisme ... l'Europe met en avant ? des autres langues qui sont ... ? Elles ne sont là que comme des fioritures décoratives. Et encore, pas ... ! De plus, l'Europe devient l'enseigne d'une boutique avec « since 1957 » ; ... doit ... adhérer comme à une marque déposée, visiblement impliquée dans la marchandisation mondiale.
Un logo qui a ... faux, contre-productif et contradictoire avec la définition que l'Europe veut donner d'... .

d'après Barbara Cassin, *Le Monde*, vendredi 3 novembre 2006

7 Voici le projet d'un drapeau de la paix. Écrivez un article d'une centaine de mots pour vous y opposer. Évitez les répétitions en utilisant des pronoms.

Synthèse sur les articulateurs logiques

8 Identifiez la relation logique implicite (but, cause, conséquence, concession, hypothèse, opposition) que contiennent les phrases suivantes puis transformez-les en utilisant un articulateur explicite afin d'en clarifier le sens.
Exemple : Consultez le site info-europe.fr et vous saurez tout sur l'Europe. (but)
→ Pour tout savoir sur l'Europe, consultez le site info-europe.fr.

Tout savoir sur l'Europe

1. Le 9 mai a été choisi comme journée de l'Europe ; c'est la date anniversaire de la déclaration instituant une première collaboration économique entre 6 pays européens (CEE).
2. Les régions ont été créées en France en 1972. L'idée était d'harmoniser les divisions administratives des différents pays européens.
3. L'initiative Eureka, lancée en 1985, promeut la coopération européenne dans le domaine de la technologie. Eureka subventionne de nombreux projets de recherche.
4. Le 1ᵉʳ janvier 2007, la Roumanie et la Bulgarie, pays demandeurs d'intégration depuis 1998, sont entrées dans l'U.E. La Turquie, elle, candidate dès les années 60, devra attendre jusqu'en 2015... est-ce normal ?
5. La France est l'un des pays fondateurs de l'U.E. et le projet de Constitution européenne a été rejeté par 55 % des Français !
6. Sans la Convention de Schengen (1990), on ne pourrait pas circuler librement en Europe.
7. Les candidats à l'entrée dans l'Europe doivent satisfaire aux critères de convergence sous peine d'exclusion.

9 Mettez-vous en petits groupes. Notez trois pratiques particulières (savoir-vivre, usages, superstitions, savoir-faire professionnel...) d'une région ou d'un pays que vous connaissez. Décrivez-les en quelques lignes en structurant vos phrases avec différentes relations logiques. Présentez-les à la classe.
Exemple : Contrairement à la plupart des pays, en France le chiffre 13 est considéré comme bénéfique. C'est pourquoi fleurissent les jeux de hasard et diverses loteries associées à ce chiffre.

rendre compte par écrit d'informations radio

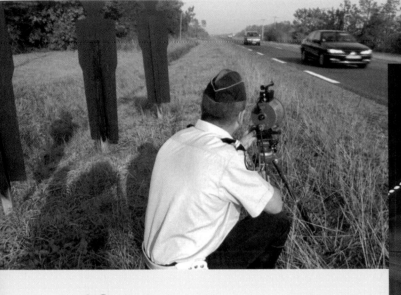

1 👄

Observez les photos et faites des hypothèses sur les informations que vous allez entendre.

2

Écoutez les informations une fois et complétez le tableau.

Pays	...	Suisse	...
Événement	...	1. ... 2. ...	...

3

Lisez les questions et écoutez une deuxième fois la première information.
a) Cochez les phrases qui correspondent à l'information.
☐ Les gendarmes et les radars font leur effet sur les routes.
☐ Les chiffres des accidents sont mauvais malgré les gendarmes et les radars.
☐ C'est un phénomène nouveau.
☐ C'est un retour à de mauvaises habitudes.

b) Complétez.
On a comptabilisé ... morts et ... blessés le mois dernier.

4 🎧

Lisez les questions et écoutez une deuxième fois la deuxième information.

a) Cochez la phrase qui correspond à l'information.

☐ Un tunnel autoroutier sera ouvert en décembre.

☐ Les trains circuleront dans un nouveau tunnel en décembre.

b) Complétez.

1. Le trajet Bâle-Milan se fera en … .
2. L'axe passera par … , … et Zermatt.
3. Il mettra Paris à … heures de … .
4. Le tunnel s'étend sur une longueur de … km.

5 🎧

Lisez les questions et écoutez une deuxième fois la troisième information.

a) Cochez les phrases qui correspondent à l'information.

☐ Les usagers belges préfèrent le train à la voiture.

☐ Les Belges protestent contre les retards des trains.

☐ Un nouveau service est réservé au personnel de la Société de chemin de fer belge.

☐ Les usagers « navetteurs » et les employés pourront utiliser ce service.

b) Complétez.

1. À Liège, les syndicats de la SNCB ont proposé d'ouvrir … dans la gare.
2. Cette ouverture coïncidera avec … d'une nouvelle gare.

6 🎧

Lisez les questions et écoutez une deuxième fois la quatrième information.

a) Cochez les phrases qui correspondent à l'information.

☐ Un canton rural innove dans le domaine des droits civiques.

☐ Un petit canton s'oppose aux réformes des droits civiques.

☐ Cette initiative est critiquée dans toute la Suisse.

☐ Il est probable que les Suisses suivront cette initiative.

b) Complétez.

1. Le canton de Glaris compte … habitants.
2. Les Glaronnais ont … l'âge de la majorité à … ans, pour que les jeunes puissent voter sur des thèmes … et … .

7 ✏️

Faites le compte-rendu écrit des informations.

PRÉPARATION : PRISE DE NOTES

❶ Première écoute :
- Identifiez les différentes informations, notez les mots-clés.
- Notez l'événement, les acteurs, le lieu et les circonstances de chaque information.

❷ Deuxième écoute :
- Relevez les chiffres-clés, les noms éventuels, les sigles.
- Synthétisez les conséquences de l'événement.

❸ Prenez quelques minutes pour formuler les enchaînements.

RÉDACTION : LE COMPTE-RENDU

> Présenter l'émission (date, radio, …)
> *C'est un journal hebdomadaire qui présente depuis Paris des informations françaises, belges et suisses.*

> Résumer le contenu global de chaque information
> *Le journaliste évoque les problèmes de sécurité routière en France, puis…*

> Détailler une à une les informations dans l'ordre (sans développer)
> - Reformuler en mettant en évidence les éléments principaux :
>   *En France, on revient à de mauvaises habitudes sur les routes…*
> - Apporter les chiffres utiles à l'information :
>   *Le trajet se fera en 4 heures…*
> - Souligner les conséquences :
>   *L'exemple de Glaris va devenir un modèle en Suisse.*

Rétrospe

Prospectives

| RE | LOS ANGELES | PERTH | FRANKFURT | CAIRO |

| HI | LONDON | TOKYO | NEW YORK | SHANGHAI |

| LU | JOHANNESBURG | HONG KONG | PARIS | SYDNEY |

| OLM | MANILA | BUENOS AIRES | TEL AVIV | LISBON |

9

Sommaire

DELF **B2**

Rétrospectives et prospectives

SPÉCIAL
SCIENCES HUMAINES
ÉDUCATION
SOCIÉTÉ
10 questions sur la mondialisation
Les enseignants sont des experts
Entretien avec Michel Fayol
Les paradoxes du sport
10 questions sur la mondialisation
www.scienceshumaines.com / MENSUEL • N° 1805 • FÉVRIER 2007 • 5,80 €

3

Écoutez la troisième partie et relevez ce que Jeannot fait pour « freiner la mondialisation ».

4

Échangez.

Partagez-vous les craintes de Jeannot ? Le phénomène de mondialisation est-il sensible dans votre pays ? Donnez un ou deux exemples pour illustrer ce phénomène dans votre pays.Que faites-vous concrètement dans votre vie pour freiner ou accélérer le phénomène de mondialisation ?

1

Écoutez la première partie de l'interview de Jeannot.

a) Vrai ou faux ? Répondez.

1. La mondialisation est avant tout un phénomène économique.
2. Elle consiste principalement à rechercher de la main d'œuvre à meilleur prix.
3. Les échanges se font en majorité avec les pays voisins.

b) Retrouvez les cinq conditions nécessaires à la mondialisation.

c) Notez les conséquences de la mondialisation sur l'écologie mentionnées par Jeannot.

2

Écoutez la deuxième partie et répondez.

1. Quelle la position de Jeannot face à la mondialisation ?
2. Quels sont les deux gros risques qu'il évoque ?
3. Jeannot est-il optimiste ou pessimiste ? Par quels mots exprime-t-il ce qu'il ressent ?

● **POINT INFO**

Les chiffres-clés du monde

• *Population*
Notre planète est devenue un seul pays de 6,5 milliards d'habitants. La population mondiale a gagné plus de 20 ans d'espérance de vie avec de fortes disparités (l'âge de mortalité est en moyenne de 26 ans en Sierra Leone contre 74 ans au Japon).

• *Revenus*
Le produit intérieur brut mondial s'élève à 44 000 milliards de dollars (4 fois celui des États-Unis, 25 fois celui de la France en 2005). La croissance prévue est de 3,5 % en moyenne jusqu'en 2008. Le revenu moyen par tête d'habitant est de 6 987 dollars par an (19 dollars par jour). Il y a environ 30 millions de ménages millionnaires et 1,39 milliard de personnes qui, tout en travaillant, gagnent moins de 2 dollars par jour. 550 millions de personnes ne dépassent pas le seuil d'extrême pauvreté (1 dollar par jour).

• *Migration*
2,5 % de la population mondiale, soit plus de 160 millions de personnes, vit hors de son pays natal. 200 millions de personnes devraient migrer vers les régions les plus riches entre 2005 et 2050.

• *Tourisme*
Le nombre de touristes, actuellement près de 800 millions, pourrait doubler d'ici 2020. La quasi-totalité des touristes internationaux est aujourd'hui originaire des pays développés, mais on attend une multiplication des touristes originaires de pays en voie de développement. 80 % des touristes se rendent dans les pays riches. 75 % des recettes du tourisme s'échangent entre pays développés.

Qu'est-ce que la mondialisation ?

Depuis le début des années 1990, la « mondialisation » désigne une nouvelle phase dans l'intégration planétaire des phénomènes économiques, financiers, écologiques et culturels. Un examen attentif montre que ce phénomène n'est ni linéaire, ni irréversible.

« Avant, les événements qui se déroulaient dans le monde n'étaient pas liés entre eux. Depuis, ils sont tous dépendants les uns des autres. » La constatation est banale, hormis le fait que celui qui la formule, Polybe, vivait au IIe siècle avant J.-C. La mondialisation, cette création d'un espace mondial interdépendant, n'est donc pas nouvelle. Certains la font remonter à la diffusion de l'espèce humaine sur la planète…

Dès l'Empire romain, une première mondialisation s'est organisée autour de la Méditerranée. Mais il faut attendre les dernières grandes découvertes, au XVIe siècle, pour assurer la connexion entre les différentes sociétés de la Terre et la mise en place d'une « économie-monde ». [...]

Entre 1870 et 1914 naît un espace mondial des échanges : ouverture de nouvelles routes maritimes, avec le percement du Canal de Suez et de Panama, doublement de la flotte marchande mondiale et extension du chemin de fer, multiplication par six des échanges, déversement dans le monde de 50 millions d'Européens, qui peuplent de nouvelles terres et annexent d'immenses empires coloniaux… La naissance de la mondialisation, telle que nous la connaissons aujourd'hui a commencé il y a un siècle et demi.

Mais le processus n'est pas linéaire : la première guerre mondiale puis la grande dépression des années 30 font que la mondialisation n'est plus à l'ordre du jour jusqu'à la seconde guerre mondiale. La guerre froide et la constitution des blocs figent le monde pendant près d'un demi-siècle. [...]

La mondialisation actuelle [...] est à la fois une idéologie – le libéralisme –, une monnaie – le dollar –, un outil – le capitalisme –, un système politique – la démocratie –, une langue – l'anglais. [...]

La mondialisation actuelle est d'abord et avant tout une globalisation financière, avec la création d'un marché planétaire des capitaux et l'explosion des fonds spéculatifs. [...] Grâce aux liaisons par satellite, à l'informatique et à Internet, la mondialisation se traduit par l'instantanéité des transferts de capitaux d'une place bancaire à l'autre.

Mais l'apparente unification de l'espace planétaire cache de profondes disparités. [...] Les espaces moteurs de la mondialisation appartiennent à « l'archipel métropolitain mondial, une toile de grandes mégalopoles essentiellement localisées au sein de la Triade : États-Unis, Europe, Japon qui sont reliées entre elles par des réseaux.

Loin d'abolir l'espace, la mondialisation redonne au contraire toute leur force aux singularités locales. [...] L'incertitude face aux mutations du monde, la rapidité des changements suscitent en réaction une réaffirmation des identités locales, une réactivation des communautés d'appartenance. [...]

Absence d'une gouvernance et de régulateurs mondiaux, grand retour des États et du local, la mondialisation est ainsi en train de se muer imperceptiblement en « glocalisation », juxtaposition à l'infini de politiques locales. [...]

En ce début du XXIe siècle, la mondialisation se trouve, ainsi, paradoxalement en recul. Comme si elle n'avait constitué qu'une phase historiquement datée dans l'histoire de l'humanité.

Sylvie Brunel, géographe et économiste à l'Institut d'Études Politiques de Paris, *Sciences humaines*, n° 180, février 2007

5

a) Lisez le texte et donnez un titre à chaque étape de la mondialisation.

- Empire romain : …
- XVIe siècle : …
- Entre 1870 et 1914 : …
- Pendant les deux guerres mondiales et la « guerre froide » : …
- Actuellement : …

b) Notez les cinq mots-clés liés à la mondialisation actuelle.

c) Expliquez le mot « glocalisation ».

d) Cochez. Pour Sylvie Brunel, la mondialisation :
☐ fait des avancées spectaculaires.
☐ fait déjà partie du passé.
Justifiez par une phrase du texte.

BIBLIOGRAPHIE
ATTALI (Jacques), *Une brève histoire de l'avenir*, Éd. Fayard, 2006
BADI (Bertrand), *Atlas de la mondialisation*, Éd. Presses de Sciences Po, 2006
ROUGIER (E.) « La vision alter mondialiste », dossier « Mondialisations et inégalités », Éd. La documentation française, nov.-déc. 2006

6

Relisez et notez les éléments qui renforcent les propos de Jeannot et ceux qui les tempèrent.

7

Reportez-vous au mot *Mondialisation* de l'abécédaire culturel et, à votre tour, exprimez votre opinion sur la mondialisation.

8

Interprétez ce dessin.

Refaire le monde

❶ Blasé

Au cours de l'une de nos publicités télé, on nous vante les vertus d'un certain pain de mie qui n'a pas de croûte, car celle-ci dérange nos chères têtes blondes... On y voit même un gosse qui, de sa poussette, jette ladite croûte dans le jardin qu'il traverse parce que c'est « beurk ». Heureusement, dans les pays où l'on se mettrait à genoux pour manger des croûtes de pain, il n'y a pas la télé pour voir nos pubs illustrer à quel point nos palais sont blasés... Le monde est bien fait, non ?

Gilda D. (courriel)
Télérama, n° 2984, 21 mars 2007

1 👁

Lisez ces trois lettres envoyées à la rubrique « Courrier des lecteurs » de plusieurs magazines.

a) Pour chaque lettre, identifiez le problème soulevé et formulez-le en une phrase.
- Lettre 1 : ...
- Lettre 2 : ...
- Lettre 3 : ...

b) Dites quelle lettre :
> est ironique : ...
> utilise l'humour noir : ...
> donne des statistiques : ...
> décrit une image précise : ...
> déplore un manque de professionnalisme : ...
> contient une question rhétorique : ...

2 👁

Cherchez les mots ou expressions équivalents.
Lettre 1 :
- les enfants : ... , ...
- on est difficile pour la nourriture : ...
Lettre 2 :
- projeter : ...
- dans les premiers : ...
Lettre 3 :
- n'ayant plus de succès : ...
- les dépenses faites pour sa profession : ...

❷ Entreprendre et imaginer

Quatre-vingt-dix pour cent des produits que nous achèterons dans six ans n'existent pas encore. De même, bon nombre d'emplois que nous exercerons d'ici à une vingtaine d'années sont encore à imaginer. Encore faut-il des entrepreneurs pour faire le travail. Aujourd'hui les emplois sont devenus rares... Où sont les chefs d'entreprise qui auraient propulsé notre pays dans le peloton de tête des nouvelles technologies ? Ils ont choisi de devenir fonctionnaires ou de partir pour la Silicon Valley. Ceux qui sont partis ne l'ont pas regretté. Sur un sol étranger, ils ont rêvé, créé, réalisé les produits de demain... comme ces machines à comptabiliser les chariots qui menacent aujourd'hui nos caissières de supermarché. Ces entrepreneurs ont créé des emplois chez eux et en ont supprimé chez nous.

Yves Legadec
Marianne, du 9-18 mai 2007

❸ Hauts risques

La course Paris-Dakar ne faisant plus recette, nos grands médias ont décidé de porter leur intérêt sur une autre grande compétition du début de l'hiver : le départ des soldes. Le 20 heures fait maintenant sa « Une » sur ce grand sujet de société. C'est vrai que l'ouverture d'un magasin mérite au moins l'ouverture du JT ! Au fait, au passage, j'ai lu dans mon journal préféré qu'en 2006, 156 journalistes et employés des médias ont perdu la vie en faisant leur métier... sans doute écrasés par des caddies ? De supermarché ? J'espère que lorsque j'achète le magazine *Reporters sans frontières*, ça n'aide pas à payer les notes de frais de ces envoyés spéciaux du bout de la rue, mais bien à aider les vrais journalistes, ceux qui nous éclairent !

Les Carroz
Télérama, n° 2976, 24 janvier 2007

3 ✏

Vous vous sentez concerné(e) par l'une de ces lettres, vous réagissez en quelques phrases dans le courrier des lecteurs de la semaine suivante.

4 ✏

Coup de cœur, coup de gueule !

Vous avez lu ou entendu une information qui vous a particulièrement ému(e) ou choqué(e). Vous réagissez en écrivant une lettre (200 mots environ) à la rubrique « Coup de cœur, coup de gueule » d'un magazine français.

Stratégies *pour...*
Réagir par écrit sur un fait de société

Annoncer le sujet
- *Au cours d'une émission, d'une pub, d'un discours, d'une réunion...*
- *Aujourd'hui, il faut dire stop à...*
- *De nos jours, on ne peut plus accepter que...*

Rapporter un événement
- *On a pu voir à la télévision que...*
- *On peut lire dans une publicité : « ... ».*
- *Un journaliste a déclaré à la radio que...*
- *J'ai entendu à la radio que...*
- *J'ai lu dans mon journal préféré que...*

Faire part de son expérience personnelle
Utiliser la première personne et insister sur la répétition du phénomène :
- *J'en ai fait l'expérience à plusieurs reprises...*
- *Combien de fois ai-je dû... , ...*
- *Je l'ai expérimenté nombre de fois.*
- *Ce n'est pas la première fois que personnellement...*

Expliquer son désaccord
- *C'est un choix plus que regrettable étant donné que...*
- *Cette décision est injustifiable vu que...*
- *Ce constat est déplorable compte tenu de...*

Exprimer sa nostalgie
- *Il y a encore quelques années, ...*
- *Autrefois / Jadis, ...*
- *Quand j'étais petit(e), plus jeune, enfant...*
- *Dans ma jeunesse...*
- *À l'époque de mes 18 ans...*

Alerter
- *Si, comme l'affirme... , ...*
- *Il est temps de / il est grand temps que...*
- *Il faudrait absolument que...*
- *Il est devenu urgent de...*

Donner des statistiques
- *C'est une réalité pour des millions de personnes.*
- *Si on en croit les chiffres...*
- *D'après de récents sondages...*
- *Des chiffres récents nous montrent que...*

Conclure
- par une question rhétorique (question dont on connaît déjà la réponse) :
- *Le monde est bien fait, n'est-ce pas ?*
  Intéressant, non ?
- *Cela étonne quelqu'un ?*

- par un commentaire personnel ou une émotion :
- *Rien que ça ! J'en frissonne encore !*
- *On m'avait pourtant prédit le contraire !*
- *Je suis écoeuré(e) !*
- *J'en ai la chair de poule !*
- *C'est à désespérer, à hurler !*

Et n'oubliez pas d'utiliser l'ironie !

D9

Les degrés dans l'appréciation et le jugement personnel

1 a) **Écoutez les personnes qui ont testé les inventions ci-dessus.**

1. Dites quelles inventions ont été testées et notez à quoi sert chacune d'elles.

2. Notez si la réaction de ces personnes est enthousiaste, mitigée ou négative.

b) **Réécoutez et notez les expressions utilisées pour les appréciations enthousiastes, mitigées et négatives.**

2 a) **Associez. (Plusieurs solutions sont possibles.)**

excessivement •   • inutile
vivement •   • intelligent
globalement •   • identique
extrêmement •   • débile
absolument •   • logique
radicalement •   • compliqué
parfaitement •   • nécessaire
complètement •   • différent
supérieurement •   • recommandé

b) **Associez. (Plusieurs solutions sont possibles.)**

admirer •   • pertinemment
connaître •   • cordialement
critiquer •   • parfaitement
haïr •   • chaleureusement
objecter •   • violemment
remercier •   • vigoureusement
savoir •   • étroitement
surveiller •   • profondément

3 **Inventez un objet du futur. Écrivez une notice mentionnant sa matière, son fonctionnement et ses qualités. Dessinez-le. La classe donnera ensuite son point de vue.**

Les temps : passé, présent, futur ?

4 **Complétez le texte sur le métier de canut en mettant les verbes entre parenthèses aux temps du passé qui conviennent (imparfait, plus-que-parfait, passé simple et passé composé). Attention aux formes passives !**

À Lyon, au XIXᵉ siècle, la manufacture des étoffes de soie ... (occuper) plus de 80 000 personnes, soit la moitié des habitants de l'agglomération lyonnaise. Cette activité commerciale ... (être) très organisée et hiérarchisée.

En haut de l'échelle, un millier de négociants, les « soyeux », ... (faire préparer) la matière première qu'ils ... (acheter) auparavant en Chine ou en Inde, puis celle-ci ... (confier) aux ateliers de tissage. À la tête de chaque atelier, un chef d'atelier, qui ... (posséder) son (ou ses) métier(s) Jacquart, ... (transformer) la matière brute en étoffes, avec l'aide, souvent de son épouse, voire de ses enfants et parfois de « compagnons » qu'il ... (loger) souvent chez lui. Ce sont ces chefs d'atelier qu'on ... (appeler) les « canuts ». Ils ... (travailler) de 14 à 16 heures par jour, voire davantage lorsqu'il ... (s'agir) de livrer une commande à temps. Le travail ... (payer), non à la journée, mais à la pièce ; les maîtres-ouvriers ... (se concurrencer) entre eux pour obtenir le travail, ce qui ... (arranger) bien les fabricants et ... (concourir) à maintenir les bas salaires.

À cause de leurs mauvaises conditions de travail, ils ... (se révolter) à de nombreuses reprises. Leur première révolte ... (avoir lieu) en 1831. Ils ... (assaillir) Lyon aux cris de « Vivre libre en travaillant ou mourir en combattant ! ». Le roi Louis-Philippe ... (réprimer) l'émeute à l'aide de la troupe. En 1834, ils ... (faire face) à 12 000 soldats pendant six jours. Ils ... (chanter) une chanson écrite par le chansonnier et écrivain Aristide Bruant à la fin du 19ᵉ siècle.

5 **Complétez la présentation d'un métier du futur, « éthicien en entreprise », en mettant les verbes entre parenthèses aux temps qui conviennent : présent, futur proche, futur simple, futur antérieur (le présent peut-être à l'indicatif ou au subjonctif). Attention aux formes passives !**

De nombreux informaticiens croient fermement que les innovations technologiques de ce siècle ... (menacer) de plus en plus l'humanité. Ils estiment que pour que les entreprises ... (pouvoir) commercialiser leurs découvertes, en matière d'intelligence artificielle par exemple, elles ... (avoir) de sérieuses questions éthiques à se poser avant que certaines technologies ... (rendre accessibles). Est-il possible qu'au nom de l'argent, on ... (mettre) sur le marché une machine à contrôler la pensée d'autrui ? Si oui, comment, où et quand ? Les questions quant à la responsabilité d'une entreprise en environnement, en politique ou en développement social … (appartenir) à l'éthicien au service de la compagnie, au même titre que les questions comptables … (relever) du comptable et les questions juridiques, de l'avocat. Les questions éthiques … (prendre) une place croissante dans notre manière de concevoir l'avenir. Encore plus depuis que la possibilité de cloner l'être humain … (apparaître). Tous ceux qui … (développer) les nouvelles technologies dans les prochaines années … (devoir) en tenir compte. Il faut savoir que les gens … (être) de mieux en mieux informés et qu'ils … (ne pas se laisser) imposer des innovations qui … (pouvoir) leur apparaître immorales. Dans moins de 20 ans, les éthiciens … (déjà prendre) leur place au sein de l'entreprise et … (déjà décider) du sort de certaines machines en matière d'intelligence artificielle.

6 a) Écrivez un texte de présentation sur un métier disparu. Utilisez les temps du passé.
b) Par groupe, imaginez un métier du futur et faites sa présentation par écrit. Utilisez les temps du futur et le présent à l'indicatif ou au subjonctif.

7 À partir des notes chronologiques suivantes et de l'article dans l'abécédaire culturel (p.144), rédigez une présentation du festival de Cannes (250 mots).
Mettez en valeur son influence, son passé, son avenir et les événements qui l'ont marqué.

Notes :

1946 :
Fondation sur une idée de Jean Zay, homme politique français. Créé pour récompenser la meilleure mise en scène, le meilleur acteur et la meilleure actrice. Succès considérable. Remise du Grand Prix.

1947 :
Inauguration du Palais des festivals remplacé par un nouveau palais en 1983.
Organisation du festival ; instauration d'un comité de sélection. Institutionnalisation (il devient annuel) du festival même s'il n'a pas lieu en 1948 et 1950 (raisons budgétaires).

1955 :
Apparition d'autres prix (Prix du jury et Palme d'or).

FESTIVAL DE CANNES
16-27 mai 2007

1959 :
Fondation du marché du film ; première plateforme mondiale pour le commerce international du film.

1968 :
Interruption et annulation : manifestations d'étudiants. Révolte contre le ministre de la Culture (raison : renvoi du directeur de la cinémathèque).

1972 :
Renouveau : deux comités de sélection, un pour le cinéma français et un autre pour le cinéma international.

1978 :
Grands changements : nomination de Gilles Jacob au poste de délégué général du festival, création de la Caméra d'or pour encourager les jeunes artistes au talent prometteur, réduction du Festival de 15 à 13 jours. Accueil des vedettes en haut des marches.

1983 :
Inauguration du Nouveau Palais. Mauvais souvenir : éclairage déficient, lampes qui claquent. À deux doigts de l'annulation du Festival. La montée des marches de la comédienne Isabelle Adjani entraîne une grève des journalistes. Ils considèrent en effet que la star a des attitudes de diva, refusant de travailler avec eux. Ils boycottent la montée des marches pour son film *L'Été meurtrier* : ils tournent le dos à la star et déposent leurs appareils par terre.

1993 :
Enfin une femme réalisatrice obtient la Palme d'or : la néo-zélandaise Jane Campion pour *La Leçon de piano*.

2007 :
Soixantième anniversaire : plus de 10 000 participants provenant de 91 pays différents.
Deuxième événement le plus médiatisé du monde (notamment lors de son ouverture et de la traditionnelle montée des marches). Influence mondiale et influence locale.

Critiques :
souvent attaqué par la presse. Certains réalisateurs de talent n'ont jamais eu la Palme d'or. Peu de films d'horreur ou de kung-fu sélectionnés. Devenu un festival pour les grands auteurs. Ne sont invitées que des stars confirmées.

Avantage :
donne une crédibilité artistique aux auteurs.

Avenir :
en avance sur les évolutions techniques : bientôt cinéma en relief sans lunettes et possibilité de voir les films du festival en direct de chez soi ou de son cinéma le plus proche.

Le temps des hommes sera de plus en plus utilisé à des activités marchandes qui remplaceront des services, gratuits, volontaires ou forcés. L'agriculture deviendra de plus en plus industrielle ; elle enverra des centaines de millions de travailleurs vers les villes. L'industrie mondiale sera de plus en plus globale, les frontières de plus en plus ouvertes aux capitaux et aux marchandises ; les usines migreront facilement là où le coût global du travail sera le plus bas, c'est-à-dire vers l'Asie de l'est puis vers l'Inde. [...]

La vitesse des innovations s'accélèrera : le cycle allant de la création à la production et à la commercialisation des produits alimentaires et des vêtements passera d'un mois à quatre jours. [...] La durée des marques sera elle aussi de plus en plus brève ainsi que la durée de vie des immeubles et des maisons. [...] La formation initiale restera essentielle ; chacun devra sans cesse se former pour rester « employable ». La réduction durable de la natalité et l'amélioration continue de l'espérance de vie conduiront à travailler moins longtemps dans l'année mais plus longtemps dans la vie. L'âge de la retraite s'élèvera jusqu'à 70 ans. [...] L'industrie du « mieux être » sera une industrie majeure. [...] Les consommateurs resteront les maîtres et leurs intérêts passeront avant ceux des travailleurs. [...]

Plus de la moitié des travailleurs changeront de résidence tous les cinq ans et plus souvent encore d'employeur. [...] Les conditions de vie seront de plus en plus solitaires, dans des appartements de plus en plus exigus, avec des partenaires sexuels et affectifs de plus en plus éphémères. [...] L'apologie de l'individu, du corps, de l'autonomie, de l'individualisme feront de l'ego, du soi, des valeurs absolues. [...]

Les transports occuperont un temps croissant ; ils deviendront des lieux de vie, de rencontre, d'achat, de distraction. Le temps qu'on y passera sera décompté comme temps de travail, de même que se généralisera le travail de nuit et du dimanche. Le voyage deviendra une part majeure de la formation universitaire et professionnelle ; il faudra démontrer sans cesse des qualités de voyageur pour rester « employable ».

Toute ville d'Europe de plus d'un million d'habitants sera reliée au réseau continental de trains à grande vitesse. Plus de deux milliards de passagers, touristes d'affaires pour la plupart, utiliseront chaque année l'avion ; l'avion taxi se développera massivement ; à tout instant, plus de dix millions d'humains seront en l'air. Des véhicules urbains sans pilote, beaucoup moins coûteux que les actuels, faits de matériaux légers, économes en énergie et biodégradables, seront la propriété collective d'abonnés qui les laisseront à d'autres après usage. [...]

Pour gérer ce temps marchand, deux industries domineront : l'assurance et la distraction.

D'une part pour se protéger des risques, la réponse rationnelle de tout acteur de marché sera de s'assurer, c'est-à-dire de se protéger des aléas du futur. [...]

D'autre part, pour fuir la précarité, chacun voudra se divertir, c'est-à-dire se distancier, se protéger du présent. Les industries de la distraction (tourisme, cinéma, télévision, musique, sports, spectacles vivants, jeux et espaces coopératifs) deviendront les premières industries de la planète. [...]

Des langages permettront d'écrire des programmes accessibles au plus grand nombre et de structurer l'information pour donner accès simultanément aux données et au sens.

Pour permettre de se connecter plus commodément à ces réseaux de création conjointe, les objets nomades deviendront plus légers, plus simples ; le téléphone mobile et l'ordinateur portable fusionneront et seront réduits à la taille d'une montre bracelet, d'une bague, d'une paire de lunettes ou d'une carte de mémoire, intégrés à des vêtements mieux adaptés aux exigences du mouvement. Un objet nomade universel servira à la fois de téléphone, de lecteur de musique, de téléviseur, de chéquier, de carte d'identité, de trousseau de clés. [...]

La télévision deviendra un instrument sur mesure et différencié. [...] Des chaînes de plus en plus spécialisées, personnalisées, sur mesure, se développeront. Avant 2030, la plupart des médias papier, en particulier la presse quotidienne, deviendront virtuels. Sous le contrôle de journalistes professionnels, des citoyens apporteront une autre perspective à l'information et au divertissement : plus subjective, plus passionnée, plus indiscrète, sur des thèmes méconnus ou délaissés. [...]

Les livres deviendront aussi accessibles sur des écrans bon marché et aussi fins que du papier, e-paper et e-ink : nouvel objet nomade en forme de rouleau, donnant enfin une réalité commerciale aux livres électroniques. [...]

Avant 2030, de nouvelles œuvres d'art mêleront tous supports et tous modes de diffusion : on n'y distinguera plus ce qui relève de la peinture, de la sculpture, du cinéma ou de la littérature. Des livres raconteront des histoires en trois dimensions. Des sculptures danseront sur des musiques nouvelles avec les spectateurs. Les jeux deviendront de plus en plus des façons de créer, d'imaginer, d'informer, d'enseigner, de surveiller, d'améliorer l'estime de soi et le sens de la communauté. Des films passés et futurs deviendront visibles en trois dimensions, complétés de simulateurs sensoriels et d'odeurs virtuelles. [...]

Les robots domestiques, annoncés depuis si longtemps, se généraliseront dans la vie quotidienne. Ils seront eux aussi constamment connectés aux réseaux haut débit en ubiquité nomade. Ils serviront d'assistants à domicile, d'aide aux personnes handicapées ou âgées, aux travailleurs et aux forces de sécurité. Ils seront en particulier des « surveilleurs ». [...]

Partout dans le monde, la croissance marchande favorisera l'allongement de la vie. [...] Si les tendances actuelles se prolongent, l'espérance de vie dans les pays développés dépassera les 90 ans en 2025, puis y approchera le siècle. Plus rien ne restera caché ; la discrétion, jusqu'ici condition de la vie en société, n'aura plus de raison d'être. Tout le monde saura tout sur tout le monde ; on évoluera vers moins de culpabilité et plus de tolérance. La curiosité, fondée sur le secret disparaîtra aussi, pour le plus grand malheur des journaux à scandales. Du coup la célébrité aussi.

Jacques Attali,
Une brève histoire de l'avenir, Éd. Fayard

nts de vue sur...

1 👁

Lisez le texte.
Pour chaque thème, indiquez les numéros des lignes du texte qui correspondent.
- Économie : lignes ...
- Culture : ...
- Transports : ...
- Habitation : ...
- Médias : ...
- Société : ...
- Technologie : ...
- Travail : ...

2 👁👁

a) Mettez-vous en petits groupes et relevez dans le texte :
> ce qui vous paraît possible
> ce qui vous paraît peu probable
> ce qui vous paraît souhaitable
> ce qui vous paraît dangereux

b) Comparez vos réponses avec un autre groupe et débattez-en.

3 👁

Échangez.

« Tout le monde saura tout sur tout le monde », écrit Jacques Attali (lignes 162-163). Commentez cette phrase en donnant deux ou trois exemples d'innovations technologiques qui pourraient l'illustrer. Discutez ensemble des avantages et des inconvénients à vivre dans une société où rien ne serait caché.

Le test des inventions

Regardez ces inventions et donnez-leur :

une date...
1814
1910
1945
1978
1980

un pays...
États-Unis
France
Angleterre

une histoire...

1. *Les plats surgelés ont été inventés :*
a. après le retour du premier cosmonaute revenu affamé de son voyage sur la Lune.
b. après avoir observé les techniques de conservation des Esquimaux.

2. *C'est le poisson qui a été le premier aliment congelé en France.*
☐ Vrai   ☐ Faux

3. *Le parapente est né :*
a. grâce à un artiste qui a inventé le tissu pour emballer les monuments.
b. après qu'un homme a descendu en courant des falaises avec des parachutes.

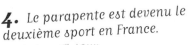

4. *Le parapente est devenu le deuxième sport en France.*
☐ Vrai   ☐ Faux

5. *Les rollers ont été créés :*
a. pour entraîner les hockeyeurs en été.
b. pour remplacer la trottinette.

6. *Le roller est un des moyens de locomotion préférés des Français pendant les grèves de transport.*
☐ Vrai   ☐ Faux

7. *La culture de la truffe est possible grâce :*
a. à un arbre appelé le chêne truffier.
b. au pollen d'un insecte proche de l'abeille.

8. *Au Moyen-Âge, on ne mangeait pas les truffes car on pensait que c'était la création du diable.*
☐ Vrai   ☐ Faux

9. *La vitamine doit son invention :*
a. à Christophe Colomb qui soignait ses marins grâce à des jus de fruits.
b. au capitaine Cook qui a signalé les carences dont souffraient les navigateurs.

10. *La vitamine C a été isolée grâce au jus de tomate.*
☐ Vrai   ☐ Faux

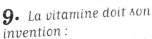

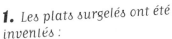

4 👁

Faites le test des inventions.

5 🎧👁

a) Écoutez l'enregistrement et dites quelles sont les inventions indispensables au XXIe siècle pour Renaud et Gaël.

b) Dites quelle est l'invention dont vous rêvez pour le XXIe siècle.

Les mots empruntés aux autres langues

1 13 % du vocabulaire français est emprunté à d'autres langues, essentiellement : l'anglais, l'italien, l'arabe, l'allemand, l'espagnol. Lisez la liste suivante et placez chaque mot dans une colonne.

concerto, képi, guerilla, string, lavande, vasistas, sieste, barman, confetti, hasard, balcon, alcool, maïs, chocolat, zénith, match, valse, sketch, guitare

anglais	
italien	
arabe	
allemand	
espagnol	

2 a) Classez ces mots qui viennent d'origines diverses dans la bonne colonne.

gingembre, haras, tulipe, alezan, zéro, estragon, taffetas, savate, aubergine, coton, gaze, algèbre, azimut, épinard, zénith

plantes	
textiles	
astronomie	
équitation	

b) Recherchez à l'aide d'un dictionnaire ou d'une encyclopédie l'origine de ces mots.

Faire des comparaisons

3 a) Classez les mots suivants dans le tableau.

une affinité, un antonyme, une contrefaçon, un fac similé, une copie, une contradiction, une corrélation, une divergence, un double, un homonyme, une imitation, une incompatibilité, un modèle, la parité, un pastiche

Ressemblance	Différence
...	...

b) Puis, complétez les phrases suivantes en utilisant les mots du a).

1. Camille Claudel était le ... favori du sculpteur Auguste Rodin. Ils avaient beaucoup d'... même s'il y avait une ... d'humeur entre eux.
2. Il est nécessaire de conserver le ... des feuilles d'impôt durant toute sa vie.
3. Dans cette exposition, vous verrez les ... des lettres de Balzac, les originaux étant beaucoup trop précieux.
4. Ce tableau n'est qu'une ... . Le tableau authentique se trouve au musée du Louvre.
5. Les mots « plant » et « plan » sont des ... et les mots « ressemblance » et « différence » sont des ... .
6. Dans le nouveau gouvernement, la ... entre hommes et femmes a été respectée même s'il y avait des ... de point de vue sur cette question.
7. Les ... d'objets de marque sont nombreuses partout dans le monde, en particulier en Asie.
8. Il y a une ... entre l'invasion de chenilles et le réchauffement de la planète.
9. Ce sac n'est pas en croco ; c'est une ... très réussie.
10. Il a fait un ... du discours d'un des candidats à l'élection. C'était à mourir de rire.
11. Il n'y a aucune ... entre le fait d'être partisan de la mondialisation et de militer pour des intérêts régionaux.

4 Complétez les phrases avec une des expressions de comparaison suivantes.

de mal en pis, de moins en moins, toujours plus, encore moins, encore plus, de mieux en mieux, de plus en plus, la moindre

Évolution prévisible d'ici à vingt ans.

1. On saura ... réparer un cœur ou un foie malade en y transplantant des tissus sains cultivés en laboratoire.
2. En France, le trou de la Sécu sera ... vertigineux, même si le déficit s'est légèrement réduit grâce à ... hausse des dépenses.
3. Si l'on ne fait rien, la dette publique ira ... et pourrait être multipliée par cinq d'ici 2040 en France.
4. Le monde sera urbain, ... aisé pour les riches et ... facile pour les pauvres.
5. La chimie verte aura ... d'efficacité et prendra son essor.
6. Les hectares cultivables seront ... nombreux et pourtant, il faudra avant 2050 doubler la production agricole pour nourrir la population de la planète.

5 Ajoutez quelques prédictions pour le futur dans chacun de ces domaines : médecine, transports, informatique, loisirs, vêtements. Utilisez les expressions de comparaison suivantes.

autant... autant..., au même titre que, davantage, plus ... que jamais, de même que, tel que

Fiche page 154

6 Remplacez les expressions soulignées par *comme si* et faites les changements nécessaires.

Exemple : Depuis le pôle nord, on pourra visiter une roseraie. On croira qu'on y est vraiment. Il ne manquera que le parfum !
→ Depuis le pôle nord, on pourra visiter une roseraie comme si on y était !

1. On utilise de plus en plus les sons et les couleurs dans les magasins ; <u>il semble qu'</u>on veuille inciter le client à ouvrir d'avantage son porte-monnaie.

2. Les goûteurs de yaourt étudient ce que l'on appelle « le cri du yaourt », c'est-à-dire le bruit qu'il fait quand on l'ouvre. <u>Il semblerait que</u> les yaourts parlent !

3. Le progrès permettra bientôt de parfumer les journaux mais aussi le web. <u>On dirait qu'on</u> a besoin de faire fonctionner tous nos sens vingt-quatre heures sur vingt-quatre !

Fiche page 155

7 Lisez ces tableaux.

	Croissance	Inflation	Taux de chômage
FRANCE	+ 1,7%	+ 2,0%	8,9%
ALLEMAGNE	+ 2,0%	+ 1,9%	10,7%
ROYAUME-UNI	+ 2,4%	+ 2,0%	5,3%
ÉTATS-UNIS	+ 3,4%	+ 3,3%	4,9%
JAPON	+ 3,2%	+ 0,6%	4,3%
ESPAGNE	+ 3,2%	+ 3,7%	9,1%

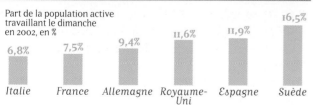

Part de la population active travaillant le dimanche en 2002, en %

Italie 6,8% — France 7,5% — Allemagne 9,4% — Royaume-Uni 11,6% — Espagne 11,9% — Suède 16,5%

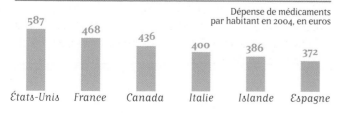

Dépense de médicaments par habitant en 2004, en euros

États-Unis 587 — France 468 — Canada 436 — Italie 400 — Islande 386 — Espagne 372

a) Par deux, commentez la position de la France et trouvez un titre pour chaque tableau.

b) Écrivez un petit texte pour commenter la position de la France et la comparer avec celle des autres pays mentionnés ainsi qu'avec celle de votre pays. Aidez-vous de ces débuts de phrases :

- *Contrairement à la France, dans mon pays... .*
- *Les principales différences entre ... et ... portent sur... .*
- *Il n'y pas d'analogie / de point commun / de similitudes avec... .*
- *Les données sont pareilles à / semblables à... .*
- *Nos deux pays possèdent beaucoup de points communs / de similitudes comme... .*
- *Les chiffres sont similaires / équivalents / analogues à ceux... .*
- *La situation du chômage dans notre pays ressemble à celle de... .*
- *Le nombre de chômeurs égale / surpasse / dépasse celui de... . / Le nombre de chômeurs est égal / inférieur / supérieur à celui de... .*

8 **a)** Lisez le texte et soulignez les mots qui indiquent un changement. Puis remplacez-les par un synonyme.

se modifier, baisser, empirer, augmenter, diminuer, amélioration, décroissance, reculer, changer en mieux, progresser

La France que nous allons laisser aux générations futures

La situation a beaucoup changé. Nous ne figurons plus parmi les pays les plus riches. En 1980, la France était au 8e rang mondial pour sa richesse par habitant, juste devant les États-Unis. Maintenant, elle a rétrogradé au 19e rang mondial.

Nos concurrents étrangers sont plus compétitifs que nous. Le déficit de la sécurité sociale s'aggrave d'années en année. Notre pression fiscale est l'une des plus élevées d'Europe. Malgré une légère décrue (embellie qui a profité aux hommes de plus de 50 ans), notre taux de chômage reste le plus élevé des pays du G8. À tous les âges, les femmes connaissent plus de difficultés pour trouver un emploi que les hommes même si leur situation s'est améliorée. Nous faisons nettement plus d'enfants que nos voisins. Dans 35 ans, nous serons quatre millions de plus. Nous nous marions de moins en moins. Notre natalité s'accroît. Les créations d'emplois et les salaires se développent peu. Le taux d'épargne des ménages a reculé. Notre croissance est à la traîne depuis plusieurs années.

b) Écrivez sur ce modèle un texte décrivant la situation actuelle de votre pays. Utilisez des expressions de comparaison et de changement dans chacune des phrases.

présenter son point de vue à l'oral et argumenter

1 L'école a-t-elle un rôle à jouer pour sensibiliser les enfants à l'environnement. Si oui, comment ?

2 La mondialisation va développer les possibilités de trouver un emploi et résoudra les problèmes liés à la pauvreté.

3 La vie privée et l'anonymat sont de moins en moins respectés : caméra de vidéo surveillance, système d'alarme, interphone et visiophone, puçage de produit, implants sous-cutanés… Bientôt, votre magasin préféré vous reconnaîtra à distance grâce à une puce électronique.

4 La sécurité et la protection sont devenus les mots clés du XXIe siècle.

5 Le PDG d'une chaîne de télévision a déclaré : « Je passe mes journées à essayer de scotcher les Français devant leur télévision et je passe mes soirées à essayer de déscotcher mes enfants de la télévision ». D'après vous, sommes-nous condamnés à accepter de faire pour le travail des choses qu'on redoute pour le futur de nos enfants ?

6 Dans ce siècle, tout le monde pourra-t-il disposer du minimum vital ? À quel prix ?

7 Le couple reste la plus grande aventure à vivre.

8 Deux enfants sur trois en France jugeraient leurs parents trop permissifs. Faut-il donc revenir aux méthodes traditionnelles d'éducation ?

9 Pour préserver notre planète, on devrait interdire des courses comme Lisbonne-Dakar ainsi que toutes les courses automobiles !

10 Beaucoup d'animaux ne sont adoptés que pour leur intérêt ornemental. Il ne se noue presque aucune relation affective entre l'humain et l'animal. Des poissons passent ainsi leur vie à tourner en rond dans un bocal minuscule.

11 Faut-il rendre obligatoire un service civil d'un an à l'étranger pour tous les jeunes avant la fin de leurs études ?

12 L'humanité passera-t-elle le troisième millénaire ?

13 Claude Lévi-Strauss a écrit : « Il me semble que les sociétés humaines ont toujours ressenti une certaine fascination pour les jumeaux : parfois de l'admiration, parfois de l'horreur. C'est ce qui va se passer avec le clonage : quand ça existera, nous regarderons cela comme une curiosité, peut-être une bizarrerie, mais ça sera parfaitement intégré à la vie de la société. »

14 Les indemnités faramineuses, appelés « parachutes dorés », attribuées à certains PDG démissionnaires, vont être interdites.

1 👁

Lisez ces différents sujets et formulez le ou les thème(s) qu'ils abordent.
Exemple : Sujet 1 : Le rôle éducatif de l'école.

2 👁

Lisez les citations suivantes. Quels sujets ci-dessus, ces citations pourraient-elles illustrer ?

a. On est en train de réarranger les chaises sur le pont du Titanic, tout en fonçant droit sur l'iceberg. *(Dominique Bourg)*

b. Le monde a commencé sans l'homme et il s'achèvera sans lui. *(Claude Lévi-Strauss)*

c. Le spectacle insolent d'un couple qui se connaît à vingt ans, s'aime, se l'avoue, se le répète et meurt heureux remplit d'aigreur la plupart des gens. *(Michel Déon)*

d. L'argent va à ceux qui l'honorent ! *(Alain)*

3 🎧

a) Écoutez ces points de vue et notez, pour chacun d'entre eux, le numéro du sujet correspondant.

b) Notez la lettre correspondant à la personne qui dans ses propos :
> approuve et même surenchérit : …
> rejette un argument : …
> nuance un propos et introduit un doute : …
> approuve et fait une restriction : …
> concède pour mieux réfuter : …
> exprime son scepticisme : …
> surenchérit et fait une suggestion : …

4 👁

Choisissez l'un des sujets ci-dessus et présentez votre point de vue à la classe.

Exemple de sujet : Étranglés financièrement, les journaux réduisent le nombre de journalistes. Le journalisme traditionnel va-t-il s'éteindre ?

PRÉPARATION DU SUJET

> Formulez en un mot le thème (sport, environnement, art, politique, transports, loisirs, travail, médias, vie citoyenne, nostalgie du passé, envie de futur, progrès scientifique, relations avec les autres...) sur lequel vous devez donner votre opinion et reformulez en quelques mots le sujet. *Thème : médias. Sujet : La disparition de la presse écrite sur papier.*

> Rédigez, en une question, le problème que soulève le sujet et notez en quoi il est intéressant. *La suppression de postes de journalistes, signe d'une crise financière croissante, va-t-elle entraîner le déclin du journalisme traditionnel ?*

> Choisissez votre point de vue. *Personnellement, je pense que la presse écrite est en danger / je ne pense pas que la presse écrite soit en danger.*

> Notez un ou plusieurs arguments pour appuyer et conforter votre thèse : soit vous présentez seulement les arguments qui défendent votre thèse, soit vous prenez en compte la thèse opposée et vous cherchez des contre-arguments.

PRÉPARATION DES ARGUMENTS

> **Démontrer**
- *Pour bien comprendre le phénomène, on va analyser ses causes puis ses conséquences.*
- *Si l'on examine le phénomène, on se rend compte que / on s'aperçoit de...*
- *La cause / la raison / le pourquoi de ce phénomène réside dans le fait que...*
- *Les facteurs ayant engendré cette situation sont...*
- *Ce phénomène est dû à / provient de / est le résultat de...*
- *Le facteur ayant engendré cette situation est l'essor d'Internet, qui a causé une chute brutale des recettes publicitaires de la presse.*
- *La suppression d'emplois de journalistes aura un impact sur la qualité de l'information : il y aura moins de moyens pour enquêter, moins de professionnels pour suivre les affaires, aller dans les tribunaux, les écoles... Et sur quoi la télévision et la radio se fonderont-elles pour élaborer leurs programmes ?*

> **Déduire**
- *À partir d'un tel constat, on peut tirer la conclusion suivante : ...*
- *La transmission d'une information en toute indépendance et sans parti pris est donc menacée.*

> **Affirmer**
- En s'appuyant sur des faits :
  - *Je vais prendre l'exemple de...*
  - *C'est notamment le cas de...*
  - *Si j'en crois les chiffres, ...*
  - *Pour illustrer mes propos, je vais raconter l'anecdote suivante... / je vais vous faire part d'une expérience que j'ai vécue en...*
  - *Moi qui enseigne le journalisme à l'université, je vois émerger une société de plus en plus divisée, de moins en moins informée et donc forcément plus vulnérable à la propagande politique et commerciale et aussi aux clichés.*
- En s'appuyant sur des valeurs reconnues par tous :
  - *Je vais citer la célèbre phrase de... / Cette phrase illustre...*
  - *« Le journalisme est une institution publique essentielle dans une société libre ». Cette phrase de Neil Henry, correspondant du Washington post, illustre l'importance de défendre la profession.*
- En comparant :
  - *Si l'on compare avec ce qui se passait il y a 50 ans, il n'y aura pas moins d'informations ni moins de scandales.*
  - *Ceci dit, ce qui se passe en France n'a aucune mesure avec ce qui se passe aux États-Unis.*

> **Réfuter, objecter**
- *Ce qui est inacceptable, révoltant, c'est que...*
- *Ce qui est choquant, c'est que la qualité de l'information risque d'en pâtir.*

> **Approuver**
- *J'adhère entièrement à l'idée que...*
- *Je partage pleinement le point de vue de ceux qui pensent que...*
- *Je suis tout à fait d'accord avec l'idée que Google soutienne davantage l'industrie de l'information traditionnelle d'autant que c'est une entreprise florissante qui a les moyens de le faire...*

> **Utiliser une analogie**
- *C'est aussi inadmissible, révoltant...*
- *C'est exactement comme si les moteurs de recherche ne fournissaient plus que des informations déguisées en journalisme par des publicitaires qui ne souhaitent en fait que vendre.*

ÉLABORATION DU PLAN

> En reprenant la préparation du sujet, faire une petite introduction en rappelant le sujet, la problématique soulevée et le point de vue adopté. Annoncer également l'enchaînement des arguments.

> En reprenant la liste des arguments choisis, les classer par idées générales, par enchaînements d'idées et faire un plan structuré pour parvenir à faire passer le point de vue choisi.

> Conclure en synthétisant son opinion. Éventuellement, poser une nouvelle question pour ouvrir le débat.

Compréhension *écrite* (10 points soit 20/2)

Tu seras Pelé, Maradona, Zidane ou... rien

La dix-huitième Coupe du monde de football, qui s'ouvre [...] en Allemagne, sera sans doute l'occasion, pour les promoteurs de ce sport, d'en célébrer les vertus sociales. Mais cet éloge devient trompeur quand le football, déjà parasité par les enjeux commerciaux, se mue en rêve de réussite facile. En effet, la grande majorité des jeunes, souvent débauchés en Afrique par les centres de formation européens, restent sur le carreau.

En matière de football, la France, à la fin des années 1980 [...] accuse un retard certain. [...] À l'exception de l'Euro 84, qu'elle organisait, elle a tout créé mais n'a rien gagné. Pas plus la passion de son peuple que la reconnaissance des autres nations de poids dans le sport le plus populaire du monde. Certains industriels français mesurent alors les avantages à en tirer et décident d'inscrire leur nom au palmarès du football. [...] La France se porte candidate pour l'organisation du Mondial 1998 et promet un grand stade ; la direction technique nationale lance un centre de préformation en 1991, l'Institut national du football (INF) de Clairefontaine, premier du genre, ouvert aux apprentis footballeurs de 12 ans. [...]

Frédéric a la chance relative d'être né à une heure de Paris, dans une famille moyenne et soudée. [...] Son père a connu l'épopée des Verts de Saint-Étienne, dans les années 1970, et a tenu à mettre un ballon dans le berceau de son fils. Lorsque le joueur Michel Platini, au sommet de son art, prend sa retraite, Frédéric n'a pas 10 ans. Mais ses parents croient connaître un successeur possible au champion...

Un mercredi, Frédéric, qui a déjà été repéré et a intégré la sélection départementale des Yvelines, décroche le téléphone pour répondre à une secrétaire du PSG, qui l'invite à se présenter à un stage de détection. À l'école, puis au collège, c'est une star que l'on envie, à qui l'on ne refuse rien. Il cristallise les rêves des garçons et des filles, il est l'image de la réussite. [...] On lui prédit un avenir si doré que le brillant élève qu'il était à l'école primaire se désintéresse peu à peu de ses cours pour mieux rêver à sa carrière sportive [...]. Il « plane », aussi haut que le lui permettent le petit écran, les ambitions de son père, la voracité des recruteurs, la folie des grandeurs de ce microcosme : « Mon enfance s'est déroulée ainsi, sans un nuage, avec des certitudes plein la tête et un avenir assuré. Ma passion allait être mon métier, personne n'en doutait, et surtout pas moi qui vivais sans le savoir en dehors de la réalité. »

La chute sera lente. À 13 ans, il intègre le centre sport-études de Poissy. [...] Court sur pattes, il avait jusqu'alors toujours compensé par une technique hors normes. Mais il lui faut, lui dit-on, acquérir toutes les bases qui lui permettront de devenir « pro ». Cette première année en internat, à une heure de chez lui, sera aussi la dernière. Ayant perdu ses repères, il peine à se hisser au niveau de ses coéquipiers, au moins aussi forts que lui, et s'écroule dans sa scolarité. Fondu dans la collectivité, il n'existe plus. « Un cauchemar, explique-t-il. Avant, j'étais le football, j'étais le bonheur, j'étais la réussite, j'étais l'avenir. En plein milieu de mon adolescence, je me suis aperçu que je n'étais plus rien. » Pas aux yeux des autres, toutefois. Parents, amis des parents, professeurs, copains ne manqueront jamais de lui demander où en est sa carrière. Des années durant, il continuera de faire semblant d'y croire, avant d'abandonner. Frédéric a aujourd'hui 25 ans [...]. Il n'a jamais retrouvé le pouvoir qui avait été investi en lui dès son plus jeune âge. « Les gens me voient avant tout comme celui qui n'a pas fait carrière. Je lis dans leurs yeux soit de la pitié, soit de la satisfaction de ne pas m'avoir vu réussir. Je traîne cette enfance dorée comme un boulet. » Un cas isolé ? Au contraire. Il n'est guère un village, un club, un établissement scolaire qui n'ait pas sa petite star du ballon rond et qui ne soit sur les tablettes d'un recruteur. [...]

Il serait injuste de ne pas admettre que le système de formation français marche à merveille, puisque la grande majorité des professionnels de Ligue 1 est passée par cette étape obligée et que les succès mondial et européen de l'équipe de France, en 1998 et 2000, lui doivent beaucoup.

Néanmoins, un extraordinaire taux d'échec pénalise des enfants et des adolescents mal préparés à une « reconversion ». Ils prennent souvent conscience de l'importance des études quand il est trop tard. Les conditions d'hébergement, dans des internats bruyants et essentiellement masculins, où il n'est jamais bien vu de s'écarter du collectif, même pour faire ses devoirs, l'idée unique du football, l'éloignement des parents ou encore les horaires d'entraînement assez contraignants, rendent la réussite scolaire presque aussi rare que le succès dans le football. [...]

Johann Harscoët,
Le Monde diplomatique, juin 2006

1 Quel est le sujet abordé par cet article ? Résumez-le en deux ou trois phrases. (2 pts)

2 Que met en évidence le titre ? (2 pts)

3 Quel changement important note-t-on dans l'attitude de la France dans les années 90 ? (1 pt)

4 Citez deux événements qui concrétisent ce changement d'attitude. (2 pts)

5 Relevez deux éléments du texte qui montrent que le père de Frédéric a mis tous ses espoirs en lui. (2 pts)

6 Donnez un élément du texte qui montre que Frédéric était devenu une « star » à l'école. (1 pt)

7 Cherchez une métaphore et une expression dans le paragraphe 4 (lignes 27 à 41) qui signifient que Frédéric a perdu le contact avec le monde réel. (2 pts)

8 Une des raisons pour laquelle Frédéric a échoué est qu'il était « court sur pattes » (ligne 43). Que signifie cette expression ? (1 pt)

9 Quels sont les sentiments des gens face à l'échec de Frédéric ? (1 pt)

10 Donnez trois raisons pour lesquelles beaucoup de jeunes qui se rêvaient footballeurs échouent dans leur vie professionnelle. (3 pts)

11 Expliquez les phrases suivantes. (2 pts)
- « En effet, la grande majorité des jeunes [...] reste sur le carreau. » (lignes 6-7)
- « Je traîne cette enfance dorée comme un boulet. » (lignes 61-62)

12 Quel est le ton du journaliste ? (1 pt)
A. Humoristique.
B. Compatissant.
C. Sophistiqué.

Expression *écrite* (10 points)

« La fréquentation des spectacles vivants a baissé de façon importante ces dernières années. Pour pouvoir survivre, les artistes sont contraints d'adopter des stratégies marchandes : passages obligés à la télévision, dans des parcs de loisirs ou dans les entreprises… Leur situation se dégrade d'autant plus que les pouvoirs publics coupent les subventions et ils sont menacés de disparition à court terme. »

Dans votre journal favori, vous avez lu l'article dont est extraite cette citation et vous vous êtes senti(e) concerné(e) car vous faites partie des fervents supporters des divertissements menacés. Vous créez votre blog ou vous écrivez au journal pour exprimer votre solidarité et vous argumentez pour défendre les spectacles vivants (théâtre, cirque, spectacles de rue, etc.). (250 mots)

Compréhension *orale* (10 points)

Vous allez entendre une interview de Renaud Saint-Cricq, journaliste au *Parisien*. Avant l'écoute, vous aurez quelques secondes pour lire les questions correspondantes. Puis, vous écouterez cette interview une première fois et vous aurez deux minutes pour commencer à répondre. Vous écouterez une deuxième fois l'enregistrement et vous aurez à nouveau deux minutes pour compléter vos réponses.

1 Quels sont les deux thèmes évoqués ? (2 pts)

2 Selon Renaud Saint-Cricq, les pouvoirs locaux vont : (2 pts)
A. s'isoler et revendiquer leur autonomie.
B. s'imposer au détriment de l'État.
C. se dissoudre pour faciliter la construction européenne.

3 Quant au deuxième thème évoqué, Renaud Saint-Cricq considère que c'est un phénomène : (1 pt)
A. très inquiétant.
B. plutôt positif.
C. passager.

4 Relevez le mot utilisé pour signaler que le phénomène pourrait faire peur. (1 pt)

5 Quels mots désignent les limites à fixer pour canaliser le phénomène ? (2 pts)

6 Selon Renaud Saint-Cricq, pour que l'évolution soit réussie, vers quoi faut-il tendre ? (2 pts)

Expression *orale* (10 points)

À l'affirmation d'un journaliste : « On a l'impression que la société du futur, loin d'avoir tiré l'expérience de ses erreurs, ressemblera à celle d'aujourd'hui en pire, en plus injuste et en plus violente. », l'humaniste moderne Jacques Attali répond : « Il ne faut pas être pessimiste. C'est une attitude de spectateur et nous devons au contraire être des acteurs du monde qui est en train de se faire. »

En vous appuyant sur des exemples connus (sciences, technologies, société, etc.), préparez des arguments pour illustrer les propos du journaliste et la réponse de Jacques Attali. Puis présentez votre opinion sur le sujet.

Abécédaire culturel

ARCHITECTES

Un grand nombre d'architectes français de renom ont contribué à l'enrichissement du patrimoine national (et international pour les plus récents d'entre eux). Citons à titre d'exemple :

> **Au XVIIe siècle : Louis Le Vau**, premier architecte du roi Louis XIV. Il est surtout connu pour ses réalisations, en collaboration avec le peintre **Charles le Brun** et le jardinier **André Le Nôtre**, au château de Vaux-le-Vicomte puis au château de Versailles.

> **Fin XIXe, début du XXe siècle : Hector Guimard**, premier architecte de l'Art Nouveau, a créé sa propre architecture appelée « style Guimard » alliant fer, verre et céramique. Il est entré dans l'histoire de la ville de Paris grâce à ses célèbres entrées et enseignes de métro en fonte de fer, décorées de motifs végétaux, malheureusement presque toutes ont disparu. Dans le Marais il laisse une œuvre originale : la synagogue de la rue Pavée.

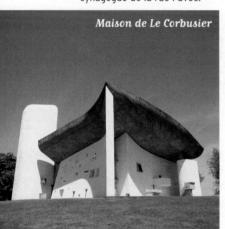

Maison de Le Corbusier

> **XXe siècle :**

- **Le Corbusier** (1887-1965) : c'est l'un des principaux représentants du « mouvement moderne », nommé aussi mouvement ou style international. Il a également œuvré dans les domaines de l'urbanisme et du *design*. Il est connu pour être l'inventeur de l'unité d'habitation, comme solution aux problèmes des logements de l'après-guerre (Cité Radieuse de Marseille en 1952).

- **Jean Nouvel** (né en 1945) : ses principales réalisations sont l'Institut du monde arabe à Paris, les Galeries Lafayette à Berlin, la Dentsu Tower à Tokyo, la Torre Agbar à Barcelone et le musée du Quai Branly (musée des Arts et Civilisations d'Afrique, d'Asie, d'Océanie et des Amériques) qui a été inauguré le 20 juin 2006 à Paris.

BACCALAURÉAT

> **Les types de baccalauréat**

Il existe trois types de baccalauréat :

- **Le baccalauréat général** qui offre trois séries possibles : L (littéraire), ES (économique et social) et S (scientifique). Ils visent tous les trois la poursuite d'études supérieures.

- **Le baccalauréat technologique** qui associe une formation générale à une formation technologique et permet la poursuite d'études spécialisées (BTS, DUT, classes préparatoires, écoles de commerce, études comptables et financières, université...).

- **Le baccalauréat professionnel** : (il existe de nombreuses spécialités de baccalauréats professionnels) créés en étroite relation avec les milieux professionnels, ces bacs ont pour objectif prioritaire l'entrée dans la vie active, même s'ils permettent dans certains cas la poursuite d'études universitaires.

> **Le pourcentage de réussite**

En 2007, 621 532 candidats (toutes filières confondues) se sont présentés et **83,3 % d'entre eux ont obtenu leur diplôme.** Le taux de réussite au bac ne cesse d'augmenter ces dernières années.

> **Les disciplines évaluées**

Les matières, enseignées en classe de terminale et sur lesquelles vont porter les épreuves du bac, sont sensiblement les mêmes que celles enseignées dans les classes précédentes, notamment en classe de première.

Pour le baccalauréat général, les disciplines suivantes sont communes aux séries ES, S et L : français, philosophie, langues vivantes étrangères et régionales, histoire et géographie, EPS (Éducation Physique et Sportive), TPE (Travaux Personnels Encadrés). À ces disciplines s'ajoutent un enseignement de spécialités au choix, différent selon les séries comme les mathématiques, la physique ou les sciences de la terre, par exemple.

BIOGRAPHIE (du grec *bio* : vie et *graphein* : décrire)

La biographie est **le récit** – plus ou moins romancé – **de la vie d'une personne**. Elle est, à la fois, la succession chronologique (ou non) d'événements réels permettant de connaître la personne et, en même temps, **une succession d'interprétations** ou d'analyses permettant de comprendre cette même personne.

Depuis l'Antiquité, il existe des récits reprenant les événements marquants de la vie d'hommes politiques, de héros ou d'artistes. Ces biographies étaient souvent destinées à être moralisatrices, à glorifier la vie de la personne évoquée avant que le Moyen-Âge ne développe très fortement l'hagiographie ou la vie de saints.

De nos jours, il existe, en France, un réel engouement pour ce genre d'écrit. **Les biographies** les plus répandues **sont celles d'hommes et de femmes politiques** (Napoléon, Catherine de Russie, Louis XVI), **d'artistes et de vedettes** (Victor Hugo, Édith Piaf, Picasso). Il est à noter que paraissent régulièrement des biographies de personnages occupant le devant de la scène du moment (il s'agit alors de biographies « inachevées » puisque les personnes sont en vie). Ainsi ont paru les biographies des candidats à la présidence de la République de 2007 : Nicolas Sarkozy et Ségolène Royal. À cela s'ajoutent quelques biographies de *people* (Brigitte Bardot, Johnny Halliday ou Zinédine Zidane).

> **Autobiographie**

Le terme signifie « écriture de sa propre vie ». C'est le récit que fait un individu de **sa propre existence**. L'autobiographie est aujourd'hui un genre diversifié et en pleine expansion. La préface du roman autobiographique des *Confessions* de Jean-Jacques Rousseau est considérée comme celle qui a fondé le genre. Le projet autobiographique d'un auteur est souvent défini dans sa préface : raconter sa vie professionnelle, son parcours personnel...

Exemples d'autobiographies : *La Gloire de mon père* de Marcel Pagnol, *Les Mots* de Jean-Paul Sartre, *Enfance* de Nathalie Sarraute.

Actuellement, on note **un engouement de la part des personnalités de la vie publique à se raconter** (*Le Pôle intérieur* de Jean-Louis Étienne ou *Bixente* de Bixente Lizarazu) mais aussi de la part de gens « ordinaires » qui, bien souvent à la suite d'émissions télévisées, racontent leur parcours.

CARTE DE SÉJOUR

Tout ressortissant de nationalité étrangère, s'il s'établit sur le sol français plus de trois mois, **doit posséder une carte de séjour** délivrée par la préfecture de son lieu de résidence. La procédure varie en fonction de la nationalité. Trois cas : les ressortissants de l'Union européenne, les étrangers venant de pays ayant signé des accords avec la France (Algérie, Tunisie) et le régime général. Les préfectures ont des sites pour informer le public sur les pièces à fournir.

CHÔMAGE

C'est à partir de la fin de la reconstruction d'après guerre et du **début des années 70** que le chômage commence à véritablement apparaître. Entre 1960 et 1985, le nombre de chômeurs a été multiplié par 10. Le cap des 3 millions a été atteint en 1993. En 2005, **le taux de chômage était officiellement de 9,5 % de la population active**.
10,8 % des femmes actives étaient au chômage contre 9 % des hommes. Cependant, la durée moyenne de recherche est devenue, depuis 2000, la même pour les hommes et les femmes. L'Île-de-France est la seule région où les femmes au chômage sont moins nombreuses que les hommes, du fait de leur moindre part dans la demande d'emplois.
> Indemnisation

L'allocation d'aide au retour à l'emploi (ARE) est un revenu de remplacement versé par l'Assédic (assurance chômage) aux personnes ayant involontairement perdu leur emploi (licenciement, fin de CDD, rupture du contrat de travail). Ce montant brut journalier se base sur le salaire journalier gagné avant perte d'emploi, il correspond à 40 % à 75 % du salaire brut journalier de référence. De plus, **la durée d'indemnisation varie de 7 mois à 36 mois** en fonction de l'âge du chômeur et de la durée de son affiliation à l'assurance chômage.

CODE DU TRAVAIL

Le droit du travail apparaît au XIX° siècle du fait de l'industrialisation, de l'essor du syndicalisme et de l'accès du peuple au pouvoir politique. Depuis 1945, il se divise en deux branches : **le droit du travail** et **le droit de la sécurité sociale**. Le droit du travail codifie de façon stricte les relations entre l'employeur et le salarié.
Le Code du travail est un recueil qui reprend dans son intégralité l'ensemble des réglementations du droit du travail, c'est-à-dire ses lois, ses décrets et ses règlements. En cas de manquement au Code du travail de la part de l'employeur, le salarié peut avoir recours à un tribunal spécifique appelé **tribunal des Prud'hommes**.

COOPÉRATION CIVILE À L'ÉTRANGER

La fin du service national a entraîné la disparition du statut de Coopérant au Service National (CSN). Le **Volontariat Civil International** a été créé pour prendre le relais de cette formule. Il s'adresse à des candidats, filles ou garçons, âgés de 18 à 28 ans, intéressés par le volontariat international en entreprise (VIE) ou en administration (VIA). **Avec un contrat de 6 à 24 mois dans une entreprise ou un organisme français implanté à l'étranger** et une rémunération de 1 100 à 2 900 euros selon les destinations, il offre une véritable **expérience professionnelle internationale** quel que soit le niveau de formation (CAP, bac ou diplômes d'études supérieures). Le Volontariat Civil International couvre un large éventail de secteurs d'activités : commerce, industrie, recherche, ingénierie, finance, logistique, culture, santé, humanitaire, enseignement ou services.
Le Volontariat Civil International propose aux candidats :
- un cadre professionnel fiable garanti par l'État
- la prise en charge des frais de voyage
- une couverture sociale
- la prise en compte de la période du volontariat pour le calcul de la retraite
- 2 jours et demi de congés par mois
- un certificat d'accomplissement en fin de mission.

COUPLE
> Mariage

Malgré **l'accroissement spectaculaire de l'union libre** (deux personnes vivant ensemble sans être mariés ou pacsés), le mariage reste le mode de vie en couple le plus fréquent : 85 % des adultes vivant en couple sont mariés. Les femmes qui se sont mariées pour la première fois en 2004 avaient en moyenne 28,8 ans et leurs maris 30,9 ans (contre respectivement 23 et 25,1 en 1980). Les Français se marient ainsi six ans plus tard qu'il y a un quart de siècle. Le mariage n'est plus considéré comme le début de la vie de couple, celle-ci commence dans la majorité des cas par une union libre. Par ailleurs, les remariages représentent chaque année environ 15 % du nombre total des mariages.
> PACS

Depuis novembre 1999, le PACS (PActe Civil de Solidarité) permet à deux personnes - non parentes -, qui habitent ensemble, de s'unir contractuellement en s'inscrivant au greffe du tribunal d'instance de leur domicile. Ce type d'union est moins contraignant et plus facile à rompre que le mariage et n'a cessé d'augmenter depuis sa création. Destiné à l'origine aux couples homosexuels, le texte a été élargi à **l'ensemble des personnes majeures qui souhaitent organiser leur vie commune**. Il impose une aide matérielle mutuelle et une solidarité face aux dettes contractées pour les besoins de la vie courante. Il ouvre la possibilité d'une couverture commune par la Sécurité Sociale, une imposition unique et un allègement des droits de succession. Chaque partenaire garde son nom. Le nombre de couples « pacsés » a atteint 59 876 en 2005. Le recours au PACS est plus fréquent dans les grandes villes.
> Divorce

Le divorce, rupture du mariage, est devenu plus fréquent à partir de la seconde moitié des années 60. **Le nombre annuel de divorces est supérieur à 100 000 depuis 1984** et a connu une forte hausse en 2004 avec 134 601 cas. La proportion de divorces est plus forte à Paris (environ un mariage sur deux). On constate également que la proportion de couples qui divorcent diminue avec le nombre d'enfants qu'ils ont. La loi relative au divorce votée en 2004 avait pour objectif de simplifier les procédures et de pacifier les relations conjugales pendant leur déroulement. **Elle facilite** en tout cas **le divorce par consentement mutuel** et favorise ainsi le règlement complet de toutes les conséquences du divorce lorsqu'il est prononcé (autorité parentale, garde des enfants, contribution financière, etc.).

COURS PAR CORRESPONDANCE

Les cours par correspondance se caractérisent principalement par **la distance entre le formateur et l'apprenant**. Ils consistent en l'échange, par voie postale ou par mél, de cours écrits et d'exercices entre un élève et un formateur distant. De nombreux organismes proposent des cours par correspondance : **le CNED** (400 000 inscrits par an), la CHANED (offre privée de formation à distance, 100 000 inscrits), les centres d'enseignement à distance du CNAM (Conservatoire National des Arts et Métiers), les centres universitaires de télé-enseignement, les services EAD (études à distance) des branches professionnelles.

Le CNED (Centre National d'Enseignement à Distance), premier opérateur européen et du monde francophone, créé en 1939, est un établissement public du ministère de l'Éducation Nationale.

Le public visé par ces cours par correspondance **est large** : enfants expatriés, enfants malades ou handicapés (cursus de la maternelle à la classe de terminale), adultes (formations diplômantes ou non)...

CURRICULUM VITAE

Ce terme, apparu au début du XXᵉ siècle, est emprunté au latin et signifie « carrière de la vie ». Le CV (abréviation de curriculum vitae) est l'ensemble des indications concernant l'**état civil**, les **diplômes** et les **activités professionnelles** et associatives passées d'une personne qui pose sa candidature à un concours ou à un emploi.

ÉLECTIONS

La loi référendaire du 6 novembre 1962 prévoit **l'élection du président de la République** (chef du pouvoir exécutif) **au suffrage universel**. Le président est élu à la majorité absolue des suffrages exprimés : si celle-ci n'est pas obtenue au premier tour, il est procédé, quinze jours plus tard et toujours un dimanche, à un second tour. Seuls peuvent s'y présenter les deux candidats ayant obtenu le plus grand nombre de suffrages au premier tour.

En 2002, la durée du mandat présidentiel, initialement prévue pour 7 ans, a été ramenée à **5 ans** (quinquennat).

Les élections législatives visent à renouveler les 577 représentants siégeant à l'Assemblée nationale. **Les députés sont élus pour une législature de 5 ans au suffrage universel direct**. Lors du premier tour de scrutin, les électeurs votent pour l'un des candidats de leur circonscription électorale. Si l'un des candidats obtient alors la majorité absolue des suffrages exprimés, il est élu dès le premier tour de scrutin ; un deuxième tour est organisé le dimanche suivant pour tous les candidats ayant obtenu au moins 12,5 % des suffrages des inscrits dans la circonscription (plusieurs candidats pourront donc être présents au second tour). Est alors élu le candidat recevant la majorité simple des suffrages exprimés. Si un seul ou aucun candidat n'a réalisé ces 12,5 %, le deuxième tour s'effectue entre les deux candidats ayant obtenu le plus de suffrages.

> Parité en politique

Le 8 juillet 1999, une révision constitutionnelle ajoute à l'article 3 de la Constitution de 1958 la disposition suivante : « La loi favorise l'égal accès des femmes et des hommes aux mandats électoraux et aux fonctions électives » et prévoit que les partis doivent « contribuer à la mise en œuvre de ce principe ».

Après cette révision, le Parlement a adopté plusieurs textes d'application de ce principe, comme l'obligation de faire figurer autant de femmes que d'hommes, et de manière panachée, sur les scrutins de listes (municipales dans les communes de plus de 3 500 habitants, régionales, européennes, sénatoriales dans les départements élisant trois sénateurs ou plus) et a décidé de **pénalités financières** pour les partis ne présentant pas autant de candidats que de candidates aux scrutins uninominaux (loi du 6 juin 2000).

Malgré les réformes et d'évidents progrès, les femmes restent encore minoritaires parmi les élus. Si la loi sur la parité a permis de faire élire beaucoup plus de femmes dans les conseils municipaux (47,5 % des conseillers dans les communes de plus de 3 500 habitants), elles n'ont pas forcément accédé à des fonctions de responsabilité locale (6,6 % des maires des communes de plus de 3 500 habitants sont des femmes). Dans les conseils généraux, seulement 10,9 % des conseillers régionaux sont des femmes en 2004 contre 8,6 % en 1998.

ENTREPRISES

Une entreprise est une unité économique, juridiquement autonome, organisée pour produire des biens ou des services. D'après la dernière enquête de l'Insee, en 2003, **2,7 millions d'entreprises**, qui exerçaient leur activité sur le territoire français - hors agriculture, banque et assurance -, ont employé 14,5 millions de salariés et ont dégagé un **chiffre d'affaires de 2 911 milliards d'euros**.

Il convient de distinguer :

- Les groupes d'entreprises constitués par l'ensemble des sociétés dépendant d'un même centre de décision : la société tête de groupe. Le lien de dépendance est mesuré par la part des voix détenues en assemblée générale ordinaire. En 2003, on comptait 30 000 groupes d'entreprises dont **80 grands groupes** (plus de 10 000 salariés) tels que Total, Carrefour, PSA Peugeot Citroën, France Télécom, EDF, Renault, Suez.
- **Les PME** (Petites et Moyennes Entreprises) et les PMI (Petites et Moyennes Entreprises Industrielles). Pour être considérée comme une PME ou une PMI, une entreprise doit compter moins de 250 salariés et doit avoir un chiffre d'affaires qui n'excède pas 50 millions d'euros. Sur les 2,7 millions d'entreprises recensées en 2003, **174 000 étaient des PME**.

Malgré l'augmentation récente, la France demeure mal placée par rapport aux autres pays de l'Union européenne en ce qui concerne la création d'entreprises.

Certes, la loi de 2003 pour l'initiative économique a contribué à diminuer les difficultés administratives, mais les créateurs d'entreprises se heurtent toujours à des difficultés de montage financier (à l'origine de près de la moitié des abandons). Par ailleurs, dans un pays où le libéralisme et le statut de chef d'entreprise ne sont pas valorisés, la peur de l'autonomie et de l'échec ne prédisposent guère les Français à créer des entreprises. 70 % des jeunes de 15 à 24 ans souhaiteraient plutôt travailler dans la fonction publique.

FESTIVAL DE CANNES

Le Festival de Cannes veut illustrer la diversité culturelle du cinéma mondial. Outre la sélection officielle pour la **Palme d'or**, existent de nombreux événements : « les Films hors-compétition », les « courts-métrages », la « Cinéfondation » et « Cannes Classics ».

En 2007, le palmarès du soixantième festival de Cannes a reflété plus que jamais le caractère « mondialiste » des films primés :

- La Palme d'or pour le film roumain *4 mois, 3 semaines, 2 jours* du réalisateur Cristian Murgiu.
- Le Grand Prix pour *La Forêt de Mogari* de la japonaise Naomi Kawase.
- Les prix d'interprétation féminine et masculine respectivement à la sud-coréenne Jeon Do Yeon pour son rôle dans *Secret sunshine* et au russe Konstantin Lavronenko pour *Le Banissement*.
- Le Prix du scénario pour *De l'autre côté* du turco-allemand Fatih Akin.
- Le Prix de la mise en scène pour *Le Scaphandre et le Papillon* du réalisateur américain Julian Schnabel.

G8

Le G8 est une réunion de **huit pays parmi les plus industrialisés** du monde : les États-Unis, le Japon, l'Allemagne, le Royaume-Uni, la France, l'Italie, le Canada et la Russie.

Les dirigeants des pays du G8 **se réunissent chaque année**, depuis 1975, lors d'un sommet qui rassemble les chefs d'État, les présidents de la Commission et du Conseil européens ainsi que les représentants d'autres pays ou d'autres unions internationales invitées. Contrairement aux Nations-Unies, le G8 n'a pas de structure particulière, il s'agit uniquement d'une réunion de dirigeants pour discuter « des affaires du monde ».

Ces rencontres sont contestées par les altermondialistes qui remettent en cause la légitimité du G8 et l'accusent de vouloir « diriger le monde » au mépris des autres pays, pour imposer une politique libérale. Cependant, ces sommets offrent une base à partir de laquelle il est possible de réfléchir à des interventions politiques concrètes.

GASTRONOMIE

Ce mot d'origine grecque signifie littéralement l'art de régler l'estomac. Le terme apparaît couramment au début du XIXe siècle et en 1825, paraît la *Physiologie du goût* de Brillat-Savarin qui révolutionne le terme et en fait presque une science.

La gastronomie couvre, selon les uns, **l'art de la bonne chère** et de la dégustation et, pour d'autres, elle s'étend à l'ensemble des **arts de la table** : la cuisine, la composition des repas, les accords entre mets et boissons...

La cuisine médiévale préfère les viandes grillées ou cuites en sauce, parfumées d'épices, alors que la cuisine romaine antique réserve une grande place aux fruits et légumes et aux herbes aromatiques. Dans le repas médiéval, le sucré et le salé ne sont pas séparés au cours du repas contrairement à l'époque moderne où le sucré arrive principalement au moment du dessert. L'époque moderne est marquée par l'introduction en Europe d'aliments venant du continent américain : dinde, maïs, cacao, tomate, piment et pomme de terre.

De nos jours, les Français apprécient toujours les **spécialités régionales traditionnelles** : pot-au-feu, cassoulet, choucroute, etc. Mais cela ne les empêche pas de faire preuve d'une remarquable **curiosité pour les mets du monde entier**. La soif de nouveauté ou de désir d'ailleurs est allée de pair avec l'audace de quelques grands créateurs tels Michel Guérard, Alain Senderens, et les frères Troisgros. Ces cuisiniers ont rapporté de leurs lointains voyages des saveurs nouvelles telles que la coriandre, le gingembre, le curry ou le safran...

Parmi les plus grands cuisiniers français, citons également **Paul Bocuse** à Lyon, **Pierre Gagnaire**, à Paris, mais aussi **Joël Robuchon** et **Alain Ducasse** qui sont l'un et l'autre à la tête d'un véritable empire et ont ouvert un grand nombre de restaurants dans le monde entier.

HABITAT

Plus de trois Français sur quatre (près de 50 millions) habitent à présent dans les aires urbaines qui n'occupent que 18 % du territoire, contre un sur deux en 1936.

Entre 1999 et 2005, la croissance démographique la plus forte a concerné les régions du Sud et de l'Ouest, du fait de leur attractivité : Languedoc-Roussillon, Midi-Pyrénées, Corse, Aquitaine.

La région parisienne reste le centre de la plus grande agglomération européenne avec 9,9 millions d'habitants, devant Londres (9,3) et Madrid (4,9). Mais **Paris intra-muros**, réduit à **2,1 millions d'habitants**, n'arrive qu'à la cinquième place derrière les grandes capitales européennes (Berlin, 3,4 millions, Londres, 2,9 millions, ou Rome, 2,5 millions). En ce qui concerne les autres métropoles françaises, la population a augmenté par l'effet de la décentralisation : les agglomérations de Lyon et Marseille comptent environ 1,4 million habitants, 1 million pour l'agglomération lilloise.

> **Banlieues**

Le mot signifie à l'origine « territoire d'une lieue autour d'une ville accessible aux publications officielles (bans) ». Il signifie aujourd'hui : agglomération à la périphérie d'un grand centre urbain. On distingue les **banlieues « résidentielles »** - c'est-à-dire un habitat éloigné des nuisances urbaines, aéré et spacieux - des **banlieues dites « populaires »** qui sont essentiellement constituées de petits pavillons ou de grands ensembles (immeubles, tours, barres d'immeubles) aujourd'hui désignées comme « les quartiers » ou « les cités »...

> **Campagnes**

C'est au sein des communes rurales proches des pôles urbains que la croissance démographique est aujourd'hui la plus forte. Pour l'ensemble des communes de moins de 10 000 habitants, c'est à 25 km du centre des aires urbaines que la **croissance de la population est la plus forte** depuis 1999. Cette périurbanisation représente la composante principale de la croissance démographique rurale.

> **Néoruraux**

Ainsi sont désignés les **nouveaux habitants des zones rurales** qui n'en sont pas originaires et qui s'exilent loin des villes, tout en y travaillant. « L'exode rural » connaît ainsi une inversion de tendance. Ce sont aujourd'hui les campagnes qui se repeuplent au détriment de certaines grandes villes. Un peu plus de 23 millions de Français vivent actuellement hors des agglomérations. Entre 1999 et 2004, plus de 2 millions de personnes ont quitté les villes pour s'installer dans des communes de moins de 2 000 habitants. Ce phénomène de néoruralité concerne des personnes qui cherchent à retrouver des conditions plus favorables, à l'abri du bruit, de la délinquance, de la pollution, des embouteillages et de préférence dans un habitat individuel avec jardin. Ce mouvement vers les zones rurales est favorisé par la généralisation des outils de communication et les efforts réalisés par les communes pour améliorer les équipements et les transports. On compte parmi cette population aussi bien des **nouveaux retraités** que des **jeunes ménages** qui cherchent à « changer de vie » et de plus en plus d'**étrangers** travaillant ou passant leur retraite en France (notamment des Britanniques).

HÉDONISME

Les courants philosophiques dits « hédonistes » sont multiples et n'offrent donc pas une unique définition. Néanmoins, on peut constater que tous les penseurs que l'on peut qualifier d'hédonistes s'accordent sur le fait que **le plaisir est le bien souverain** et que la douleur doit être rejetée. Ainsi, la morale de vie doit être axée sur la réalisation d'une vie heureuse et orientée vers les plaisirs de l'existence et sur le rejet des causes de souffrances...

L'hédonisme est un terme flou dans l'usage : il peut être, d'une part, la recherche de la jouissance pour la jouissance dans une vision égoïste et quasi instinctive du plaisir et, à l'opposé, dans une conception plus proche d'Épicure, être la recherche d'un plaisir maîtrisé qui prend en compte les conséquences (souffrance) pour soi et pour les autres.

IMMIGRATION

Par sa situation géographique qui en fait un lieu de croisement des commerces et des populations, puis par son histoire d'ancienne puissance coloniale, la France est un pays de migration de longue date. Cependant depuis les années 1990, elle présente un solde migratoire (différence entre le nombre de personnes qui sont entrées sur le territoire et le nombre de personnes qui en sont parties au cours de l'année) deux fois et demi inférieur à la moyenne des autres pays européens. Les enquêtes annuelles de recensement de 2004 et 2005 avancent le chiffre de 4,9 millions d'immigrés (soit 8,1 % de la population totale). À noter que 40 % d'entre eux sont devenus Français par naturalisation ou par mariage.

> Origine géographique de la population
- 1,7 million d'immigrés (35 % des immigrés) sont originaires d'un pays de l'Union européenne. Le nombre d'immigrés italiens, espagnols et polonais est en forte baisse, en revanche celui des immigrés venant de pays européens hors CEE a beaucoup progressé.
- 1,5 million d'immigrés (31 %) sont originaires du Maghreb.
- 570 000 immigrés (12 %) sont en provenance d'Afrique sub-saharienne.
- 830 000 immigrés (17 %) viennent du reste du monde, principalement d'Asie.

> Caractéristiques sociologiques des immigrés

Le passage d'une immigration de travail, essentiellement masculine, à une politique de regroupement familial au milieu des années 1970 a entraîné une féminisation croissante de la population immigrée et hommes et femmes sont aujourd'hui en nombre égal.

Le niveau éducatif des immigrés **est en nette progression** : à l'heure actuelle, un quart des immigrés possède un diplôme de l'enseignement supérieur, soit quatre fois plus qu'en 1982.

> Flux d'immigration actuels

L'immigration vers la France est principalement d'origine africaine (Afrique sub-saharienne).

Le nombre d'entrées d'immigrés légaux en 2003 était de 173 000, dont 136 400 hors Union européenne. Les chiffres concernant l'immigration clandestine (illégale) sont difficiles à évaluer : entre 200 000 et 400 000 personnes ; 16 000 personnes ayant été reconduites aux frontières en 2004.

INSTITUTIONS EUROPÉENNES

Le Conseil européen, créé en 1974, se réunit au minimum deux fois par an, dans le pays qui assure à tour de rôle, par période de six mois, la présidence de l'Union.

Composé des chefs d'État et de gouvernement des pays membres et du président de la Commission européenne, il fixe les grandes orientations et donne les impulsions nécessaires sur les sujets les plus importants de la construction européenne et sur la cohésion des activités communautaires.

En dehors de ces « sommets » formels, l'Union européenne est dotée de cinq institutions qui jouent chacune un rôle spécifique :
- **Le Parlement européen**, dont le siège est à Strasbourg, est directement élu, tous les cinq ans depuis 1979, par les citoyens des États de l'Union, au prorata du nombre d'habitants. Il a une fonction législative et budgétaire. Il a également un contrôle politique des autres institutions européennes. 785 députés européens représentent environ 492 millions de personnes ; la France a 78 députés.
- **La Commission européenne**, qui siège à Bruxelles, constitue le moteur de l'Union et son organe exécutif. Avec l'élargissement de l'Europe à 27, on compte 30 commissaires qui sont assistés de directions générales, aux compétences administratives et techniques, pour lesquelles travaillent quelque 15 000 fonctionnaires. Elle prépare et met en œuvre les décisions du Parlement européen et du Conseil de l'Union européenne.
- **Le Conseil des ministres** ou **Conseil de l'Union européenne** est le principal centre de décision de l'Union européenne. Il réunit, plusieurs fois par mois, les ministres des États membres, sa composition variant en fonction de l'ordre du jour : santé, affaires sociales, agriculture... Il a des compétences sur les communautés européennes, sur la politique étrangère et la coopération judiciaire.
- **La Cour de justice européenne**, qui est implantée à La Haye, veille au respect du droit communautaire, à l'interprétation et à l'application des traités européens. Elle est constituée de 25 juges et 8 avocats généraux.
- **La Cour des comptes européenne**, située à Luxembourg, contrôle la perception et l'utilisation des fonds de l'Union européenne et apprécie la légalité et la régularité des recettes et des dépenses communautaires.

JOURNÉES DU PATRIMOINE

Créées en 1948 par le ministère de la Culture, les Journées du patrimoine ont lieu, tous les ans, **le troisième week-end de septembre**. Durant ce week-end tous les monuments et musées sont gratuits. De plus, des lieux et chefs-d'œuvre du patrimoine, qui d'habitude ne sont pas autorisés au public, sont ouverts afin que le public puisse profiter de ces trésors cachés.

Ces journées enregistrent chaque année plus de 12 millions de visites et témoignent de l'intérêt des Français pour l'histoire des lieux et pour l'art. Depuis une quinzaine d'années ce type de manifestation **a pris une dimension européenne** et les 48 États signataires de la Convention culturelle européenne célèbrent aussi une fois par an l'unité et la diversité d'un patrimoine culturel commun qui donne à l'Europe son visage.

LAÏCITÉ (loi de 1905)

La loi de séparation de l'Église et de l'État a été promulguée le 9 décembre 1905 sous la IIIe République. L'article 1er de cette loi assure la liberté de conscience et garantit le libre exercice des cultes. L'article 2 interdit à la République de reconnaître, rémunérer et subventionner tout culte. Les constitutions de la IVe et la Ve Républiques affirment la laïcité de la France : « la France est une république indivisible, laïque, démocratique et sociale ».

Cependant, tout le monde ne s'accorde pas sur la manière dont le politique et le religieux doivent être séparés, en particulier **à l'école publique**. Pour les uns, la laïcité signifie l'absence de tout signe et manifestation religieux au sein des établissements relevant de l'autorité de l'État. Pour les autres, la laïcité en milieu scolaire implique seulement que les enseignants ne manifestent pas leurs croyances religieuses, mais n'interdit pas aux élèves de porter des signes religieux, conformément à la liberté d'opinion et d'expression qui inclut la liberté religieuse.

74 % des Français estiment qu'il faut conserver la loi de 1905 telle qu'elle est. 18 % souhaiteraient que certains aspects en soient modifiés. 7 % demandent sa suppression.

LANGUE FRANÇAISE

> Histoire

Si le français est la langue nationale officielle, il n'y a que très peu de temps que tous les citoyens l'utilisent. Au début du XXe siècle, beaucoup de paysans, ultimes résistants à une francisation du pays débutée voilà des siècles, n'ont encore pour seule langue que le patois de leur région. Tout commence avec la conquête romaine qui, en peu de temps, fait disparaître une langue gauloise qui nous a légué moins d'une centaine de mots. Le latin populaire des légionnaires de César aboutit à une langue romane dont les **Serments de Strasbourg** en 842 (Charles le Chauve, roi de France, et Louis, roi de Germanie, renouvellent leur alliance contre leur frère Lothaire, roi d'Italie et de Lorraine) conservent le souvenir car on y lit ce qui va devenir le français naissant. Ensuite, le germain et le scandinave sont venus enrichir peu à peu cette langue.

Puis, l'utilisation du latin à l'oral disparaît peu à peu laissant la place à deux langues : au nord, la langue d'oïl où domine l'influence franque ; au sud, la langue d'oc, imprégnée de latinité. La frontière qui les sépare va progressivement se décaler vers le sud. En même temps, l'autorité royale veut imposer une même langue à l'ensemble du royaume. Des actes officiels, comme **l'ordonnance de Villers-Cotterêts** signée par François Ier en 1539, qui impose le « langage maternel français » à la place du latin dans les actes juridiques et administratifs, y contribueront, si bien qu'en quelques siècles, le français s'est constitué en langue autonome, non sans faire d'abondants emprunts aux autres langues.

L'usage d'une langue commune n'empêche toutefois pas la persistance des idiomes locaux : le basque, le breton, le flamand, l'alsacien ou l'occitan, jusqu'à ce que la Révolution (relayée ensuite par la IIIᵉ République) entreprenne de lutter contre les « patois ». En réalité, l'affaiblissement des parlers locaux s'explique moins par l'application de mesures contre ces pratiques que par une lente et volontaire adoption du français par les ruraux pratiquant depuis longtemps le bilinguisme. En effet, parler français, c'est souvent la preuve d'une promotion sociale ou une pratique nécessaire comme lors du service militaire, par exemple. Le développement des moyens de communication, des transports en commun tout comme la diffusion des journaux ont fait le reste.

MATERNITÉ

> Grossesses tardives

À 50 ans et plus, certaines femmes rêvent d'une dernière grossesse. Pour celles qui peuvent encore procréer, elles sont davantage suivies pendant leur grossesse que les futures mères plus jeunes car des risques liés à la santé du bébé sont en jeu. Quant aux femmes qui ne sont plus en âge de procréer, techniquement il est possible, pour elles, de passer par la **procréation médicalement assistée** (PMA). Il suffit de réimplanter un embryon dans l'utérus de la future mère. Ce rêve de maternité très tardive, assistée médicalement, s'est concrétisé dans certains pays. Cependant, en France, les lois de bioéthique de 1994, qui encadrent très strictement la PMA, interdisent de telles pratiques : la PMA est exclusivement réservée aux couples hétérosexuels en âge de procréer.

> Mères porteuses

« JF propose ventre à louer »

Certaines femmes choisissent de porter l'enfant d'une autre, souvent pour de l'argent, quelquefois par amitié, mais toujours dans l'**illégalité** (une loi promulguée en 1991 interdit cette pratique). Cependant, la demande est là, portée comme hier, par la souffrance de celles qui ne peuvent donner la vie. Contournant la loi française, de plus en plus de couples vont chercher via Internet « des ventres à louer » à l'étranger, en Angleterre, par exemple, où c'est autorisé. Ainsi, plusieurs centaines de couples français font chaque année appel à l'intervention d'une mère porteuse. D'autres couples moins fortunés cherchent une aide en France dans la clandestinité en contournant la loi. La mère porteuse accouche sous X, tandis que le père reconnaît l'enfant en mairie. Autre solution : la mère porteuse se présente à la maternité sous le nom de la future mère.

MONDIALISATION

> Altermondialisme

L'altermondialisme est un mouvement social composé d'acteurs très divers qui globalement propose un ensemble de **valeurs sociales** et d'**actions soucieuses de l'environnement** comme moteur de la mondialisation et du développement humain, en opposition à ce qu'il qualifie comme « les logiques économiques de la mondialisation néolibérale ». Ce mouvement a commencé à prendre de l'ampleur au début des années 80. Les manifestations de Seattle en 1999 sont les premières manifestations médiatisées altermondialistes.

Assez hétérogène, le mouvement se rassemble autour du slogan « un autre monde est possible ». Les prises de position et revendications communes à de nombreuses associations altermondialistes concernent : la justice économique, l'autonomie des peuples, la protection de l'environnement, les droits humains fondamentaux, la contestation de l'organisation interne, du statut et des politiques des institutions

mondiales telles que l'OCDE, le G8 et la Banque mondiale, la recherche d'alternatives, globales et systémiques, à l'ordre international de la finance et du commerce.

> Délocalisation

Délocaliser, c'est séparer les lieux (pays) de fabrication ou de transformation des marchandises de leurs lieux (ou pays) de consommation. Il s'agit de déplacer l'activité productrice des entreprises vers des **pays étrangers** en offrant ainsi ses emplois aux résidents des pays d'accueil. C'est pourquoi les délocalisations sont avancées pour expliquer, en partie, la montée du chômage dans la majorité des pays développés. Pour l'entrepreneur, la délocalisation répond à une contrainte de gestion : **produire là où c'est le moins cher** et vendre là où il y a un pouvoir d'achat. Toutefois les délocalisations ne seraient à l'origine que de 4 % des emplois détruits entre début 2002 et mi 2004. Après la délocalisation des emplois de production, celle des services pourrait s'intensifier au cours des prochaines années, les délocalisations pourraient alors causer la perte d'environ 200 000 emplois d'ici 2010 dans les pays développés. L'Inde est la première bénéficiaire de cette tendance car elle dispose d'une importante main d'oeuvre qualifiée et anglophone. En France, des sociétés telle que AXA ou la Société Générale ont délocalisé leur comptabilité dans ce pays.

NATIONALITÉ

> Modes d'acquisition

Il y a « acquisition » de la nationalité française (naturalisation) lorsqu'on devient français après la naissance. On distingue trois modes d'acquisition de la nationalité française :

- l'**acquisition de plein droit** : depuis le 1ᵉʳ septembre 1998, les jeunes étrangers nés en France deviennent français de plein droit à 18 ans s'ils résident et y ont résidé pendant 5 années depuis l'âge de 11 ans. En outre, dès l'âge de 16 ans, ces jeunes nés et résidant en France peuvent anticiper l'acquisition de la nationalité en effectuant une déclaration auprès du tribunal d'Instance.

- l'**acquisition par déclaration** : l'étranger qui contracte un mariage avec un conjoint de nationalité française peut se faire naturaliser après deux ans de mariage (avec réelle communauté de vie). Il doit par ailleurs justifier d'une connaissance suffisante de la langue française.

- l'**acquisition par décret** (c'est-à-dire par décision de l'autorité publique). Les principales conditions à remplir sont :
  - être majeur,
  - résider en France avec un titre de séjour,
  - être assimilé à la société française,
  - ne pas avoir été condamné.

La naturalisation n'est pas un droit, elle peut être refusée, même si les conditions de recevabilité sont réunies. Dans les faits, 80 % des demandes ont une réponse positive.

> Nombre de naturalisations

En 2005, le chiffre de **155 000** acquisitions de la nationalité a été atteint, ce qui porte leur nombre à plus d'1 million depuis 1999.

> Double nationalité

Le droit français n'impose pas comme condition préalable à l'acquisition de la nationalité française l'abandon de la nationalité d'origine.

NOUVELLES TECHNOLOGIES

> Internet

Malgré la forte croissance de ces dernières années, la France se situe encore en retrait par rapport à la moyenne européenne.

La communication est le premier usage d'Internet. Parmi les personnes disposant d'une connexion, 93 % s'en servent pour **rechercher des informations** ; arrive ensuite le loisir (téléchargement de musique ou de films).

À l'école, il n'existe pas de formation à l'informatique ou à Internet en tant que telle, mais les Technologies de l'Information et de la Communication pour l'Enseignement (TICE) sont aujourd'hui intégrées dans toutes les disciplines du primaire à l'université.

PARTIS POLITIQUES FRANÇAIS

Traditionnellement, la France se caractérise dans sa vie politique par une bipolarisation gauche / droite. Les forces de gauche se sont coalisées à plusieurs reprises dans l'histoire pour parvenir à l'exercice du pouvoir (à travers l'Assemblée nationale ou par une élection présidentielle). Le **Parti Socialiste** (PS) est né des mouvements de gauche les plus radicaux, mais s'est « embourgeoisé » au fur et à mesure du temps et a été accusé de « réformisme » par ses membres les plus à gauche. Ainsi s'est créé en 1920 le **Parti Communiste Français** (PCF) qui a eu une très forte influence jusqu'au milieu des années 1970, puis qui a été à son tour très critiqué par une extrême gauche née d'abord du refus de collusion avec l'Union Soviétique, puis par un mouvement issu des idéaux libertaires de mai 1968. On trouve ainsi des partis non représentés au Parlement mais assez actifs dans la société et les syndicats comme L.O. (Lutte Ouvrière) ou la LCR (Ligue Communiste Révolutionnaire).

Les partis de droite ont su à différentes reprises se rassembler autour de figures charismatiques prônant des valeurs conservatrices mais affirmant fermement l'indépendance nationale et le pouvoir de l'État (d'abord Charles de Gaulle, puis ses « héritiers » : Georges Pompidou, Jacques Chirac). Une droite plus libérale dans son appréhension économique est née à la fin des années 70 avec l'Union pour la Démocratie Française (UDF), fondée par Valéry Giscard d'Estaing. L'UDF s'est ensuite scindée lors des élections présidentielles de mai 2007 en un groupe proche de la majorité présidentielle (Nouveau Centre) et un groupe indépendant, le **Mouvement pour la Démocratie** (MoDem) dirigé par François Bayrou.

Le rassemblement des forces conservatrices et libérales se retrouve actuellement sous le sigle **Union pour un Mouvement Populaire** (UMP), le parti de l'actuel président de la République Nicolas Sarkozy.

Une extrême-droite nationaliste, historiquement ancrée dans les mentalités, s'est réactivée au début des années 1980 avec l'émergence du **Front National** (FN) de Jean-Marie Le Pen ; elle a une audience assez large (15 à 20 % de l'électorat) mais pas de représentants au Parlement.

La naissance des mouvements écologiques en Europe a donné lieu à la création de partis « alternatifs » qui se sont fait une petite place dans la représentation nationale, en particulier le **parti des Verts**.

La vie politique française est donc marquée d'un côté par une multiplication des tendances et des groupes de gauche et de droite dans la société et d'un autre côté par une concentration des grands partis politiques dans les institutions, en raison du type de scrutin en vigueur (majoritaire à 2 tours).

L'Assemblée nationale (scrutins du 10 et 17 juin 2007). XIIIᵉ législature

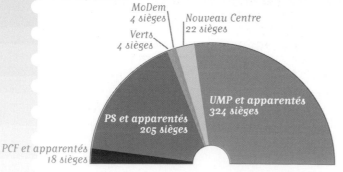

MoDem
4 sièges

Nouveau Centre
22 sièges

Verts
4 sièges

UMP et apparentés
324 sièges

PS et apparentés
205 sièges

PCF et apparentés
18 sièges

PRESSE ÉCRITE REGIONALE

Contrairement à la presse nationale, la presse régionale traite non seulement de l'actualité nationale et internationale mais aussi de l'actualité régionale et locale à laquelle elle consacre plusieurs pages et même sa une.

Parmi les grands quotidiens régionaux on trouve :

- *La Voix du Nord, Le Courrier picard, Le Républicain lorrain, L'Est républicain, L'Alsace, Aujourd'hui* (*Aujourd'hui* est l'édition nationale du quotidien *Le Parisien* qui, lui, est régional), *Ouest France, Le Télégramme, La Nouvelle République* pour les régions situées dans la moitié nord du pays.

- *Le Progrès, La Montagne, Le Dauphiné libéré, Sud-Ouest, La Dépêche du Midi, Midi Libre, La Provence, Nice Matin, Corse-Matin* pour la moitié sud du pays.

Ouest-France est le premier quotidien français depuis 1975. Il vend chaque jour près de 800 000 exemplaires, ce qui le place loin devant ses concurrents, y compris les quotidiens parisiens ou nationaux. Il imprime chaque jour 40 éditions, diffusées dans trois régions, la Bretagne, les Pays de la Loire et la Basse-Normandie, soit 12 départements. Cela représente, en moyenne quotidienne, 600 pages différentes où trouvent place 120 000 lignes et environ 1 500 photos. Avec 2,23 millions de lecteurs, *Ouest-France* est aussi le premier quotidien francophone du monde.

RADIOS DE SERVICE PUBLIC

RadioFrance est une société de service public qui gère les **stations de radio publiques**. Ce groupe de radio est principalement financé par l'argent public que ce soit par une partie du budget général du gouvernement ou par des prélèvements spéciaux : la redevance audiovisuelle. La radio de service public peut également recourir à des ressources financières privées sous forme de publicité ou de parrainage (*sponsoring*) d'émissions mais ces financements privés ne représentent que 10 à 20 % des recettes.

Il existe 9 stations publiques :

- France Inter Paris : station musicale et d'informations
- France Bleu (41 radios locales)
- France Culture : station consacrée à la culture
- France Info : radio d'informations en continu
- France Inter : station généraliste
- France Musique : radio consacrée à la musique classique
- Le Mouv' : rock alternatif pour les jeunes
- France Vivace diffusée sur Internet
- Sophia : banque de programmes de Radio France

RÉGIONS FRANÇAISES

La France compte **22 régions métropolitaines** (incluant la Corse) auxquelles s'ajoutent les quatre départements d'outre-mer (DOM) de la Guadeloupe, de la Guyane, de la Martinique et de la Réunion, reconnues comme « régions » depuis 1982. Le découpage des régions actuelles correspond approximativement aux anciennes provinces issues de l'histoire féodale et supprimée à la Révolution de 1789.

Aujourd'hui, les régions correspondent à des unités territoriales purement administratives. C'est en 1972, avec la décentralisation, que la région s'est vu reconnaître la personnalité juridique non pas en tant que collectivité locale, mais comme établissement public territorial dont la mission est de contribuer au développement économique et social de la région. C'est-à-dire que la région reçoit des aides financières de la France et de l'Europe, entre autres, et que **c'est elle seule qui gère son budget**. La région est dotée d'un Conseil régional et d'un Comité économique et social, le premier a un pouvoir de décision en matière budgétaire, tandis que le second reste consultatif. Certaines compétences ont été accordées à la région, notamment en matière d'enseignement public et d'éducation spécialisée, d'aide à la pêche côtière et aux entreprises de culture marine ainsi que dans la gestion du patrimoine construit et naturel.

RELIGIONS

69 % des Français de 15 ans et plus déclarent avoir une religion : 59 % se disent catholiques, 3 % musulmans, 2 % protestants, 1 % juifs et 1 % bouddhistes. Le niveau de pratique apparaît quant à lui assez faible : 2 % de ceux qui considèrent avoir une religion se rendent à la messe, au culte ou aux offices religieux plusieurs fois par semaine, 8 % une fois par semaine et 7 % une ou deux fois par mois, soit un total de 17 % de pratiquants réguliers. Une grande majorité ne s'y rend que de temps en temps : aux grandes fêtes (23 %) ou uniquement pour les cérémonies (53 %) ou bien jamais (6 %).

RHÉTORIQUE ET FIGURES DE STYLE

> **La rhétorique**, mot d'origine grecque, désignant au sens propre « l'art de bien parler » est l'art ou **la technique de persuader**, généralement au moyen du langage. Parmi les rhétoriciens les plus connus dans l'Antiquité, citons Démosthène chez les Grecs, et Cicéron chez les Romains ; Erasme (1466-1563), quant à lui, fut une des figures centrales dans la renaissance de la rhétorique classique.

La rhétorique n'a jamais été abandonnée tout au long de l'histoire, mais selon les époques, elle a eu des statuts bien différents. La rhétorique contemporaine prend un caractère scientifique en dégageant des règles générales de la production des messages. Elle se rapproche de la philosophie, la sociologie, la pragmatique et la sémiotique (science des signes).

> **Les figures de style** participent à cette technique de persuasion ou de séduction qu'est la rhétorique en donnant au langage une impression plus forte et une direction particulière (répétition d'une idée, comparaison entre deux choses, effets poétiques).

On appelle « figure de style » un mot, un groupe de mots ou une construction qui donne au lecteur l'impression que cette figure pourrait être remplacée par une formulation moins élaborée et qui, de ce fait, **accroît l'expressivité du texte.**

Les principales figures de style sont :

OBJECTIF COMMUNICATIF	MÉCANISME DE LA FIGURE	NOM DE LA FIGURE
Mise en relation d'un élément avec lui-même	Répétition	Allitération Anaphore
	Substitution	Hyperbole Litote Périphrase
Mise en relation de deux éléments	Analogie	Comparaison Métaphore Personnification
	Opposition	Oxymore Antithèse
Mise en relation de plusieurs éléments	Énumération	Accumulation Gradation

ROMAN MODERNE

À la fin du XIXe siècle et surtout entre les deux guerres mondiales, on assiste à la fin des écoles littéraires (humanisme, âge classique, romantisme, naturalisme...). Chacun veut créer sa propre écriture et surtout sa propre façon de raconter. Le roman ne suit donc plus le modèle balzacien, mais évolue et se transforme très rapidement, en prenant de nombreuses formes.

Gustave Flaubert (1821-1880) peut être considéré comme le fondateur du roman du XXe siècle, ce qu'on a appelé « l'anti-roman » balzacien. Dans ce nouveau type de roman, l'action et la narration sont déconstruites au profit d'un plus grand hasard et l'auteur, aussi bien que le narrateur, entretiennent une relation plus complexe avec l'œuvre : l'originalité de l'écriture de Flaubert réside dans le fait que les personnages, les lieux et les actions semblent avoir une existence autonome, que le narrateur ne paraît pas maîtriser totalement.

Renonçant au roman à intrigue, **Marcel Proust** (1871-1922) présente une conscience qui s'éprouve, se cherche et s'écrit. Attentif à ses perceptions de l'univers sensible, de l'espace et du temps, attaché à comprendre les mouvements de l'esprit et du cœur, le narrateur ne prétend pas conter une histoire : il se consacre entièrement à l'interprétation de ce qu'il éprouve et perçoit. *À la recherche du temps perdu* est l'écriture d'un déchiffrement de soi et du monde.

Si le narrateur proustien se prenait pour objet de roman, avec **André Gide** (1869-1951) c'est l'élaboration du roman qui devient elle-même objet romanesque. *Les Faux-monnayeurs* raconte l'histoire d'un romancier qui tente d'écrire un roman intitulé *Les Faux-monnayeurs*, ce procédé est connu sous le nom de « mise en abyme ».

Sans doute est-ce **Louis-Ferdinand Céline** (1894-1961) qui va le plus loin dans la recherche de la nouveauté qui passe par une certaine oralité. Avec *Voyage au bout de la nuit*, tous les niveaux de langue sont désormais admis en littérature. Cris, inventions verbales, expressions argotiques, tournures populaires : rien désormais n'est prohibé. La syntaxe elle-même est brisée, fragmentée, bousculée.

Le Nouveau Roman apparu dans les années 1950-60 est un mouvement qui trouve peu à peu sa cohérence grâce à des études théoriques telles que *Pour un nouveau roman* d'**Alain Robbe-Grillet** ou *Essais sur le roman* de **Michel Butor** ou bien encore *L'Ère du soupçon* de **Nathalie Sarraute**. Ces romanciers cherchent à enlever aux objets toute profondeur, toute valeur symbolique. Le Nouveau Roman ôte au monde tout sens et au récit toute signification, il accomplit alors une révolution analogue à celle de la peinture passant du figuratif à l'abstrait.

Marguerite Duras, quant à elle, s'est orientée vers une écriture qui privilégie les dialogues au détriment du récit et où, contrairement au Nouveau Roman, sous une forme renouvelée, apparaît la dimension psychologique de l'œuvre. Son style elliptique et allusif suggère l'intensité des émotions intérieures.

L'une des caractéristiques de la littérature contemporaine de ce début de XXIe siècle en France est que les écrivains sont davantage des individus que des représentants d'une tendance, ce qui donne l'impression d'une grande diversité. Toutefois, il est indéniable que le roman est retourné au romanesque, que l'autobiographie romancée est souvent présente dans les œuvres, que l'analyse psychologique de personnnages a été remplacée par une grande neutralité, donnant ainsi au lecteur plus de liberté. L'écriture évolue vers plus de poésie. **Patrick Modiano, Michel Tournier, Jean-Marie Le Clézio, Amélie Nothomb, Pierre Assouline, Yann Quéffelec, Érik Orsenna** sont des figures marquantes de notre époque.

SALAIRES

Selon la dernière enquête de l'Insee, en 2004, le salaire moyen des salariés du secteur privé était de 1 850 € net par mois et celui des salariés du secteur public s'élevait à 2 100 €. Les agents du secteur public ont un pouvoir d'achat moyen supérieur à celui du secteur privé depuis 1992 du fait des revalorisations catégorielles du début des années 90.

En France, il existe un salaire minimum fixe, **le SMIC** : il a été revalorisé en juillet 2007, il est désormais de 8,44 € (SMIC horaire brut) et de 1 280 € (SMIC mensuel brut).

Les femmes gagnent en moyenne 20 % de moins que les hommes dans le privé et 14 % de moins dans le public. Plus le poste est élevé et plus l'écart, à poste équivalent, entre le salaire des femmes et celui des hommes est important, ce qui tend à prouver que **les évolutions de carrière sont moins favorables aux femmes.**

SÉCURITE SOCIALE

En France, la Sécurité Sociale a été définie par l'ordonnance du 4 octobre 1945. Le gouvernement provisoire de l'après-guerre a mis en place un système original fondé sur deux principes :

- **les cotisations sont déduites du salaire** (prélèvement obligatoire) et financent le système de santé ;
- le malade choisit ses professionnels de santé (généraliste, spécialiste, hôpital ou clinique, ces différents services étant « conventionnés » par l'État) et bénéficie d'un remboursement à hauteur des tarifs fixés. Cette semi liberté du système qui n'oblige pas comme dans d'autres pays à s'adresser à un professionnel désigné et laisse la possibilité de consulter plusieurs spécialistes est très apprécié mais, en même temps, très coûteux.

Depuis 1991, le tiers du financement se fait donc aussi sous forme d'impôt : la CSG (Contribution Sociale Généralisée) prélève 7 % des revenus d'activités, à quoi s'ajoutent des taxes sur les contrats d'assurance automobile et les alcools.

La Sécurité Sociale en France comporte 4 branches :
- la branche maladie (CPAM)
- la branche famille (CNAF)
- la branche recouvrement (ACOSS)
- la branche vieillesse (CNAV)

Depuis la loi de 1999, **la CMU** (Couverture Maladie Universelle) offre les services médicaux gratuits pour les plus démunis s'ils résident en France depuis plus de 3 mois.

SYNDICATS

Les luttes sociales de la fin du XIXe siècle ont vu naître des **associations de travailleurs**, devenues des syndicats. La première Internationale ouvrière (1866) a été la base de ces mouvements de revendication, rassemblés pour défendre les droits des ouvriers et constituant souvent des caisses mutuelles de solidarité et d'indemnisation en cas de grève, maladies professionnelles, etc. Pendant les années 30 et jusqu'après la deuxième guerre mondiale, les syndicats institutionnels liés aux partis de la gauche ont été très puissants :
- **la CGT** (Confédération Générale du Travail) issue du Parti Communiste,
- **la CFDT** (Confédération Française Démocratique du Travail) constituée après la scission des partis communistes et socialistes,
- **FO** (Force Ouvrière) créée après guerre pour s'opposer à la prédominance de la CGT.

Jusque vers 1975 ces syndicats étaient très puissants car ils représentaient légalement les partenaires obligés de toutes les négociations. Ils participaient directement à la gestion des conflits mais aussi à la gestion des institutions mises en place pour protéger ou défendre les travailleurs (protection sociale et **tribunal des Prud'hommes**). Mais au

début des années 80, on a assisté à une progression des candidats non syndiqués aux élections des assemblées représentatives et à un déclin de la syndicalisation traditionnelle. Des « coordinations » ponctuelles et non institutionnelles se chargent de défendre des revendications spécifiques lors des conflits du travail.

En 2006, **le taux de syndicalisation n'est que de 3,5 % dans les entreprises de moins de 50 salariés et de 8,7 % dans celles de 500 et plus.** C'est le taux de syndicalisation le plus bas en Europe. La CGT est restée majoritaire dans les élections prud'homales de 2002, suivie respectivement de la CFDT, FO, de la CGC (Confédération Générale des Cadres) et enfin des deux plus récentes centrales : l'UNSA (Union Nationale des Syndicats Autonomes) et SUD (Solidaires Unitaires Démocratiques, issu d'une scission de la CFDT dans les années 90).

SYSTÈME SCOLAIRE

> **Réussite scolaire et universitaire filles / garçons**

D'après une étude menée en 2004 sur la scolarité des garçons et des filles, il ressort que celles-ci réussissent mieux scolairement que les garçons comme dans la plupart des autres pays développés. Et ce, quel que soit le niveau d'enseignement et quelle que soit la filière ou discipline. À la session 2003 du baccalauréat, **82 % des filles** qui se sont présentées **ont eu leur diplôme, contre 78 % des garçons.** À partir de 1981, le nombre d'étudiantes dépasse celui des étudiants. En 1999, les femmes deviennent majoritaires en 3e cycle universitaire. Mais les hommes sont toujours majoritaires dans les doctorats et diplômes d'ingénieur. Cependant, il y a eu une évolution : 15 % des ingénieurs étaient des femmes en 1984, elles sont 23 % aujourd'hui. 38 % des diplômés des écoles de commerce étaient des femmes en 1985, elles sont 47 % actuellement. Enfin, si seulement 28 % des docteurs étaient des femmes en 1980, elles représentent 42 % en 2000.

Environ 15 millions de jeunes scolarisés

12 126 000

Dont dans le privé
2 011 000

Écoles, collèges, lycées

2 209 000

Étudiants
(600 000 en 1968)

605 000

Apprentis

TRANSPORT DES MARCHANDISES ET ENVIRONNEMENT

Le transport est devenu une composante incontournable de presque toute activité moderne : en un siècle et demi, les échanges de marchandises **ont été multipliés par 1 000 dans le monde.** Cette croissance est essentiellement supportée par le transport maritime, premier secteur des échanges internationaux, suivi de près par le transport routier.

Mais le transport est **grand consommateur d'énergie** : il consomme la plus grande part du pétrole mondial. En matière de lutte contre le changement climatique, en l'espace de 40 ans, les transports sont devenus le premier secteur émetteur de gaz à effet de serre en France. C'est le **transport aérien** qui est le plus coûteux en termes énergétiques, celui qui apporte aussi le plus de nuisances sonores pour les riverains des aéroports et qui a la plus grande influence sur la dégradation de la couche d'ozone et l'effet de serre. Ce mode de transport reste toutefois minoritaire pour les marchandises. Si le transport maritime est moins coûteux et en règle générale moins polluant, il reste qu'il a généré en 40 ans de grandes catastrophes écologiques. Du naufrage de l'Amoco Cadiz en 1978 à celui du Prestige en 2002, les accidents se sont multipliés provoquant des dégâts catastrophiques sur l'écologie et sur l'économie des régions concernées.

Fiches GRAMMAIRE

LES PRONOMS PERSONNELS

La double pronominalisation

ORDRE DES DOUBLES PRONOMS	
me se / te le (l') nous + la (l') vous les	Votre caméscope est en panne ? Prenez le mien, je **vous le** prête !
m' / t' lui / l' nous + en vous leur / les	Vous aimez les loukoums ? C'est promis je **vous en** rapporterai la prochaine fois que j'irai à Istanbul.
le la + lui les leur	Il connaît la nouvelle. C'est son frère qui **la lui** a apprise.
s' / m' / t' / l' nous vous + y les	Je crains d'oublier mon rendez-vous avec monsieur Dupuy. N'oubliez pas de **m'y** faire penser !

LES ADJECTIFS ET LES PRONOMS INDÉFINIS

Les adjectifs et les pronoms indéfinis sont utilisés pour exprimer des nuances de la quantité et de l'identité. Ils désignent des personnes ou des choses. L'adjectif s'accorde avec le nom qu'il précède, le pronom avec le nom qu'il remplace.

UTILISATION	ADJECTIFS INDÉFINIS	PRONOMS INDÉFINIS	PRONOMS OU ADVERBES DE LIEU
Quantité nulle	aucun(e) nul(le)	aucun(e) nul personne rien	nulle part
Quantité indéterminée au singulier	un(e) autre	quelqu'un quelque chose	quelque part
Quantité indéterminée au pluriel	certain(e)s plusieurs d'autres quelques	certain(e)s plusieurs d'autres quelques-un(e)s	
Totalité	chaque tout(e)	chacun(e) tous, toutes	partout
Indétermination, indifférence	n'importe quel/quelle n'importe quels/quelles	n'importe qui n'importe quoi n'importe lequel/laquelle n'importe lesquels/lesquelles quelconque, quiconque	n'importe où
Similitude	le même	le même tel	
Variété	divers		

LES PRONOMS RELATIFS

Les pronoms relatifs simples

La proposition subordonnée relative est introduite par un pronom relatif qui remplace un nom ou un groupe nominal de la proposition principale. Ce nom ou groupe nominal est appelé antécédent. La forme du pronom relatif dépend de sa fonction dans la proposition relative.

L'antécédent est : / Le pronom relatif est :	Sujet	Complément d'objet direct	Complément de lieu et complément de temps	Complément d'objet indirect introduit par **de**
une (des) personne(s)	qui	que	où	dont
une (des) chose(s) ou un (des) être(s) inanimé(s)				

> Les vacances, ce sont des moments **qu'**on attend avec impatience, **dont** on rêve toute l'année mais **qui** semblent toujours trop courts !
> Le bureau **où** vous devez déposer votre dossier se trouve au premier étage.
> Je me souviens très bien du jour **où** nous sommes arrivés à Paris.
> Il nous a présenté la jeune fille **dont** il est amoureux.

Les pronoms relatifs composés

L'antécédent est : / Le pronom relatif est :	Complément d'un verbe suivi des prépositions **avec, par, pour, sans,** ...	Complément d'un verbe suivi des prépositions **à, grâce à,** ...	Complément d'un verbe suivi des groupes prépositionnels **près de, à côté de, à cause de,** ...
une (des) personne(s)	avec qui, sans qui ou avec lequel, sans laquelle, par lesquels, pour lesquelles	à qui, grâce à qui ou auquel, à laquelle, grâce auxquels, auxquelles	près de qui, à côté de qui ou près duquel, à côté de laquelle, près desquels, à cause desquelles
une (des) chose(s) ou un (des) être(s) inanimé(s)	par lequel avec laquelle pour lesquels sans lesquelles	auquel à laquelle grâce auxquels auxquelles	près duquel à côté de laquelle près desquels à cause desquelles

> Je vais vous présenter les personnes **avec qui (avec lesquelles)** vous allez travailler. Les gens **à côté de qui (à côté desquels)** nous étions assis n'ont pas cessé de discuter pendant tout le spectacle.
> Le loisir **auquel** je me consacre le plus ? La lecture !

La mise en relief

La mise en relief permet d'insister sur un élément de la phrase. D'un emploi très fréquent à l'oral, elle peut être exprimée par la phrase relative et le pronom neutre *ce*.
> Dans son nouveau poste, **ce qui** lui plaît, ce sont ses responsabilités mais **ce qu'**elle n'apprécie pas, ce sont les horaires tardifs. En tout cas, **ce dont** elle est sûre, c'est qu'elle va tout faire pour réussir.
> Ce **à quoi** je tiens par dessus tout, c'est ma tranquillité !

L'EXPRESSION DE LA COMPARAISON

Le comparatif de supériorité, d'égalité, d'infériorité

* Plus / aussi / moins + adjectif ou adverbe + que
> Il est **plus** sympathique **que** tu le penses.
> Mes deux voisins sont **aussi** curieux l'un **que** l'autre.
> Elle travaille **moins** vite **qu'**elle ne parle.

ATTENTION !

1. Trois adjectifs ont des comparatifs irréguliers :
- *Bon* a pour comparatif *meilleur*.
> Ce film est **meilleur que** l'autre.
- *Mauvais* a deux comparatifs : *plus mauvais* et *pire* qui est une forme d'insistance.
> Ce voyage a été **pire que** celui du mois dernier.
  (= Le premier voyage était mauvais, celui-ci a été encore plus mauvais.)

La forme neutre *pis* ne s'emploie plus que dans certaines expressions : *aller de mal en pis* (= aller de plus en plus mal) et *au pis aller* (= dans la situation la plus défavorable).
- *Petit* a deux comparatifs : *plus petit* qui s'emploie pour évoquer la taille et *moindre* qui fait référence à la valeur, à l'importance.
> Mon appartement est **plus petit** que le tien.
> Mon influence sur lui est **moindre** depuis quelque temps.
- *Moindre* s'utilise aussi dans certaines expressions.
> À la **moindre** contrariété, il s'énerve.
> C'est la **moindre** des choses que je puisse faire pour lui.

2. Certains adjectifs qui ont un sens fort comme *magnifique, superbe, excellent, essentiel, délicieux, capital, merveilleux...* ne peuvent pas être utilisés au comparatif.

* Plus de / autant de / moins de + nom + que
Cette structure exprime la quantité.
> Elle a **plus de** tempérament que son frère.
> Elle a **autant de** chance de réussir **que** moi.
> Il a **moins de** défauts **que** sa sœur.

ATTENTION !

- *Plus de* peut être remplacé par *davantage de*.
> Elle a obtenu **davantage de** points à son dernier examen.
- Avec un nombre, on utilise *de plus que / de moins que*.
> J'ai trois ans **de plus que** toi.

* Verbe + plus / autant / moins + que
> Il a **plus** travaillé **que** moi.
> Nous nous sommes **autant** amusés à cette fête **qu'**à celle de l'an dernier.
> Nous voyageons **moins qu'**il y a deux ans.

Remarques

1. L'adverbe *bien* a un comparatif de supériorité irrégulier : *mieux*.
> Cette machine fonctionne **mieux que** l'autre.
Mieux peut être renforcé par les adverbes *bien, beaucoup*.
2. Après un verbe, *plus* peut être remplacé par *davantage*.
> Elle parle **davantage que** son amie.
3. Pour nuancer la comparaison, on emploie :

$$\begin{Bmatrix} un\ peu \\ beaucoup \\ bien \end{Bmatrix} + \begin{Bmatrix} plus\ (de) \\ moins\ (de) \\ mieux \end{Bmatrix}$$

$$\begin{Bmatrix} un\ peu \\ bien \end{Bmatrix} + meilleur(e)$$

* De plus en plus (de)... / de moins en moins (de)...
sont utilisés pour marquer la progression.
> Je suis **de plus en plus** intéressée par ce projet.
> J'ai **de moins en moins** de temps à consacrer à ma famille car je travaille **de plus en plus**.

Autres expressions : *de mal en pis, toujours plus, encore moins, encore plus, de mieux en mieux*.

Le superlatif

* Le / la / les + plus / moins + adjectif
> Vous voulez voir ce manteau ? C'est le modèle **le plus** léger et **le moins** cher de la collection.

* Le / la + plus / moins + adverbe
> Corinne est une collègue très timide : c'est elle qui prend **le moins souvent** la parole en réunion.

* Le / la + plus / moins de + nom
> Je déteste faire mes courses le samedi : c'est le jour où il y a **le plus de** monde dans les magasins.

* Verbe + le / la + plus / moins
> Régis a un appétit incroyable ! C'est lui qui mange **le plus** !

Fiches GRAMMAIRE

Autres moyens d'exprimer la comparaison

* **Le / la / les même(s) + nom**
  Le / la / les même(s) + nom +que expriment l'identité.
  > *Nous avons **les mêmes** centres d'intérêt. Il fait toujours **la même** chose que moi !*

* **Comme + nom**
  > *Elle court **comme** une gazelle.*

* **Tel(le)(s) que**
  > *Tu dois m'accepter **telle que** je suis.*

* **Comme / Ainsi que**
  Ainsi que est utilisé en langue soutenue.
  > *Il viendra **comme** il me l'a promis.*
  > ***Ainsi que** nous vous l'avons annoncé, la réunion se tiendra le 12 juillet.*

ATTENTION !
Comme peut aussi exprimer la cause. Voir EXPRESSION DE LA CAUSE p. 169

* **Comme si + imparfait ou plus-que-parfait**
  > *Il s'adresse à moi **comme si** je ne comprenais rien.*
  > *Il a regardé son ami **comme s'**il ne l'avait jamais vu !*

* **Plutôt que**
  Cette conjonction indique une préférence.
  > *Il a préféré partir seul en voyage **plutôt que** (de) rester à Paris.*
  > *Il préférerait mourir **plutôt que** (de) reconnaître ses torts !*

ATTENTION !
De est facultatif devant l'infinitif employé comme second terme de la comparaison.

Comparaison et proportion

* **Plus... plus / moins... moins / plus... moins / moins... plus**
  sont utilisés pour marquer la proportion.
  > ***Plus** je dors, **plus** je suis fatigué. **Plus** j'étudie, **moins** je sais.*

* **Autant... autant**
  exprime la comparaison et l'opposition.
  > ***Autant** j'ai aimé le premier film de ce réalisateur, **autant** j'ai détesté le second.*

* **D'autant plus... que / D'autant moins... que**
  > *Votre billet sera **d'autant moins** cher **que** vous le réserverez à l'avance.*
  > *(= Plus vous l'achèterez à l'avance, moins il coûtera cher.)*

LES TEMPS DU PASSÉ

LES TEMPS SIMPLES

> Les temps simples (radical + terminaisons) :
> imparfait, passé simple

L'imparfait

Le radical de l'imparfait est le même que celui de la première personne du pluriel (*nous*) du présent.	Elles se **disputaient** souvent. Nous ne nous **entendions** pas.
Les terminaisons : *-ais*, *-ais*, *-ait*, *-ions*, *-iez*, *-aient*.	

On utilise l'imparfait pour...

* **décrire une situation passée.**
  > Enfant, il n'**avait** pas d'amis, il n'**osait** rien faire, il **vivait** en solitaire.

* **exprimer une habitude du passé.**
  > Quand j'**étais** enfant, je **voulais** devenir champion de tennis et chaque soir, après l'école, je m'**entraînais** pendant deux heures.

* **exprimer une action en train de s'accomplir.**
  > J'**écrivais** la dernière page de mon mémoire quand l'ordinateur s'est arrêté.

* **donner des précisions sur le décor, les circonstances d'un événement.**
  > Le magasin **venait** de fermer, les employés **commençaient** à partir, les derniers clients **sortaient** au moment où l'alarme incendie a retenti.

* **exprimer un commentaire, une cause.**
  > J'ai été choquée de sa réaction. Je ne m'**attendais** pas vraiment à cela de sa part.

Le passé simple

Le passé simple est réservé à la langue écrite. Il est utilisé dans les textes littéraires, les biographies, les récits historiques, le plus souvent à la 3e personne du singulier ou du pluriel.

Le radical est assez irrégulier. Les terminaisons : *-ai*, *-as*, *-a*, *-âmes*, *-âtes*, *-èrent* (verbes en *-er*) *-is*, *-is*, *-it*, *-îmes*, *-îtes*, *-irent* *-us*, *-us*, *-ut*, *-ûmes*, *-ûtes*, *-urent*	Elle **préféra partir**. Il ne **fit** rien. Ils **crurent** détenir la vérité.
Verbes irréguliers : avoir (*j'eus*), être (*je fus*), venir (*je vins*), faire (*je fis*).	

On utilise le passé simple pour exprimer...

* **un fait ponctuel du passé.**
  > Ils se **rencontrèrent** à un bal.

* **un fait qui a une durée limitée dans le passé.**
  > Ils **vécurent** dix ans au palais.

* **une succession de faits dans le passé.**
  > Il la **regarda**, elle lui **sourit**.

LES TEMPS COMPOSÉS

> Les formes composées (être ou avoir conjugué + participe passé) :
> passé composé, passé antérieur, plus-que-parfait

QUEL AUXILIAIRE ?		EXEMPLES
Avec **être**	- 15 verbes : *aller, arriver, descendre, entrer, monter, mourir, naître, partir, passer, rentrer, rester, retourner, sortir, tomber, venir.*	Je **suis partie** seule. Elle **est morte**.
	- les verbes pronominaux.	Ils ne **se sont** pas **retournés**.
Avec **avoir**	- Tous les autres verbes.	Elle **a ouvert** un magasin.
	- Les verbes *passer, monter, descendre, sortir, rentrer, retourner* se conjuguent avec l'auxiliaire *avoir* quand ils ont un COD.	Il **a retourné** le colis. J'**ai sorti** mes affaires de la valise.

Le passé composé

être ou *avoir* **au présent** + participe passé

On utilise le passé composé pour exprimer...

* **un fait ponctuel du passé.**
  > Nous nous **sommes connus** l'année dernière.
* **un fait qui a une durée limitée dans le passé.**
  > Elle **a conduit** dix heures d'affilée pour revenir d'Espagne.
* **une succession de faits dans le passé.**
  > Il s'**est levé**, **a parlé** et s'**est rassis**.
* **un fait du passé qui explique un résultat, une situation présente.**
  > Ça y est ! Nous **avons compris** !

Le passé surcomposé

être ou *avoir* **au passé composé** + participe passé

On utilise le passé surcomposé pour...
marquer l'antériorité immédiate par rapport à un passé composé dans une subordonnée de temps.
  > Nous l'avons prévenu aussitôt que nous **avons eu choisi** la destination du voyage.

Le passé surcomposé est un temps peu utilisé surtout avec les verbes pronominaux.

Le plus-que-parfait

être ou *avoir* **à l'imparfait** + participe passé

On utilise le plus-que-parfait...

* **pour parler d'un fait antérieur (accompli) à un autre fait passé.**
  > Je n'ai jamais retrouvé la bague que **j'avais perdue** le jour du mariage de ma sœur.
* **pour parler d'une action accomplie à un moment du passé.**
  > Pour réaliser ce projet, on **avait engagé** dix personnes.
* **dans la phrase avec *si* (hypothèse sur le passé).**
  > S'il **était élu** je ne sais pas ce qu'il se passerait. Si **j'avais su**, je n'aurais pas voté !
* **dans le discours indirect (pour respecter la concordance des temps).**
  > Il m'a annoncé qu'il **avait** déjà **réservé** nos billets d'avion.

Le passé antérieur

être ou *avoir* **au passé simple** + participe passé

On utilise le passé antérieur pour...
marquer l'antériorité immédiate par rapport à un passé simple dans une subordonnée de temps.
  > Les applaudissements se firent entendre dès qu'elle **eut terminé** son discours.

Le passé antérieur est réservé à la langue écrite. Il est utilisé dans les textes littéraires, les biographies, les récits historiques.

Accord du participé passé

RÈGLE GÉNÉRALE

Pour les 15 verbes conjugués avec **être** = accord avec le sujet	Elle **est partie**. Ils **sont revenus**.
Pour les verbes conjugués avec **avoir** = accord avec le complément d'objet direct (COD) si celui-ci est placé avant le verbe.	Je ne retrouve pas les notes que j'**ai prises** hier ; tu ne les **as** pas **vues** ? (**que** représente *les notes et* est COD de *prendre* ; **les** représente *les notes et* est COD de *voir*)

CAS PARTICULIERS

LES VERBES PRONOMINAUX

★ Le participe passé s'accorde avec le sujet.

• Pour les verbes qui n'existent qu'à la forme pronominale : *voir liste ci-dessous*.

• Pour les verbes pronominaux non réfléchis (l'action ne se rapporte pas au sujet).

Liste de verbes pronominaux utiles dont l'accord se fait avec le sujet. Les verbes pronominaux réfléchis sont en italique.

Elles se sont absentées.
Ils se sont abstenus.
Ils se sont accroupis.
Elle s'est agenouillée.
Elle s'est aperçue de...
Elle s'est attendue à...
Ils se sont avisés de...
Elle s'est défiée de...
Elles se sont désistées.
Ils se sont doutés de...
Elle s'est échappée de...
Elle s'est écriée que ....
Elle s'est efforcée de ...
Ils se sont emparés de...
Elle s'est enfuie.
Elle s'est ennuyée de...
Elles se sont entraidées.
Ils se sont envolés.
Il s'est évadé.
Elle s'est évanouie.
Elle s'est faite l'écho de...
Ils ne se sont pas formalisés.
Elle s'est immiscée dans...
Ils se sont infiltrés dans...
Elles se sont ingéniées à...

Ils se sont inscrits en faux...
Elle s'est méfiée de...
Elles se sont méprises.
Ils se sont mis bien / mal avec...
Elle s'est moquée de...
Ils se sont obstinés.
Ils se sont plaints de...
Elle s'est portée garante de...
Ils se sont portés caution pour...
Elles s'en sont prises à...
Elles se sont ravisées.
Ils se sont rebellés.
Elle s'est réfugiée...
Ils se sont refusés à...
Elle s'est rendue maîtresse de...
Ils se sont repentis.
Elle s'est résolue à...
Ils se sont saisis de...
Elle ne s'est pas souciée de...
Ils se sont servis de...
Ils se sont souvenus de...
Elle ne s'est pas suicidée.
Elle s'est tue.

Remarques

1. Avec les verbes pronominaux à sens passif, on fait l'accord avec le sujet.

> Cette pièce s'est jouée pendant deux ans.
> Ces livres se sont bien vendus.

2. Le participe passé des locutions suivantes est invariable :

> Ils se sont rendu compte de leur erreur.
> Des dissensions se sont fait jour.
> Elle s'est mis à dos ses voisins.
> Ils s'en sont fait.
> Elle s'en est voulu de l'avoir blessé.
> Ils s'en sont donné à cœur joie.
> Elle s'en est pris à lui.

★ Le participe passé s'accorde avec le complément d'objet direct placé avant pour les autres verbes.

> Elle s'est lavé les cheveux.
> (pas d'accord : le COD *cheveux* est placé après)
> Je ne vais pas me laver les cheveux ! Je me les suis **lavés** ce matin !
> (accord : *les* est le COD de *se laver*)
> Marie s'est **réveillée** de bonne heure.
> (accord : *se* est le COD de *réveiller*)
> Elle s'est **jetée** sur la voiture.
> (accord : *se* est le COD de *jeter*)
> J'adore la robe que tu t'es **achetée** !
> (accord : *robe* est le COD de *acheter*)
> Elle s'est **demandé** comment il avait fait.
> (pas d'accord : *se* est un COI, le COD est placé après)

ATTENTION !

Il découle de la règle précédente que si le verbe pronominal se construit avec un complément indirect, l'accord ne se fait pas :

> Elles se sont **nui**. Ils se sont **parlé**. Elles se sont **succédé**.
> Ils ne se sont pas **téléphoné**.
> (nuire à, parler à, succéder à, téléphoner à)

AVEC LE PRONOM EN

On ne fait jamais l'accord **sauf** avec des adverbes de quantité (autant, beaucoup, combien, moins, plus) quand cet adverbe est placé avant « **en** ».

> Des olives **?** Je n'en ai jamais **mangé**.
> Des livres **sur** ce sujet, combien en avez-vous **lus** ?
> (*Combien* est placé avant *en*.)

AVEC LES VERBES IMPERSONNELS

On ne fait jamais l'accord.

> La révolution qu'il y a **eu** dans ce pays a été l'une des plus sanglantes.
> Quelle chaleur il a **fait** hier !
> Que d'explications il a **fallu** lui donner pour qu'elle comprenne !

LORSQUE LE PARTICIPE PASSÉ EST SUIVI D'UN INFINITIF

★ *Faire* + **infinitif**
On ne fait jamais l'accord.

> Ma voiture, que j'ai **fait** laver, a l'air toute neuve maintenant.
> La mesure qu'ils ont **fait** passer ne satisfait pas tout le monde.

★ *Voir, entendre, écouter, laisser* + **infinitif**

• On fait l'accord si le complément fait l'action exprimée par l'infinitif sinon on ne fait pas l'accord.

> La femme que j'ai **vue** sortir en courant portait un imperméable blanc.
> (On fait l'accord : c'est la femme qui sort)
> Les airs que j'ai **entendu** chanter me rappellent mon enfance.
> (On ne fait pas l'accord : ce ne sont pas les airs qui chantent).
> Ils ont vu leurs agresseurs mais les ont **laissés** s'enfuir.
> (On fait l'accord : ce sont les agresseurs qui s'enfuient)
> Elle s'est **laissé** séduire.
> (On ne fait pas l'accord : ce n'est pas elle qui séduit)

• Si le verbe conjugué est pronominal : même règle que pour les verbes simples.

> Elle s'est **fait** applaudir.
> (pas d'accord : ce n'est pas elle qui applaudit)
> Ils se sont **sentis** revivre.
> (accord : ce sont eux qui revivent)
> Elle s'est **laissée** tomber.
> (accord : c'est elle qui tombe)
> Elle s'est **laissé** séduire.
> (accord : ce n'est pas elle qui séduit)

• Parfois, l'infinitif est sous-entendu. Dans ce cas, les participes passés *cru, dit, dû, pense, permis, pu, su, voulu* sont **invariables**. Si on ne peut pas imaginer un infinitif, le participe passé s'accorde.

> Il a pris tous les documents qu'il a **voulu** (prendre).
> Ses ennuis, je crois qu'il les a **voulus**.

LES TEMPS DU FUTUR

Le futur simple

FORMATION : RADICAL + TERMINAISONS	EXEMPLES
- En général, le radical est l'infinitif. Quelques verbes ont des radicaux irréguliers.	Nous **arriver**ons à l'heure. Vous **fer**ez ce qu'il a dit.
- Les terminaisons : **-ai**, **-as**, **-a**, **-ons**, **-ez**, **-ont**.	Je **viendr**ai avec toi.

On utilise le futur simple pour...

★ **formuler une prévision.**
> Il ne **fera** pas beau demain.

★ **formuler une promesse.**
> Je t'assure que je **viendrai** demain.

★ **exprimer un ordre.**
> Vous n'**entrerez** pas !

★ **indiquer un programme.**
> Vous **commencerez** à 10 heures.

Voir L'EXPRESSION DE L'HYPOTHÈSE p. 174.

Le futur antérieur

FORMATION : *ÊTRE* OU *AVOIR* AU FUTUR SIMPLE + PARTICIPE PASSÉ	EXEMPLES
Pour le choix de l'auxiliaire et l'accord du participe passé, voir LES TEMPS DU PASSÉ p. 156.	Nous **aurons fini** avant eux. On ne **se sera** pas **perdu**.

On utilise le futur antérieur pour...

★ **parler d'un fait antérieur (accompli) à un autre fait futur.**
> Il te pardonnera quand tu te **seras excusé**.

★ **exprimer une supposition.**
> Elle n'**aura** pas **trouvé** de taxi.

★ **exprimer un résultat dans le futur.**
> Dans 10 ans, les singes **auront disparu**.

LE CONDITIONNEL

Le conditionnel présent et passé

FORMATION : RADICAL + TERMINAISONS	EXEMPLE
Le radical est celui du futur simple. Les terminaisons : **-ais**, **-ais**, **-ait**, **-ions**, **-iez**, **-aient**.	**Auriez**-vous l'heure ?

FORMATION : *ÊTRE* OU *AVOIR* AU CONDITIONNEL PRÉSENT + PARTICIPE PASSÉ	EXEMPLE
Pour le choix de l'auxiliaire et l'accord du participe passé, voir LES TEMPS DU PASSÉ p. 156.	Il **aurait téléphoné** en mon absence.

Dans des phrases indépendantes, on utilise le conditionnel pour...

★ atténuer une demande.
> Auriez-vous ce modèle en noir ?
> Tu préférerais venir seule ?
> Me permettriez-vous de vous expliquer ?
> Pourriez-vous m'informer ?

> Auriez-vous rencontré cette dame ?
> Ne nous serions-nous pas déjà vus ?
> Te serais-tu servi de la voiture ?

★ faire une suggestion.
Verbes *aimer, dire, plaire, pouvoir* et *vouloir.*
> Aimerais-tu aller au cinéma ?
> Ça vous dirait de le faire ?
> Ça te plairait de le joindre à nous ?
> On pourrait sortir, non ?
> Tu voudrais voir ce film ?

★ donner une information non confirmée, incertaine.
> La cérémonie débuterait à 11 heures.
> Le Président voudrait-il la guerre ?

> La voiture présidentielle aurait disparu.
> Aurait-il eu un empêchement de dernière minute ?

★ imaginer.
> Nous serions sur la planète rose, nous respirerions de l'air pur, nous vivrions harmonieusement, nous aurions construit une maison dans les arbres...

★ faire des projets hypothétiques.
> Il serait intéressant de continuer à réfléchir à ce projet. Cela pourrait certainement nous amener à améliorer la situation. Nous pourrions ainsi aboutir à des solutions concrètes que tout le monde nous envierait.

★ Exprimer formellement un ordre.
Verbes *pouvoir* et *vouloir.*
> Pourriez-vous m'expliquer cette décision ?
> Voudriez-vous vous asseoir ?

★ donner un conseil.
> Vous devriez signaler l'erreur.
> Il faudrait que tu prennes une décision rapidement.
> Il vaudrait mieux ne pas bouger.
> Pourquoi tu n'irais pas chez le médecin ?

★ exprimer un souhait.
Verbes *aimer, apprécier, désirer, préférer, souhaiter, vouloir.*
> J'aimerais tant qu'elle soit là.
> On apprécierait que tu parles !
> Elle désirerait s'en aller.
> Je préférerais un thé.
> Il souhaiterait vous rencontrer.
> Nous voudrions un rendez-vous

★ exprimer un regret.
Verbes *aimer, apprécier, préférer, souhaiter, vouloir.*
> J'aurais aimé ne pas être là !
> Il aurait apprécié que tu lui parles.
> Nous aurions préféré ne pas le voir.
> J'aurais souhaité être avec vous.
> On aurait bien voulu participer !

★ exprimer un reproche.
Verbes *devoir, pouvoir* et *falloir.*
> Il devrait se contrôler un peu !
> Tu pourrais être plus poli !

> Il aurait dû s'excuser.
> Vous auriez pu me prévenir !
> Il aurait fallu que tu préviennes !

Le conditionnel s'utilise aussi dans des subordonnées hypothétiques (Voir L'EXPRESSION DE L'HYPOTHÈSE p. 174) ou dans les subordonnées complétives du discours indirect pour assurer la concordance des temps (Voir LE DISCOURS INDIRECT p. 178).

Le subjonctif présent et passé

SUBJONCTIF PRÉSENT

FORMATION : RADICAL + TERMINAISONS	EXEMPLES
* Le radical : - Pour *je*, *tu*, *il* et *ils* : radical de la 3e personne du pluriel (*ils*) du **présent** de l'indicatif. - Pour *nous* et *vous* : radical de la 1re personne du pluriel (*nous*) du **présent** de l'indicatif. * Les terminaisons : *-e*, *-es*, *-e*, *-ions*, *-iez*, *-ent*. * Quelques verbes irréguliers : aller (*aille*), avoir (*aie*), être (*sois*), faire (*fasse*), pouvoir (*puisse*), savoir (*sache*), vouloir (*veuille*).	- Il faut que tu **sortes**. - Elle est soulagée que nous **venions** avec elle.

SUBJONCTIF PASSÉ

FORMATION : *ÊTRE* OU *AVOIR* AU SUBJONCTIF PRÉSENT + PARTICIPE PASSÉ	EXEMPLES
Pour le choix de l'auxiliaire et l'accord du participe passé, voir LES TEMPS COMPOSÉS p. 157.	- Il est inadmissible que vous **ayez dû** attendre si longtemps. - Je suis navrée que vous n'**ayez** pas **pu** venir.

On utilise le subjonctif...

APRÈS UN VERBE (+ QUE) QUI EXPRIME

* **une nécessité, une obligation, une volonté.**
  > Il est nécessaire qu'elle puisse comprendre.
  > Il est indispensable qu'il sache ce qui s'est passé.
  > On préférerait que tu le fasses.
  > Il tient à ce que vous soyez présent.
  > Nous avons tous envie que cette réunion se déroule bien.
  > Il n'a pas accepté que nous venions seuls.

* **un sentiment.**
  > Je suis triste qu'il n'ait pas réussi.
  > Cela m'étonne qu'elle soit déjà partie.
  > Dommage qu'il pleuve !
  > Je déteste que vous agissiez ainsi.
  > Je redoute qu'il lui soit arrivé un accident.
  > Je suis désolée que nous ne nous soyons pas compris.

* **un jugement.**
  > Il est bizarre qu'il ne dise rien.
  > Il est important que vous soyez prévenus.
  > Je trouve normal qu'il ait reçu cette information.
  > Nous sommes scandalisés que les journaux soient censurés.
  > Il est urgent que l'on se réunisse !
  > Elle ne comprend pas que nous n'ayons pas accepté la proposition.
  > Il est indigné qu'elles soient absentes.

* **une possibilité, une impossibilité, un doute.**
  > Il est possible qu'il soit arrivé.
  > Il se peut que nous parvenions un même résultat.
  > Je doute qu'il puisse m'aider.
  > Il n'est pas du tout évident qu'il ait gagné.
  > Je ne garantis pas que nous arrivions à un accord.

DANS UNE PROPOSITION RELATIVE...

- après certains verbes qui indiquent que l'existence de l'objet recherché est incertaine : *chercher, désirer, vouloir, ne pas trouver, existe-t-il... ?, indiquez-moi...* .
  > Il n'a pas trouvé de stage qui corresponde à sa qualification.
  > Indiquez-lui une adresse qui convienne.

- après certains verbes, souvent au conditionnel, qui expriment le souhait : *aimer, souhaiter, préférer, avoir envie...* .
  > J'aurais envie d'un avenir qui satisfasse tous mes vœux.

- après *le plus, le moins, le seul, l'unique, le premier, le dernier.*
  > C'est le plus beau chat que je connaisse.

Subjonctif présent ou subjonctif passé ?

- Si le fait exprimé dans la subordonnée a lieu **au même moment** ou **après** celui de la principale, on utilise le subjonctif présent quel que soit le temps du verbe principal.
  > Je regrette vraiment que tu ne **puisses** pas venir à notre mariage, le mois prochain !
  > Demain, il faudrait absolument que tu **sois** là à 8 heures.
  > Hier, pendant deux heures, il était content que je **sois** là pour l'aider à préparer la réunion et que je lui **explique** tout.

- Si le fait exprimé dans la subordonnée a lieu **avant** celui de la principale : on utilise le subjonctif passé quel que soit le temps du verbe principal.
  > Nous regrettons qu'ils **aient refusé** la proposition que nous leur avons faite.
  > Si je veux participer à la fête, il faudra que **j'aie terminé** mon travail avant !
  > Il était désolé que nous ne **soyons** pas **parvenus** à un accord à la réunion précédente.

Subjonctif ou infinitif ?

Après les verbes de volonté, de sentiment, de doute :

- on utilise le subjonctif si les sujets des deux verbes sont différents.
  > Je souhaite vivement que vous **obteniez** ce poste.
  > Elle a demandé que vous lui **envoyiez** les documents.
  > Il a fait tout cela pour que vous **soyez** fiers de lui.

- on utilise l'infinitif si les sujets des deux verbes sont les mêmes.
  > Tu travailles pour réussir.
  (On ne dit pas : ~~Tu travailles pour que tu réussisses.~~)
  > Je suis triste de partir.
  (On ne dit pas : ~~Je suis triste que je parte.~~)

L'expression de l'opinion : indicatif ou subjonctif ?

Un grand nombre de verbes permettent d'exprimer l'opinion personnelle.

- des verbes déclaratifs qui donnent une chose pour vraie ou certaine dans l'avenir : *affirmer, assurer, attester, avancer, déclarer, dire, garantir, promettre...*

- des verbes impliquant une opinion, un jugement, une appréciation : *croire, estimer, être sûr(e), certain(e), persuadé(e), juger, penser, trouver, admettre, reconnaître, comprendre* (quand il porte un jugement sur un fait).

- des tournures impersonnelles indiquant des certitudes : *il est certain, évident, incontestable, probable, sûr... il va de soi, il est (c'est) vrai, il paraît, il me semble...*

Lorsque ces verbes sont employés à la forme **affirmative** et suivis de *que*, ils sont suivis de l'**indicatif**.
  > Il est probable qu'il **a été retardé**.
  > Je crois que tu t'**es trompé**.
  > Je vous promets que nous **serons** là.

Lorsqu'ils sont employés à la forme **négative**. ils expriment un degré d'incertitude. Dans ce cas, ils sont suivis du **subjonctif**.
  > Il n'est pas certain que nous **arrivions** à l'heure.
  > Je ne pense pas qu'il **soit** ravi de cette décision.

Lorsque ces verbes sont employés à la forme **interrogative**, ils sont suivis du subjonctif uniquement dans le cas de l'interrogation avec inversion du sujet,

> **Croyez-vous** vraiment qu'on **puisse** changer la société ? (inversion du sujet : subjonctif).
> **Est-ce que vous croyez** qu'on **pourra** changer la société ? (pas d'inversion du sujet : indicatif)

ATTENTION !

Lorsque le verbe *trouver* est suivi d'un adjectif exprimant l'appréciation, il est suivi du subjonctif car il exprime un jugement.

> Je trouve injuste qu'on ne **soutienne** plus autant les familles « traditionnelles » en difficulté.

Mais :

> Je trouve qu'il **est** normal que les familles monoparentales reçoivent des aides de l'État.

Le subjonctif imparfait et plus-que-parfait

Dans un registre soutenu (discours très élaborés, certains écrits journalistiques ou littéraires), on rencontre deux autres temps du subjonctif : le subjonctif imparfait et le subjonctif plus-que-parfait.

LE SUBJONCTIF IMPARFAIT

RADICAL + TERMINAISONS	EXEMPLES
- Verbes en *-er* : radical + *-asse, asses, ât, assions, assiez, assent*. - Autres verbes : radical du passé simple + *sse, sses, t, ssions, ssiez, ssent*. À la troisième personne du singulier, la voyelle du radical prend un accent circonflexe pour distinguer les formes du subjonctif imparfait de celles du passé simple. Exemples : *fût, fît, eût, sût, ...*	- Que vouliez-vous qu'il **fît** seul contre tous ? - Il aurait voulu que nous **partissions** ensemble.

LE SUBJONCTIF PLUS-QUE-PARFAIT

FORMATION : *ÊTRE* OU *AVOIR* AU SUBJONCTIF IMPARFAIT + PARTICIPE PASSÉ	EXEMPLE
Pour le choix de l'auxiliaire et l'accord du participe passé (Cf. LES TEMPS COMPOSÉS, p. 157).	Je fus enchantée qu'ils nous **eussent choisis**.

Le subjonctif imparfait et le subjonctif plus-que-parfait s'utilisent pour assurer la concordance des temps quand le verbe introducteur est au **passé** (imparfait, passé composé, plus-que-parfait, passé simple, passé antérieur) ou au **conditionnel**.

- Si le fait exprimé dans la subordonnée a lieu **au même moment** ou **après** celui de la principale, on utilise le **subjonctif imparfait** (en français courant, on utilise le subjonctif présent).
  > J'ai regretté que tu ne **pusses** pas venir à notre rendez-vous.
  > Il me regarda fixement pour que je **comprisse** son indignation.
  > Il souhaitait que son fils **allât** dans cette grande école.
  > Elle aurait aimé que son fils ne **fût** pas recalé à son examen.

- Si le fait exprimé dans la subordonnée a lieu **avant** celui de la principale, on utilise le **subjonctif plus-que-parfait** (en français courant, on utilise le subjonctif passé).
  > Je regrettai qu'ils **fussent** déjà **partis**.
  > Il était désespéré que vous ne l'**eussiez** pas **prévenu** de ce malheur.

AUTRES UTILISATIONS

- Le subjonctif plus-que-parfait peut parfois s'employer à la place du conditionnel passé.
  > On **eût dit** que le soleil s'était déjà couché.
  (= On aurait dit que le soleil s'était déjà couché.)
  > J'**eusse aimé** être prévenue.
  (= J'aurais aimé être prévenue.)

- Quelques formes figées au subjonctif plus-que-parfait : *fût-ce, ne fût-ce que, dût-il, dussé-je, eût-il* marquent une éventualité, une hypothèse.
  > **Dussé**-je rester (= si je devais rester), je ne resterais pas seule !
  > Je souhaiterais partir en vacances, ne **fussent** que quelques jours.
  (= même si ce n'était que quelques jours)
  > **Eût**-il l'autorisation du Président lui-même, il n'agirait pas contre sa conviction.
  (= même s'il avait l'autorisation)

LE PASSIF   *juste une style des verbes.*

Le passif est une transformation qui sert à :
* mettre en valeur le sujet du verbe au passif en le plaçant au début de la phrase.
* à remplacer le pronom indéfini « on ».

Le passif s'exprime de plusieurs manières

* *être* + participé passé

C'est la construction la plus courante pour les verbes
à construction directe.
> Les programmes **vont être présentés** par les candidats.
(futur proche)
> Le Président **a été élu** au premier tour.
(passé composé)
> La loi **sera appliquée** quand le décret **aura été
promulgué**.
(futur / futur antérieur)

C'est le temps du verbe ***être*** qui indique le temps du verbe
au passif.
L'acteur introduit par « par » n'est pas toujours nécessaire.

* La forme pronominale

Cette construction s'utilise avec un sujet non animé et si le verbe
a une construction directe.
> La ville **s'est** beaucoup **transformée**.
(= La ville a été beaucoup transformée.)
> Ce type de matériau **s'utilise** de plus en plus.
(= Ce type de matériau est de plus en plus utilisé.)

* *se faire* + infinitif présent

Cette construction peut exprimer un acte volontaire
ou involontaire.
> Il **s'est fait élire** par intérêt personnel.
(acte volontaire)
> Je **me suis fait expliquer** le chemin.
(acte volontaire)
> Je **me suis fait contredire** en réunion.
(acte involontaire)
> Nous **nous sommes fait accuser** de vol.
(acte involontaire)

* *se laisser* + infinitif présent

À la forme affirmative, cette construction insiste sur la passivité
du sujet.
À la forme négative, elle implique au contraire une résistance du
sujet.
> Elle **se laisse convaincre** facilement.
(= Elle n'offre pas beaucoup de résistance.)
> Il ne **s'est** pas **laissé** perturber par le bruit.
(= Le bruit ne l'a pas dérangé, il a continué son activité.)   *ne pas se laisser faire.*

ATTENTION !
L'expression « *se laisser dire* » a un sens particulier.
> Je **me suis laissé dire** que tout allait bien.
(= On m'a dit que...)

* *se voir* + infinitif présent

> Il **s'est vu imposer** un horaire difficile.
(= On lui a imposé...)
Se voir peut être suivi d'un adjectif et être alors un synonyme
de *être*.
> Tous les jours, **je me vois contrainte** d'expliquer les mêmes
choses.
(= Je suis contrainte de...).

* *s'entendre* + infinitif présent

S'entendre est généralement suivi d'un verbe déclaratif *(dire,
critiquer, répondre...)*.
> **Elles se sont entendu dire** qu'elles étaient incompétentes.
(= On leur a dit qu'elles...)

Remarque
La construction pronominale permet souvent de ne pas exprimer
le complément d'agent. Mais ce dernier peut être présent.
> Il s'est fait gronder (par ses parents).

ATTENTION !
Si les verbes *se faire, se laisser, se voir* et *s'entendre* sont
conjugués à un temps composé, le participe passé est
généralement invariable (voir ACCORD DU PARTICIPE PASSÉ, p. 158).

*le 09 septembre mardi et 11 septembre mercredi
2014*

LE PARTICIPE PRÉSENT, LE GÉRONDIF ET L'ADJECTIF VERBAL

Le participe présent

Forme simple du participe présent : radical + **-ant** Le radical du participe présent est le même que celui de la première personne du pluriel (*nous*) du présent. Il est invariable.	attendant
Forme composée du participe présent : auxiliaire + **-ant** + **participe passé**. Cette forme exprime l'antériorité.	ayant attendu

Le participe présent est essentiellement utilisé à l'écrit pour...

∗ caractériser.
Il remplace alors une proposition relative introduite par *qui*.
> Je cherche quelqu'un **sachant** parler russe.
> (= qui sache)
> J'ai vu mon voisin **bavardant** avec un homme que je ne connaissais pas.
> (= qui bavardait)
> Connais-tu des mots **commençant** par « x » ?
> (= qui commencent)
> Les personnes **ayant terminé** peuvent sortir.
> (= qui ont terminé)

∗ exprimer une cause.
Le verbe au participe présent peut avoir le même sujet que celui de la proposition principale ou avoir un sujet qui lui est propre.
> **N'étant** pas parisienne, je ne connais pas tous les quartiers.
> (= comme je ne suis pas parisienne...)
> Le voyage **ayant été annulé**, l'agence m'a remboursée.
> (= comme le voyage a été annulé...)

Le gérondif

Forme du gérondif : *en* + participe présent Il est invariable.	en attendant

Le gérondif est beaucoup plus utilisé dans la langue courante que le participe présent. Le verbe au gérondif présent a toujours le même sujet que celui de la proposition principale.

On utilise le gérondif pour exprimer la simultanéité des deux actions. Il remplace une proposition subordonnée de :

∗ temps.
> Il marche **en dormant**.
> (= pendant qu'il dort)
> Je l'ai rencontré **en sortant** de chez moi.
> (= au moment où je suis sorti)

∗ cause.
> Elle est tombée **en glissant** sur une plaque de verglas.
> (= parce qu'elle a glissé sur une plaque de verglas)

∗ manière.
> Il est sorti **en claquant** la porte.
> (=c'est une manière de sortir)

∗ condition.
> **En m'écoutant**, tu comprendrais.
> (= si tu m'écoutais...)
> **En prenant** cette route, on serait arrivés plus vite.
> (=si on avait pris cette route)

L'adjectif verbal

Certains participes présents sont devenus des adjectifs. Ils s'accordent alors avec le nom qu'ils accompagnent.
Une fête amusante, une ville bruyante, une entrée payante, des personnes amusantes...

Il y a parfois une différence d'orthographe entre le participe présent et l'adjectif verbal.

Participe présent		Adjectif verbal
différant précédant excellant influant	-ant → -ent	différent précédent excellent influent
convainquant provoquant	-quant → -cant	convaincant provocant
fatiguant	-guant → -gant	fatigant
négligeant divergeant	-geant → -gent	négligent divergent

> Il ne travaille jamais le jour **précédant** son anniversaire de mariage. / Elle est venue la semaine **précédente**.

Fiches GRAMMAIRE

LES CONJONCTIONS DE TEMPS

Les conjonctions de temps introduisent des propositions subordonnées qui permettent de situer un événement par rapport à un autre. Ces rapports temporels peuvent exprimer : la simultanéité, l'antériorité et la postériorité.

• On parle de **simultanéité** quand l'action de la proposition principale et celle de la proposition subordonnée ont lieu en même temps. Les verbes des deux propositions sont alors au même temps.
> Lorsqu'il **fait froid**, je **reste** chez moi.

Dans un contexte passé, on peut trouver l'imparfait (les circonstances) et le passé composé (l'action).
> Il **a souri** au moment où il l'**a vue**.
> Il **est sorti** alors que le téléphone **sonnait**.

• On parle d'**antériorité** ou de **postériorité** selon la relation temporelle entre l'action de la principale et celle de la subordonnée.
> Il **téléphonera** quand il **sera arrivé**.
>   action 2   action 1

Pour marquer l'antériorité, le verbe de la subordonnée est à un temps composé.
> Tu **dois** téléphoner avant que j'**arrive**.
>   action 1   action 2

Les subordonnées de temps sont à l'indicatif sauf celles qui sont introduites par *avant que, jusqu'à ce que* et *en attendant que*.

★ Quand / Lorsque

Ces conjonctions sont synonymes mais *lorsque* est surtout utilisée à l'écrit.
Avec le présent et l'imparfait, *quand* et *lorsque* marquent l'habitude.
> **Quand / Lorsque** je le vois, je rougis !
> (= chaque fois que)

L'imparfait exprime ici l'action en cours ou les circonstances, le passé composé exprime un fait ponctuel.
> Nous jouions au volley **lorsque** l'orage a éclaté.
> **Quand** il est arrivé, tout le monde dormait.

Avec un temps composé dans la subordonnée, *lorsque* = *après que*.
> Il partira **quand** il sera prêt.
> **Lorsqu'**il aura terminé son rapport, nous l'enverrons.
>   action 1   action 2

★ Au moment où / le jour où / l'année où

Ces conjonctions expriment une simultanéité précise.
> Ils ont déménagé **l'année où** leurs jumeaux sont nés.
> **Au moment où** tu m'as vu, je sortais de chez le dentiste.

★ Comme (langue soutenue)

Cette conjonction signifie *au moment où* ; elle est toujours suivie de l'imparfait.
> Nous arrivâmes **comme** il partait.

★ Tant que / Aussi longtemps que

Les deux actions ont la même durée et sont parallèles.
> Je resterai sur la plage **aussi longtemps qu'**il fera beau.
> Je lui expliquerai **tant qu'**il n'aura pas compris.
> (= jusqu'à ce qu'il comprenne)

★ Au fur et à mesure que / À mesure que (langue soutenue)

Les deux actions évoluent parallèlement ; les deux verbes sont au même temps.
> **Au fur et à mesure** que la journée avançait, les nuages arrivaient.
> (= Plus la journée avançait, plus les nuages arrivaient.)

★ Chaque fois que / Toutes les fois que

Ces conjonctions expriment une habitude ; les deux actions se répètent ensemble. Les deux verbes sont au même temps.
> **Chaque fois que** nous prenons l'avion, il y a une grève !

★ Pendant que

Cette conjonction indique qu'une action a lieu en même temps qu'une autre se déroule.
> **Pendant que** je prépare le repas, va acheter le pain.
> (= La préparation du repas est une action qui dure.)
> Il a téléphoné **pendant que** je prenais ma douche.

★ Alors que / Tandis que

Ces deux conjonctions ont le même sens que *pendant que* mais avec une nuance d'opposition.
> Il est sorti **alors qu'**il pleuvait à verse.
> (= Il n'aurait pas dû sortir puisqu'il pleuvait.)

★ Après que / Une fois que

Ces conjonctions expriment la succession de deux faits.
Le verbe de la subordonnée est à un temps composé puisque l'action est antérieure.
> **Après qu'**il a été parti, nous avons repris notre activité.
>   action 1   action 2
> Nous dînerons **une fois que** vous serez revenus.
>   action 2   action 1

Si les deux verbes ont le même sujet *après* peut être suivi de l'infinitif passé :
> **Après avoir parlé**, elle est sortie.

Remarque
Le passé surcomposé est peu utilisé. On utilise davantage un nom :
> Après son **départ**, nous avons repris notre activité.

✱ Dès que / Aussitôt que / Sitôt que (langue soutenue)

Ces conjonctions expriment la succession rapide de deux faits. Ils signifient *tout de suite après que*. Le verbe de la subordonnée est à un temps composé.

> **Dès que** la pluie s'est arrêtée, nous sommes repartis
> à la plage. action 1 action 2

> Il s'inscrira en fac **aussitôt qu'**il aura reçu les résultats du bac.
> action 2 action 1

✱ Depuis que

Cette conjonction indique le point de départ d'une action ou d'un état qui se prolonge.

> **Depuis qu'**il est marié, nous ne le voyons plus !
> Il est plus indépendant **depuis qu'**il a déménagé.

✱ Maintenant que / À présent que

Ces deux conjonctions ont le même sens que *depuis que* mais ajoutent une idée de cause.

> **Maintenant qu'**il m'a raconté son enfance, je comprends
> mieux son comportement.
> (= depuis qu'il m'a raconté et parce qu'il m'a raconté...)

✱ À peine... que

Cette conjonction a le même sens que *dès que*. Elle s'utilise généralement dans un contexte passé, avec un temps composé et se place juste derrière l'auxiliaire.

> Le film avait **à peine** commencé **que** toute la salle riait.
> action 1 action 2

Dans le langage soutenu, *à peine* placé au début de la phrase entraîne l'inversion obligatoire du sujet.

> **À peine** avons-nous fini de manger **que** nous quittons
> la table.

✱ Avant que

Cette conjonction exprime la succession de deux faits. Le verbe de la subordonnée est au subjonctif.

> Partons **avant qu'**il ne soit trop tard !
> **Avant qu'**il ait avoué, personne ne le soupçonnait.
> action 2 action 1

Si les deux verbes ont le même sujet, on utilise *avant de* + infinitif.

> **Avant de partir**, il a téléphoné à ses amis.
> action 2 action 1

✱ En attendant que / Jusqu'à ce que

Ces deux conjonctions expriment la succession de deux faits. Elles indiquent une limite future et sont suivies du subjonctif.

> **En attendant que** les travaux soient terminés, nous irons
> à l'hôtel. action 2 action 1

> Nous irons à l'hôtel **jusqu'à ce que** les travaux soient terminés.
> action 1 action 2

> Nous restons dans le jardin **jusqu'à ce qu'**il fasse nuit.
> Nous étions restés dans le jardin **en attendant qu'**il fasse nuit.

Si les deux verbes ont le même sujet, on utilise *en attendant de* + infinitif.

> Je vais prendre une douche, **en attendant de passer** à table.

On commence rarement une phrase par *jusqu'à ce que*.

ATTENTION !

Si une conjonction est suivie de deux propositions, on ne répète pas toute la conjonction, on répète seulement *que*.

> **Depuis qu'**il a neigé et **que** les pistes sont ouvertes,
> on peut aller faire du ski.

L'EXPRESSION DE LA CAUSE

La cause s'exprime par...

DES PRÉPOSITIONS

* À cause de + nom (ou pronom)
Cette préposition introduit une cause négative à un fait lui aussi souvent négatif.
> Il a quitté son appartement **à cause du** bruit.
> (= parce qu'il y avait trop de bruit)
> Elles se sont disputées **à cause de** leurs mauvais caractères.
> (= parce qu'elles ont mauvais caractère)
> Le parc a été évacué **à cause de** l'orage.
> (= parce que l'orage risquait de provoquer des dégâts)
> Elle est arrivée en retard **à cause de** lui.
> (= Il a été un obstacle à sa ponctualité : il l'a retardée, il l'a empêchée de partir, ...)

* En raison de / du fait de + nom
Ces prépositions s'emploient surtout à l'écrit ; la cause est technique, juridique, officielle.
> La banque est fermée **en raison du** pont de l'Ascension.
> Il est très difficile de trouver une chambre d'hôtel **en raison du** festival de Cannes.
> Il n'a pas pu participer à la course **du fait de** son âge avancé.
> Il y aura une coupure d'eau **en raison de** réparations effectuées sur la canalisation.

* Grâce à + nom (ou pronom)
Cette préposition introduit une cause positive à un fait lui aussi souvent positif.
> **Grâce à** toi, j'ai obtenu une réduction, je t'en remercie.
> Les employés ont obtenu une augmentation de salaire **grâce aux** négociations qu'ils ont menées.

* À la suite de / Suite à / Par suite de + nom
Ces prépositions ne s'utilisent que si c'est l'événement cité en explique un autre. Elles sont très utilisées dans les articles de journaux.
> Il a été licencié **à la suite de** pratiques frauduleuses.
> (= c'est parce qu'il a mal agi)
> **Par suite** d'encombrements, nous ne pouvons donner suite à votre appel.

* Faute de + nom (sans article)
Elle signifie *par manque de*.
> Je n'ai pas pu visiter la ville **faute de** temps.
> (=parce que je n'ai pas eu le temps)
> Ils ne partent jamais en vacances **faute d'**argent.
> (= parce qu'ils n'ont pas d'argent)

* À force de + nom (sans article) ou infinitif
Cette préposition introduit une idée d'insistance, une répétition de la cause.
> **À force de** mentir, tu ne sais plus ce que tu dis !
> (= comme tu mens toujours)
> Il a réussi **à force de** ténacité.
> (= parce qu'il a beaucoup travaillé)

* Pour + nom
> Merci **pour** ton aide !
> (= parce que tu m'as bien aidé)
> Ce professeur est connu **pour** sa sévérité.
> (= parce qu'il est sévère)
> Il a été condamné **pour** insulte à agent de police.
> (=parce qu'il a insulté un agent)

* Pour + infinitif passé
L'infinitif a le même sujet que le verbe principal. Les causes indiquent une punition ou une récompense.
> Ils ont été condamnés **pour** avoir insulté un policier.
> Elle a été félicitée **pour** être parvenue à réaliser son projet sans aucune aide.

* Étant donné / du fait de / compte tenu de / vu + nom
Ces prépositions introduisent une cause incontestable souvent explicitée par le contexte.
> **Vu** son salaire, il n'a pas de problème financier.
> (= comme il gagne beaucoup)
> **Vu** mon salaire, je ne peux pas acheter d'appartement.
> (= comme je ne gagne pas beaucoup)

* Par + nom (sans article)
Cette préposition est utilisée dans certaines expressions : *par amour, par curiosité, par amitié, par peur...*
> Il a réalisé cet exploit **par** amour.

DES CONJONCTIONS DE SUBORDINATION

Les conjonctions qui expriment la cause sont toujours suivies de verbes à l'indicatif.

* Parce que
Cette conjonction répond à la question *Pourquoi ?* exprimée ou non. La subordonnée est toujours placée derrière la proposition principale.
> - Pourquoi tu peins ?
> - **Parce que** j'aime ça !
> Je peins **parce que** j'aime ça.

∗ Comme

Cette conjonction présente la relation entre la cause et la conséquence comme évidente ; la subordonnée précède toujours la principale. Elle est très utilisée à l'oral.

> **Comme** aujourd'hui est un jour férié, je ne travaille pas.
> (On ne peut pas dire : ~~Je ne travaille pas comme aujourd'hui est un jour férié.~~)

∗ Puisque / du moment que

Ces conjonctions présentent la relation entre la cause et la conséquence comme évidente ; la cause est souvent un fait déjà connu de l'interlocuteur. La subordonnée précède souvent la principale.

> **Puisque** tu ne veux pas partir avec moi, j'irai seul !

∗ Étant donné que / vu que / du fait que

Ces conjonctions introduisent un fait dont la réalité est incontestable. La subordonnée précède généralement la principale.

> **Étant donné que** les routes sont fermées, tu devras faire un détour.
> (= on sait que les routes sont fermées)
> **Vu qu**'il pleut, on a annulé le pique-nique.

∗ Sous prétexte que / sous prétexte de + infinitif

Cette conjonction signifie que la cause est contestée par le locuteur.

> Le patron a demandé de faire des heures supplémentaires **sous prétexte que** le client ne pouvait pas attendre.
> (= C'est la raison qu'il a donnée mais je n'y crois pas.)
> Il s'est absenté **sous prétexte d**'aller voir sa mère.

∗ D'autant que / d'autant moins / d'autant plus que

Ces conjonctions introduisent une deuxième cause qui renforce la première.

> Il n'a pas envie d'aller à cette soirée **d'autant qu**'il n'y connaît personne.
> (= surtout qu'il ne connaît personne)
> Les spectateurs ont **d'autant plus** applaudi que c'était la dernière représentation de la pièce.
> (= Ils ont encore plus applaudi parce que c'était la dernière représentation.)
> Il mérite **d'autant moins** ta gentillesse qu'il ne dit que des méchancetés sur toi.
> (= Il mérite encore moins ta gentillesse qu'il ne dit que des méchancetés sur toi.)

∗ Soit que + subjonctif... soit que + subjonctif

Deux causes sont possibles.

> Il n'est pas venu, **soit qu**'il ait oublié, **soit qu**'il ait été retenu.

∗ Non que / Non pas que + subjonctif... mais

Une cause possible est écartée et elle est suivie de la véritable raison.

> Je ne suis pas parti en vacances, **non que** je n'en ai pas eu envie, **mais** je n'en avais pas les moyens.

LE GÉRONDIF ET LE PARTICIPE PRÉSENT
(VOIR P. 166)

L'EXPRESSION DE LA CONSÉQUENCE

La conséquence s'exprime par...

DES CONJONCTIONS DE SUBORDINATION

★ Si bien que + indicatif
Cette conjonction présente la conséquence de façon neutre.
> Elle est partie **si bien qu**'il est resté seul.
> (= donc il est resté seul)
> Ma voiture était en panne **si bien que** j'ai pris le train.
> (= donc j'ai pris le train)

★ De (telle) sorte que / de (telle) manière que / de (telle) façon que + indicatif
Ces conjonctions insistent sur la manière d'agir.
> Les travaux de rénovation sont terminés **de sorte que** nous pourrons emménager lundi prochain.
> (= nous pourrons donc emménager)
> Il a été élu **de sorte qu**'il a pu mettre rapidement en place les réformes annoncées.
> Le vendeur nous a répondu **de telle façon que** nous avons été choqués.
> (– la façon de répondre nous a choqués)
> Son employeur la traitait **de telle manière qu**'elle a donné sa démission.
> (– la manière de la traiter a entraîné sa démission)

ATTENTION !
Les conjonctions *de sorte que, de manière que, de façon que* expriment le but quand elles sont suivies du subjonctif.
(Cf L'EXPRESSION DU BUT p. XXX)

Intensité / quantité et conséquence

★ Tellement / si / tant

tellement / si	+	adjectif / adverbe	+	que
tellement de / tant de	+	nom	+	que
verbe	+	tellement / tant	+	que

Ces expressions expriment l'intensité ou la quantité. Elles sont suivies de l'indicatif.
> Il est **tellement / si** étourdi **qu**'il perd tout !
> (= Il est très distrait ; résultat : il perd tout.)
> Elle parle **tellement** bien chinois **qu**'elle nous sert souvent d'interprète.
> (= Elle parle très bien chinois donc elle nous sert d'interprète.)
> Il a **tellement / tant** d'amis **qu**'il sort tous les soirs !
> (= Il a beaucoup d'amis ; résultat : il sort tous les soirs.)

> J'aime **tellement / tant** l'Espagne **que** j'y vais tous les ans.
> (= J'aime beaucoup l'Espagne, c'est pour cela que j'y vais tous les ans.)
> Les syndicats ont **tellement / tant** protesté **que** le projet de loi a été retiré.
> (= Les syndicats ont beaucoup protesté ; résultat : le projet a été retiré.)

ATTENTION !
Ces expressions sont suivies du subjonctif lorsque la proposition principale est à la forme interrogative.
> Es-tu **si** fatigué **que** tu ne puisses pas venir m'aider ?

★ Un(e) tel(le) / de tel(le)s + nom + que
Cette construction insiste sur l'intensité.
> Elle a parlé avec **une telle** agressivité **que** les enfants ont eu peur.
> (= Elle a parlé très agressivement ; résultat : les enfants ont eu peur.)

★ Au point que / À tel point que
Ces conjonctions insistent sur l'intensité et expriment qu'un point limite est atteint.
> L'orage a inondé la cave **au point qu**'il a fallu évacuer la maison.
> (= on ne pouvait plus rester)
> Il a menti **à tel point qu**'on n'a pas pu lui pardonné.
> (= ces mensonges ont dépassé les limites de l'acceptable)

★ Tant et si bien que
Cette conjonction insiste sur l'idée de répétition.
> Il a mangé des pâtes durant tout son voyage **tant et si bien qu**'il en est écœuré.
> (= il en a trop mangé)

★ Assez / suffisamment / pas assez / trop / trop peu... pour que + subjonctif
Ces expressions sont suivies du subjonctif. Le fait exprimé par la principale est jugé suffisant ou insuffisant ou excessif pour que la conséquence se réalise.
> Il est **suffisamment** adulte **pour que** je lui dise la vérité.
> Il n'y a **pas assez** de place **pour qu**'on puisse inviter tout le monde.
> Les dégâts sont **trop** importants **pour qu**'on fasse rapidement les réparations.
> Il a **trop** menti **pour qu**'on lui fasse encore confiance.

ATTENTION !
Si les verbes des deux propositions sont identiques, on utilise la préposition *pour* + infinitif présent.
> Nous avons **trop** de difficultés financières **pour** pouvoir partir en vacances.

L'EXPRESSION DU BUT

Le but s'exprime par...

DES CONJONCTIONS DE SUBORDINATION

Toutes les conjonctions exprimant le but sont suivies d'un verbe au subjonctif.
Attention, si les verbes des deux propositions sont identiques, on utilise la préposition + infinitif présent.

> J'emmène mes enfants à l'étranger **pour qu'ils puissent** découvrir une autre culture.
> (= les enfants découvrent)

> Je pars à l'étranger **pour découvrir** une autre culture.
> (= je découvre)

* **pour que / afin que + subjonctif**
  pour / afin de + infinitif

Afin que s'emploie davantage dans la langue soutenue.

> Parle fort **pour que** tout le monde t'entende.
> Il révéla le secret qu'il conservait depuis si longtemps **afin que** tout le monde sache la vérité.
> Elle observa le silence **afin de** laisser l'enfant se reposer.

La conjonction *que* peut être utilisée seule après un verbe à l'impératif.

> Taisez-vous **que** je puisse écouter les informations !
> Écarte-toi un peu **que** je puisse prendre une photo !

ATTENTION !

Pour + infinitif passé n'exprime pas le but mais la cause (Voir EXPRESSION DE LA CAUSE p. 169).

* **de sorte que / de manière (à ce) que / de façon (à ce) que + subjonctif**
  de sorte de / de manière à / de façon à + infinitif

Ces conjonctions insistent sur la manière d'agir pour atteindre un but souhaité.

> Il cria **de façon que** les spectateurs du fond de la salle puissent l'entendre.
> Il cria **de façon à** se faire entendre des spectateurs du fond de la salle.
> Rapprochez-vous **de manière à ce que** je puisse tous vous photographier.

ATTENTION !

Ces trois conjonctions expriment la conséquence quand elles sont suivies de l'indicatif (Voir EXPRESSION DE LA CONSÉQUENCE p. 171).

* **de crainte que / de peur que + subjonctif**
  de crainte de / de peur de + infinitif

Ces conjonctions indiquent un résultat que l'on cherche à éviter. Elles appartiennent à la langue soutenue.

> Il ne bougeait pas **de crainte de** se faire remarquer.
> (= il craignait de se faire remarquer)
> Il ne bougeait pas **de crainte qu'**on (ne) le remarque.

ATTENTION !

Avec *de crainte que* et *de peur que*, on peut utiliser un *ne*, dit explétif, qui n'a pas de valeur négative ; il s'emploie en langue soutenue et n'est pas obligatoire.

* **avec l'espoir que / dans l'espoir que + subjonctif**
  avec l'espoir de / dans l'espoir de + infinitif

Cette conjonction indique un résultat que l'on espère voir se réaliser.

> Il a déposé une requête **avec l'espoir qu'**elle soit acceptée.
> (= il espère que la requête sera acceptée)
> Elle l'a rejoint **dans l'espoir de** se réconcilier avec lui.

* **dans le but de / en vue de / dans l'intention de / dans la perspective de / dans le dessein de + infinitif**

Ces expressions ont le même sens que *pour* et s'utilisent dans un contexte plutôt administratif.

> Ils se sont entraînés **dans le but** d'aller en finale.

En vue de peut aussi être suivi d'un nom.

> Il commence à rencontrer les électeurs **en vue de** la prochaine élection.

* **Histoire de + infinitif**

Cette expression a le même sens que *pour* et s'utilise dans un registre familier, à l'oral. Le but évoqué est souvent considéré comme de peu d'importance.

> Nous sommes restés une heure avec lui **histoire de** parler un peu.

DES VERBES

Certains verbes marquent une idée d'effort pour atteindre le but souhaité.

s'acharner à	*s'appliquer à*	*s'efforcer de*
s'évertuer à	*tâcher de*	*travailler à*

> Il **s'acharne à** lui expliquer la raison de son acte.
> Elle **s'applique à** ne pas parler trop vite.
> Ils **s'efforcent de** ne pas être trop autoritaires.
> Je **m'évertue à** te faire comprendre cet exercice mais tu n'écoutes pas !
> **Tâche d'**arriver à l'heure !
> Il **travaille** activement **à** trouver une solution.

Certains verbes indiquent une idée précise.

aspirer à	*chercher à*	*faire l'impossible pour*
se proposer de	*rêver de*	*viser à*

> J'**aspire à** me reposer.
> Il **cherche à** nous tromper.
> Nous **ferons l'impossible pour** arriver à temps.
> Je **me propose de** faire les courses pour tout le monde.
> Il **rêve de** réussir !
> Ce projet **vise à** sensibiliser les enfants à l'écologie.

L'EXPRESSION DE L'OPPOSITION

Si deux faits de même nature (comportements, événements, caractérisation...) sont rapprochés de façon à mettre en évidence leurs différences, il y a opposition.
> Ma sœur est grande, moi, **au contraire** je suis petite.
> En France, on roule à droite **alors qu'**en Grande-Bretagne, on roule à gauche.

L'opposition s'exprime par...

DES ADVERBES

* Mais
> Je n'ai pas faim **mais** j'ai soif.
> Elle habite Paris **mais** ses enfants vivent en province.

* Au contraire
Généralement, la première proposition est négative.
> Il n'avait plus peur ; **au contraire**, il était rassuré.

* À l'opposé
Les deux situations évoquées sont très éloignées, voire opposées.
> Certains jeunes sont rebelles ; **à l'opposé**, d'autres suivent le chemin tracé par leurs parents.

* En revanche / Par contre
En revanche est de niveau soutenu.
> Je comprends très bien le russe, **en revanche**, je ne le parle pas bien.

* Inversement
> Avec lui, c'est toujours pareil : il peut critiquer tout le monde. **Inversement** personne n'a le droit de le critiquer.

DES PRÉPOSITIONS

* À l'inverse de / À l'opposé de + nom
> **À l'inverse / À l'opposé** de ses amis, il ne sort jamais.

* Au lieu de + infinitif
> **Au lieu de** rester là à ne rien faire, viens m'aider !

* Contrairement à + nom ou pronom
> **Contrairement aux** résultats des sondages, il a été réélu.
> (= Les sondages avaient annoncé un résultat contraire aux résultats réels.)

* Loin de + infinitif
> **Loin de** vouloir te faire de la peine, il faut quand même que je te dise que tu as tort !
> (= Mon intention n'est pas de te faire de la peine, mais il faut quand même que je te dise...)

DES CONJONCTIONS

* Alors que / Tandis que + indicatif
> Il a voté à droite **alors qu'**elle a voté à gauche.

* Si + indicatif
> **Si** elle est intelligente, elle n'est pas très aimable.
> (= D'un côté, elle est intelligente mais de l'autre, elle n'est pas aimable.)

* Autant... autant + indicatif
Cette conjonction ajoute une idée de quantité.
> **Autant** son père est bavard **autant** sa mère est discrète.
> (= Son père est aussi bavard que sa mère est discrète.)

DES EXPRESSIONS

* Quant à / Pour (ma, ta...) part / De (mon, ton...) côté / En ce qui (me, te...) concerne
> Il a décidé d'accepter le contrat qui lui était proposé ; **quant à** moi, je vais prendre le temps d'y réfléchir.

* En fait
Elle signifie *mais en réalité*.
> Je croyais que j'avais réussi l'épreuve de mathématiques, **en fait**, je l'ai ratée !

L'EXPRESSION DE LA CONCESSION

Si la relation cause / conséquence entre deux faits ne s'établit pas logiquement, on peut indiquer cette contradiction par une expression de concession.

> **Bien que** nous soyons voisins, nous ne nous voyons pas beaucoup.
  (= Il est serait logique que des voisins se voient beaucoup.)
> **Bien qu'**il ait neigé cette nuit, elle est partie faire son jogging matinal.

La concession s'exprime par...

DES ADVERBES

★ **Mais** (peut aussi avoir une valeur concessive)
> Il ne travaille pas **mais** tout lui réussit.

ATTENTION !
À l'oral, *mais* peut être renforcé par *quand même* qui est toujours placé après le verbe.
> Il n'a rien à faire ici **mais** il reste **quand même**.

★ **Pourtant / Cependant / Toutefois / Néanmoins**
Toutefois et *néanmoins* sont de registre plus soutenu.
> Il gagne bien sa vie, **pourtant** il a des difficultés financières.
> Je comprends votre position mais ne pourrait-on dire **néanmoins** que le pire est à venir ?

★ **Or**
Il peut être équivalent à *mais, pourtant* ou *cependant*. La proposition qu'il introduit exprime une objection à la précédente.
> Il assure avoir écrit. **Or**, nous n'avons rien reçu.
  (= et pourtant)
> L'adhésion a été refusée à ce pays **or**, il satisfaisait à toutes les conditions.

ATTENTION !
Or n'a pas toujours une valeur concessive. Il peut aussi signifier *justement, et bien, à ce sujet*. La proposition qu'il introduit ajoute un argument à la précédente.
> Les citoyens attendaient que le Président s'exprime sur cette réforme. **Or**, c'est ce qu'il fera ce soir au cours d'une allocation télévisée.

★ **Par ailleurs**
> Cet homme, **par ailleurs** charmant, est un paresseux.
  (= pourtant si charmant)

★ **Pour autant**

> Les médias ne parlent plus de la violence urbaine,
  {
  - le problème n'est pas **pour autant** résolu.
  - **pour autant** le problème n'est pas résolu.
  - le problème n'est pas résolu **pour autant**.

(= Bien que les médias en parlent, le problème n'est pas résolu.)

DES PRÉPOSITIONS

★ **Malgré + nom**
> Il a surmonté les difficultés **malgré** son handicap.
  (= bien qu'il soit handicapé)

★ **En dépit de**
> Il a agi **en dépit de** tous les conseils qu'on lui a donnés.
  (= malgré les conseils)

DES CONJONCTIONS

★ **Même si + indicatif**
Cette conjonction ajoute une nuance d'hypothèse à celle de concession.
> **Même si** j'avais assez d'argent, je n'achèterais pas cette voiture.

★ **Aussi + adjectif + que + subjonctif**
> **Aussi** étonnant **que** cela puisse paraître, c'est vrai.
  (= bien que cela semble étonnant)

★ **Bien que / Quoique + subjonctif**
> **Bien que** ces hommes soient du même parti, ils se détestent.
> **Quoique** le mariage soit en recul, la majorité des jeunes en rêvent encore.

★ **Encore que + subjonctif**
Cette conjonction introduit une restriction.
> Nous allons commencer la réunion **encore que** tout le monde ne soit pas arrivé.
  (= bien que tout le monde ne soit pas là)
> Cet homme est admirable **encore qu'**il ne soit pas aimé de tous.
  (= même s'il n'est pas admiré de tous, bien qu'il ne soit pas admiré de tous)

★ Sans que + subjonctif
> Il est parti **sans que** personne ne le voie.
   (= et pourtant on a essayé de le retenir)

★ Si + adjectif + que + subjonctif
> **Si** intéressant **que** soit ce film, il ne m'a pas plu.
   (= Le film est intéressant et pourtant il ne m'a pas plus.)

★ Quelque + adjectif / nom + que + subjonctif
Cette conjonction est de registre soutenu.
> **Quelque** idée **que** vous ayez, dites-la.
   (= même si votre idée est mauvaise ou différente)
> **Quelques** sérieuses **que** soient vos raisons, vous n'obtiendrez rien.
   (= même si vos raisons sont sérieuses)

★ Tout / Si / Quelque + adjectif + que + subjonctif
Ces conjonctions appartiennent au registre soutenu.
> **Tout** intelligent **qu'**il soit, il fait n'importe quoi.
   (= bien qu'il soit intelligent)

★ Quel(le)(s) que + subjonctif (généralement verbe être)
> Il se retirera **quels que** soient les résultats de l'élection.

★ Où que + subjonctif
> Elle le suit partout **où qu'**il aille.
   (= quel que soit l'endroit où il aille)

★ Qui que + subjonctif
> **Qui que** vous soyez, votre opinion m'intéresse !
   (= quelle que soit la personne que vous soyez)

★ Quoi que + subjonctif
> **Quoi qu'**on fasse, la planète se réchauffe.
   (= quelle que soit la chose que vous fassiez)

LOCUTIONS VERBALES

★ Il n'en reste pas moins + adjectif ou que + indicatif
> Il est très âgé, **il n'en reste pas moins** alerte **qu'**il fait son jogging tous les jours.
   (= bien qu'il soit très âgé)

★ Il n'empêche que (familier) / Toujours est-il que
> Je suis faible en maths, **il n'empêche que** j'ai réussi mon examen !
   (= et pourtant, j'ai réussi mon examen)
> Je ne sais pas s'il va vraiment déménager, **toujours est-il qu'**il n'arrête pas d'en parler !

★ Avoir beau + infinitif
> Il **a eu beau** protester, je n'ai pas changé d'avis.
   (= bien qu'il ait protesté)

L'EXPRESSION DE L'HYPOTHÈSE ET DE LA CONDITION

PHRASES AVEC SI

★ Si + présent de l'indicatif, verbe au présent ou impératif ou futur

Une action se réalisera dans le présent ou le futur à condition qu'une autre action se réalise.

> Si je **vends** ma voiture à un bon prix, j'en **rachète / rachèterai** une plus grande.
> (= Je ne sais pas si je vais vendre ma voiture à un bon prix ; c'est la condition pour que j'en achète une plus grande.)
> Si tu **as** le temps demain, **passe** nous voir.
> (= Passe nous voir, bien sûr à condition que tu aies le temps.)

★ Si + passé composé, verbe au présent ou passé composé ou futur / futur proche

Une action s'est réalisée ou se réalisera dans le présent ou le futur à condition qu'une autre action soit réalisée.

> S'il **a gagné**, il **doit** être heureux et il **a** sûrement **fait** la fête.
> (= On ne sait pas s'il a gagné ou pas mais c'est la condition pour qu'il soit heureux et ait fait la fête.)
> Si tu **as compris** cet exercice, je **vais t'expliquer** la suite.
> (= Puisque tu as compris cet exercice. C'était la condition pour qu'on continue.)
> Si on **a terminé** avant ce soir, on vous **rejoint / rejoindra** au restaurant.
> (= On ne sait pas si on aura terminé avant ce soir mais c'est la condition pour qu'on aille au restaurant.)

★ Si + Imparfait, verbe au conditionnel présent ou conditionnel passé

L'hypothèse est située dans le présent ou le futur et l'action envisagée est considérée comme une éventualité tout en ayant peu de chances de se réaliser.

> Si **j'allais** à Tokyo cet été, **j'apprendrais** le japonais.
> (= Le voyage n'est pas décidé et est peu probable.)
> Imagine ! S'il **était** élu, que se **passerait**-il ?
> (= L'élection est une éventualité mais n'est pas souhaitée.)
> Si vous **toussiez** encore demain, il **faudrait** consulter un spécialiste.
> (= Mais il est probable que vous ne tousserez plus.)

L'hypothèse est située dans le présent mais l'action envisagée ne pourra pas se réaliser puisque l'action hypothétique est irréalisable.

> Si je **pouvais**, **j'habiterais** sur une île !
> (= Malheureusement je ne le peux pas.)
> Si Internet n'**existait** pas que **ferions**-nous ?
> (= Ce ne sont que des suppositions car Internet existe.)
> Si **j'étais** toi, je lui en **aurais parlé**.

★ Si + plus que parfait, verbe au conditionnel passé

L'hypothèse est située dans le passé et l'action envisagée ne s'est pas réalisée.

> Si **j'avais su**, je ne **serais** pas **venu** !
> (= Je ne savais pas donc je suis venu, mais je le regrette.)
> Si tu **t'étais renseigné**, tu **aurais su** que le train avait été supprimé.
> (= Tu ne t'es pas renseigné donc tu ne savais pas ; je te le reproche.)
> Si on **avait** mieux **garé** la voiture, la police ne **l'aurait** pas **emmenée** à la fourrière.
> (= On a mal garé la voiture donc la police l'a emmenée.)

Le verbe de la proposition principale peut être au conditionnel présent pour exprimer un résultat situé dans le présent.

> Si tu **avais** moins **mangé**, tu ne **serais** pas malade !
> Le toit de la maison ne **serait** pas à refaire s'il n'y **avait pas eu** cette tempête.

ATTENTION !

À l'oral, on supprime parfois la proposition avec **si** et on juxtapose deux propositions au conditionnel.

> Vous m'**auriez** prévenu, je **serais venu** vous chercher.
> (= si vous m'aviez prévenu...)
> **Aurais**-tu dix ans de plus ou de moins, je **t'aimerais** !
> (= même si tu avais...)
> Attention à l'inversion du sujet.

DOUBLE HYPOTHÈSE

Quand il y a deux hypothèses (*Si... et si...*), pour éviter la répétition de *si*, on exprime la deuxième hypothèse par *que* + subjonctif.

> Si tu viens à Marseille et **que tu veuilles** visiter un musée, je t'accompagnerai volontiers.
> Si on réussissait à trouver un billet et **qu'on puisse** partir à l'étranger, ce serait super !
> Si vous étiez arrivé plus tôt et **que vous ayez pensé** à me téléphoner, vous n'auriez eu aucun problème pour vous loger !

CONJONCTIONS FORMÉES AVEC SI

Si peut être combiné pour exprimer des nuances.

★ Même si

Cette conjonction apporte une nuance d'opposition. Les combinaisons de temps sont les mêmes qu'avec *si*.

> Je partirai **même s'**il m'en empêche.
> Elle parlerait **même si** elle n'avait rien à dire.
> Il aurait refusé le poste **même si** on lui avait offert une petite fortune.

* Sauf si / Excepté si

Ces conjonctions apportent une nuance de restriction. Les combinaisons de temps sont les mêmes qu'avec *si*.

> Il le fera **sauf si** je lui demande de ne pas le faire.
> Elle choisirait de partir **excepté si** nous la supplions de rester.

* Comme si

Cette conjonction exprime une comparaison avec un fait irréel. Elle s'emploie uniquement avec :

* l'imparfait pour exprimer la simultanéité.
  > Il me parlait **comme si** j'étais une idiote.
  (= mais en réalité je ne suis pas idiote)
  > Elle dépense **comme si** elle était milliardaire.
  (= mais elle n'est pas milliardaire)
* le plus-que-parfait pour exprimer l'antériorité.
  > Il me regardait **comme s**'il ne m'avait jamais vue.
  (= mais en réalité il m'a déjà vue)

PRÉPOSITIONS ET CONJONCTIONS

* Au cas où / Dans le cas où / Dans l'hypothèse où + conditionnel
En cas de / Dans l'hypothèse de + nom
En supposant que / En admettant que / En imaginant que / À supposer que + subjonctif

Ces expressions expriment une éventualité. L'hypothèse est dans le présent ou le futur.

> **Au cas où** aucun pays n'accepterait la date, il faudrait la reporter.
> (= si par hasard un pays n'acceptait pas la date)
> **En cas de** refus de la proposition, il y aura situation de crise.
> (= si jamais la proposition est refusée)
> **Dans l'hypothèse d**'un changement politique, quelle position prendrions-nous ?
> (= si jamais il y avait un changement de politique)
> **En supposant que** l'on puisse accorder les droits demandés à tous les pays, il faudra augmenter leur participation financière.
> **À supposer que** nous partions à 8 heures, à quelle heure arriverions-nous ?

* À moins que + subjonctif / À moins de + nom ou infinitif

Cette expression exprime une restriction. Après *à moins que*, on utilise le *ne* explétif.

> C'est moi qui travaillerai avec toi sur ce projet **à moins que** cela **ne** te convienne pas.
> (= sauf si cela ne te convient pas)
> **À moins d**'une grossière erreur, il réussira son examen.
> (= sauf s'il commet une grossière erreur)
> **À moins de** prendre l'autoroute, vous n'arriverez jamais à temps.
> (= sauf si vous prenez l'autoroute)

* Quand bien même + conditionnel

> **Quand bien même** il me paierait très cher, je n'accepterais pas sa proposition.
> (= même s'il me payait très cher)

* À condition que / pourvu que + subjonctif
À condition de + infinitif

> Ils seront champions **à condition qu**'ils remportent leur dernier match.
> **Pourvu qu**'ils viennent, je serais heureux !

* Si tant est que + subjonctif

Cette conjonction exprime une condition nécessaire minimale mas peu probable.

> Le ministre va démissionner **si tant est qu**'on puisse croire l'information donnée par ce journaliste.
> (= Je doute fort que l'on puisse croire cette information.)

* Gérondif + futur ou conditionnel

> **En choisissant** ce candidat, vous **auriez résolu** vos problèmes.
> (= si vous aviez choisi ce candidat)
> **En prenant** cette route, vous **arriverez** à l'heure.
> (= si vous choisissez cette route)

LE DISCOURS RAPPORTÉ

On appelle *discours rapporté* une situation de communication dans laquelle un locuteur rapporte les paroles, les écrits, les pensées d'un autre locuteur. On peut les rapporter directement ou indirectement.

Le discours direct

Au discours direct, les paroles ou les pensées sont rapportées fidèlement, telles qu'elles ont été prononcées.
> Il m'a dit : « Je ne pourrai pas être là avant huit heures. »

À l'écrit, on reconnaît le discours direct car les propos :
• sont détachés du texte dans lequel ils sont insérés par la typographie : deux points, guillemets, tirets pour des répliques qui s'enchaînent.
• sont attribués à un interlocuteur par l'intermédiaire :
- d'un verbe introducteur : *Il répondit : « ... ».*
- d'une proposition incise : *« Je refuse de partir, **dit-elle**, si vous ne m'accompagnez pas. »* Dans ce cas, il y a inversion du sujet.

À l'oral, c'est l'intonation qui remplace les signes typographiques.
> Voilà ce qu'il m'a exactement dit. (pause) Je ne pourrai pas être là avant 8 heures.

Le discours indirect

Au discours indirect, les paroles ou les pensées sont insérées dans la phrase de celui qui les rapporte.
Cette insertion est faite par :
• l'absence de signes distinctifs de ponctuation (guillemets...) et des marques d'expressivité des propos directs (points d'interrogation, d'exclamation...).
• la présence d'une forme de subordination :
- une complétive : *Il me dit que...*
- une interrogative indirecte : *Il me demanda si...*
- un infinitif : *Elle nous ordonna de partir.*
- une nominalisation : *Il annonça sa démission.*
• la transposition des marques d'énonciation des propos énoncés. Ces modifications concernent les marques de la personne (pronoms personnels, adjectifs et pronoms possessifs), les indications de temps et de lieu.
> Le ministre déclare aux députés : « **Notre** projet de loi sera discuté **dans un mois**. »
→ La semaine dernière, le ministre a déclaré aux députés que **leur** projet serait discuté **le mois suivant**.

Quand on rapporte indirectement les paroles ou les pensées de quelqu'un, il faut donc faire attention aux changements syntaxiques et à la concordance des temps.

> Le journaliste a déclaré : « Le ministre a rencontré les syndicats ce matin. » (discours direct)
> Le journaliste a déclaré que le ministre avait rencontré les syndicats ce matin. (discours indirect)

LES CHANGEMENTS SYNTAXIQUES

* Rapporter une déclaration
Pour rapporter indirectement une déclaration (affirmative ou négative), on utilise un verbe introducteur comme *dire, répondre, penser... + que.*
> Nous allons venir ce soir. → Elle nous a dit qu'ils allaient venir ce soir.
> Vous avez tort. → Il pense que vous avez tort.

* Rapporter une question
Pour rapporter indirectement une question, on utilise un verbe comme *demander, se demander, vouloir savoir...*

+ *si* pour rapporter une question totale (appelant la réponse *oui* ou *non*).
> Est-ce que tu as voté ? → Elle veut savoir si j'ai voté.
> La lettre est-elle arrivée ? → Il a demandé si la lettre était arrivée.

+ *ce que* pour rapporter une question qui commence par *que* ou *qu'est-ce que* ?
> Qu'est-ce qu'elle vous a dit ? / Que vous a-t-elle dit ?
→ Il demandé ce qu'elle nous avait dit.

+ *ce qui* pour rapporter une question qui commence par *que* ou *qu'est-ce qui* ?
> Qu'est ce qui se passe ? / Que se passe-t-il ?
→ Il voudrait savoir ce qui se passe.

+ *qui* pour rapporter une question qui commence par *qui* ou *qui est-ce qui* et *qui est-ce que.*
> Qui est-ce que tu as invité ? / Qui as-tu invité ?
→ Elle m'a demandé qui j'avais invité.
> Qui est-ce qui est d'accord avec moi ? / Qui est d'accord avec moi ? → Il veut savoir qui est d'accord avec lui.

+ *quand, pourquoi, où, combien, comment...* pour rapporter une question qui commence par l'un de ces adverbes interrogatifs.
> Pourquoi est-ce qu'ils ne répondent pas ?
→ Il se demande pourquoi ils ne répondent pas.
> Où habitez-vous ? → Il veut savoir où nous habitons.

+ **quel** et **lequel** pour rapporter une question qui commence par l'un des deux.
> Quel âge avez-vous ? → Elle m'a demandé quel âge j'avais.
> Lequel tu préfères ? → Il veut savoir lequel je préfère.

* Rapporter une phrase impérative

Pour rapporter une phrase impérative, on utilise généralement un verbe comme *demander, conseiller...*

+ **de** + infinitif
> Restez assis. → Elle nous a demandé de rester assis.
> Ne marchez pas pendant quelques jours ! → Il lui a conseillé de ne pas marcher pendant quelques jours.

ATTENTION !

Ils nous ont **invités à** entrer.

+ **que** + subjonctif
> Venez m'aider. → Elle a demandé qu'on vienne l'aider.

LA CONCORDANCE DES TEMPS

Lorsque le verbe introducteur est au passé, on modifie les temps utilisés dans le discours direct selon les règles de concordance des temps.

DISCOURS DIRECT		DISCOURS INDIRECT
« Je lui **téléphone** ce soir ! »	Présent à imparfait	Il m'a dit qu'il lui **téléphonait** ce soir.
« Est-ce que tu **viendras** ? »	Futur à conditionnel présent	Il m'a demandé si je **viendrais**
« Je ne le **savais** pas. »	Pas de changement	Elle a dit qu'elle ne le **savait** pas.
« Il **était** déjà **parti**. »	Pas de changement	Elle a annoncé qu'il **était** déjà **parti**.
« Je **préférerais** venir lundi. »	Pas de changement	Il a dit qu'il **préférerait** venir lundi.
Au futur proche, au passé récent et aux temps composés, c'est l'auxiliaire qui se transforme selon les indications précédentes.		
« Je **vais** partir. »	Présent à imparfait	Elle a dit qu'elle **allait** partir.
« Il **vient** d'arriver. »	Présent à imparfait	Elle a annoncé qu'il **venait** d'arriver.
« Il **a prévenu** ? »	Passé composé à plus-que-parfait	Elle a demandé s'il **avait prévenu**.
« Nous **n'aurons** pas le temps. »	Futur au conditionnel présent	Il m'a dit que nous n'**aurions** pas le temps.

Choix stylistique

CHOIX DU VERBE INTRODUCTEUR

Le verbe utilisé pour rapporter les propos de quelqu'un peut-être neutre (dire, demander...) mais il peut fournir des informations sur la manière dont les propos sont tenus ou pensés (murmurer, songer, hurler...) ou sur la façon dont le rapporteur les interprète (avouer, prétendre...).

> L'agent de police a demandé à l'automobiliste : « Pouvez-vous me montrer vos papiers, s'il vous plaît ? ». L'automobiliste a répondu : « Je suis désolé, je les ai oubliés. »
→ L'agent de police a demandé à l'automobiliste de lui montrer ses papiers. Celui-ci a répondu qu'il les avait oubliés.

Les verbes *demander* et *répondre* sont neutres ; ils ne font que rapporter les propos.

> L'agent de police a ordonné à l'automobiliste : « Pouvez-vous me montrer vos papiers, s'il vous plaît ? » L'automobiliste a avoué : « Je suis désolé, je les ai oubliés. »
→ L'agent de police a ordonné à l'automobiliste de lui montrer ses papiers. Celui-ci a avoué qu'il les avait oubliés.

Les verbes *ordonner et avouer* donnent une indication sur les attitudes respectives du policier (très autoritaire) et de l'automobiliste (coupable).

* Pour introduire une déclaration

Affirmer	Dire	Préciser
Ajouter	S'écrier	Prétendre
Annoncer	Écrire	Prévenir
Apprendre	Entendre dire	Promettre
Assurer	Expliquer	Raconter
Avertir	Faire remarquer	Reconnaître
Avouer	Faire savoir	Remarquer
Certifier	Garantir	Répéter
Conclure	Hurler	Répliquer
Confier	Indiquer	Répondre
Confirmer	Informer	Signifier
Constater	Jurer	Souligner
Crier	Objecter	Soutenir
Déclarer	Penser	

* Pour introduire une interrogation

Comprendre
Demander
Dire
Ignorer
Indiquer
Savoir
Chercher à savoir
Vouloir savoir

* Pour introduire un ordre, un conseil, une prière, une recommandation

Demander
Inviter
Ordonner
Recommander
Supplier

DISCOURS DIRECT OU DISCOURS INDIRECT ?

* Pourquoi utilise-t-on le discours direct ?

Dans un **récit**, l'alternance de la narration et des dialogues permet de dynamiser une scène ; on entend la voix des personnages, on les voit interagir.

Dans un **texte informatif ou argumentatif**, le choix du discours direct indique la volonté de respecter la forme du propos utilisé comme une citation. Il s'agit parfois aussi de ne pas prendre le risque de déformer la pensée de l'autre.
On peut aussi utiliser le discours direct pour se démarquer des propos rapportés. La citation peut se réduire à un membre de phrase, à un mot, isolé par des guillemets qui signifient : « Ces mots ne sont pas les miens » (prise de distance ironique). Les journalistes utilisent fréquemment ce procédé.
> Le ministre a appelé les forces de police à « intervenir rapidement ».

* Pourquoi utilise-t-on le discours indirect ?

Le discours indirect ne reproduit pas la forme exacte des propos, il en exprime seulement le sens en adaptant le vocabulaire, le registre de langue et en condensant ce qui a été dit. Il présente des avantages :
- Dans un **récit**, il permet une plus grande continuité de la narration. Le texte gagne en homogénéité ce qu'il perd en vivacité.
- Dans un texte **argumentatif**, il permet de s'affranchir du principe de fidélité du discours direct et d'interpréter, de traduire plus librement les propos rapportés et de les interpréter.

LE DISCOURS INDIRECT LIBRE

C'est un procédé stylistique mixte qui combine des caractéristiques du discours indirect (absence de guillemets, changement des pronoms et des adjectifs possessifs, des indices de temps et de lieu) et des caractéristiques du discours direct (absence de mot subordonnant, d'où son caractère libre). C'est une manière souple et expressive de rapporter les propos ou les pensées. On en trouve beaucoup d'exemples tant à l'oral qu'à l'écrit.
> Il s'est mis à se lamenter : tout le monde le laisse tomber, on ne lui fait plus confiance.

* Comparaison des trois styles :

Discours direct : Il le fixa droit dans les yeux et lui lança : « Vous êtes un menteur ! Vous avez fait des promesses que vous n'avez pas tenues. Pourquoi continuerions-nous à vous faire confiance ? »

Discours indirect : Il le fixa droit dans les yeux et lui lança qu'il était un menteur et qu'il avait fait des promesses qu'il n'avait pas tenues. Il lui demanda pourquoi ils continueraient à lui faire confiance.

Discours indirect libre : Il le fixa droit dans les yeux. Oui, il était un menteur ! Il avait fait des promesses qu'il n'avait pas tenues. Pourquoi ils continueraient à lui faire confiance ?

TRANSCRIPTIONS DES ENREGISTREMENTS

DOSSIER 1

Dossier 1 page 13
Activité 8
Comment peut-on être Français ? Les récents débats sur l'acquisition de la nationalité française, relancés lors de la campagne pour les élections présidentielles, méritent qu'on s'arrête un instant sur ce qui fait une spécificité du droit français.
Le droit français a toujours combiné, en proportion variable, le droit du sol - la nationalité découlant du lieu de naissance - et le droit du sang - la nationalité se transmet par filiation -. Chaque époque a pourtant dosé différemment ce subtil cocktail.
Au Moyen-Âge, le droit du sol l'emportait nettement, mais sous l'influence du droit romain, le droit du sang vient peu à peu concurrencer le droit du sol : ainsi l'enfant né dans un pays étranger d'un père français est considéré comme français « s'il a conservé l'esprit de retour et revient dans le royaume avec l'intention de s'y fixer durablement », disent les textes.
Avec la Révolution française, le droit du sol revient en force et c'est très normal, puisque la conception révolutionnaire fait de l'appartenance à la nation le résultat d'un acte volontaire. La Constitution girondine de 1793 accorde même la qualité de citoyen français à la seule condition d'avoir résidé un an sur le territoire. Le Code civil de Napoléon en 1804, reviendra à la transmission de la qualité de Français par la filiation ; il instaure le droit de la nationalité comme droit de la personne, mais ce droit est réservé à l'homme : « Il se construit au détriment de la femme, qui jusqu'en 1927, prend la nationalité de son époux », note le sociologue Patrick Weil, qui conclut : « La politique de la nationalité française a été l'objet de constants affrontements politiques et juridiques. [...] Depuis la Révolution, la France a changé son droit comme aucune autre nation. »
Depuis la loi du 30 décembre 1993, modifiée par décret en mars 1998, et jusqu'à aujourd'hui est français : un enfant né en France, dont un des deux parents est lui-même né en France.
Par ailleurs, selon la loi du 16 mars 1998, la nationalité française est acquise de plein droit à 18 ans pour les enfants nés en France à compter du 1er septembre 1980 de parents étrangers, sous réserve de résider en France au moment de la majorité et d'y avoir résidé au moins cinq ans depuis l'âge de 11 ans.
On peut également acquérir la nationalité par mariage ou par demande de naturalisation à retirer à la Préfecture de son département de résidence. Cependant, rien ne garantit que les actuelles dispositions resteront en vigueur.

Dossier 1 page 15
Activités 4 et 5
- Bonjour monsieur, Juliette Simpson.
- Bonjour, asseyez-vous, je vous en prie ! Je suis le directeur de l'hôtel Magenta. Je vous rappelle que nous nous rencontrons aujourd'hui pour le poste de chef de réception que nous devons pourvoir de manière urgente, d'ailleurs je vous remercie de vous être rendue disponible rapidement. Pour cet entretien, je vous propose trois temps : d'abord je vais vous inviter à vous présenter et à faire part de vos expériences les plus significatives ; dans un deuxième temps, je vous présenterai notre hôtel ainsi que le poste à pourvoir et nous garderons un moment à la fin de l'entretien si vous avez des questions à me poser.
- Je m'appelle Juliette Simpson, j'ai 26 ans, j'ai un bac pro et un BTS d'hôtellerie. Après mes études, j'ai commencé par un stage dans un hôtel trois étoiles à Cambridge en Angleterre, puis j'ai été embauchée par le groupe Accor dans le cadre d'un contrat à durée déterminée en tant que réceptionniste dans une unité de la chaîne à Londres. Et mon contrat se termine à la fin de ce mois, le 30 mai, et je souhaite trouver une nouvelle orientation professionnelle en France. Je cherche à occuper un poste de chef de réception et même si je n'ai jamais occupé ce poste en tant que tel je pense avoir développé toutes les capacités d'organisation et de relationnel pour réussir ce nouveau challenge.
- Bon, pourquoi est-ce que le groupe Accor ne vous renouvelle pas votre CDD ?
- Ah, il y a des possibilités de développer ce poste à Accor, on me l'a proposé mais pour des raisons personnelles, je souhaite travailler en France.
- Vous avez travaillé seulement en Angleterre ? Comment évaluez-vous votre capacité à évoluer dans un contexte français ?
- J'ai fait toutes mes études secondaires et universitaires en France. Mon père est anglais mais ma mère est française et j'apprécie la culture française. La France me manque souvent quand je suis à Londres. Je n'y ai encore jamais travaillé. C'est pour cette raison que je voudrais avoir une expérience en France.
- Vous êtes donc parfaitement bilingue ?
- Bien sûr. J'ai même obtenu ma licence d'anglais, il y a trois ans.
- Vous parlez allemand aussi, selon votre CV ?
- Comme je l'ai précisé, c'est un allemand scolaire hein, mais je me débrouille pas mal.
- C'est que nous avons beaucoup de clients allemands ou hollandais...
- Mais... les Hollandais préfèrent souvent parler anglais.
- Quelles autres langues parlez-vous ?
- Ah j'ai suivi un cours accéléré de japonais à Londres pendant un mois.
- D'accord. Je vais maintenant vous parler de notre hôtel ainsi que du poste à pourvoir. C'est un hôtel trois étoiles de soixante chambres. Vous serez responsable des relations clients que vous devrez renseigner sur les prestations de services offerts par l'établissement. Vous aurez aussi à gérer les plannings et organiser des réunions avec votre équipe.
Votre tâche essentielle consistera à encadrer et coordonner l'ensemble du personnel de réception. Il y a neuf personnes fixes et quelques extras. Vous serez bien entendu sous ma responsabilité directe. Maintenant que je vous ai décrit les tâches qui vous incomberont, dites-moi, à Londres, vous avez travaillé en tant que réceptionniste. Quelles vont être pour vous les principales difficultés à prendre un poste de chef de réception ?
- Je n'en vois aucune. Maintenant j'ai acquis de l'expérience et je pense pouvoir assumer davantage de responsabilités. J'ai suppléé parfois mon chef quand il partait à l'étranger pour le groupe et ça s'est toujours bien passé. Je pense que je maîtrise les différents secteurs liés à l'accueil de la clientèle. On m'a d'ailleurs déjà proposé de développer le poste à Accor et ça montre bien que j'en suis parfaitement capable. Je voudrais accéder plus tard à une direction d'hôtel et chef de réception, c'est une étape obligatoire, vous en conviendrez.
- Ici, nous avons aussi un département prestation séminaires que vous devrez diriger.
- Ça ne me fait pas peur, au contraire. Ces séminaires sont fréquents ?
- Il y en a pratiquement tous les week-ends hors saison.
- Ce qui me paraît normal pour un hôtel de qualité !
- Quelles sont vos qualités principales ? Enfin, pourquoi je vous recruterais vous, plutôt qu'une autre personne ? Vous savez que, travailler dans l'hôtellerie, c'est éprouvant et que les journées sont longues.
- Ah, ça, j'en ai tout à fait conscience et je peux vous dire que je suis résistante. Et puis tout est une question d'organisation et j'ai toujours fait en sorte d'équilibrer mes horaires pour me ménager une vie privée, je fais souvent des concours hippiques.
- Est-ce que vous avez déjà eu un problème avec une personne de votre entourage professionnel ?
- Oui, je trouvais que mon chef de réception manquait de discrétion. Il se permettait souvent de blaguer sur nos clients. D'ailleurs, j'en ai fait part à mon directeur car je trouve que la discrétion vis-à-vis de nos clients doit être une règle absolue dans notre profession.
- Avez-vous d'autres questions sur le poste ?
- Si j'ai bien compris, j'aurai différentes missions : l'accueil, la supervision du personnel, la caisse, les relations avec les employés et aussi la gestion des séminaires, c'est bien ça ?
- Oui, c'est cela. Vous serez aussi parfois amenée à former de nouvelles recrues. Vous en avez l'expérience ?
- Honnêtement non, mais je ferai de mon mieux.
- Bien ! Est-ce que le salaire proposé vous convient ?
- Oui... mais il n'y a pas de prime ni de treizième mois ?
- Non, mais par contre vous bénéficiez d'une mutuelle qui vous remboursera bien. Voilà, je dois rencontrer encore quatre ou cinq candidats. Je vous tiendrai au courant et vous recontacterai dans la semaine qui vient. Je vous remercie Mademoiselle et au revoir.
- Au revoir, Monsieur. À bientôt, merci.

Dossier 1 page 16
Activité 6
1. - Pourquoi t'es pas venu à la réunion du comité de soutien des sans-papiers ?
- Ben, parce que j'avais pas été prévenu, tiens ! Et quand on m'a dit qu'on avait changé la date, j'étais pas très content !
2. - Tu sais, je suis allée déjeuner avec Pauline, hier. J'avais choisi un bon resto et elle a absolument tenu à payer l'addition ! J'en revenais pas !
- Je te l'avais bien dit qu'elle était sympa !
3. - Tu te rends compte qu'en 1980, 80 % des Français n'étaient jamais allés à l'opéra ?
- Ça m'étonne pas... ça coûtait les yeux de la tête !
4. - Quand nous sommes arrivés chez Audrey et Achille tout le monde était parti !
- Peut-être que si vous étiez arrivés un peu plus tôt...
- Ça n'aurait rien changé. Le traiteur s'était décommandé et il n'y avait que des pizzas surgelées.

Dossier 1 page 19
Activités 7 et 8
Dans le cadre de ses émissions sur l'histoire des Français, Radio France a lancé un appel à des immigrés pour qu'ils racontent leurs souvenirs et leurs émotions lors de leur installation en France. Ces témoignages ont été enregistrés et publiés sous le titre *Cher pays de mon enfance*.

Maurice
Le vrai choc fut d'un autre ordre. La belle langue de Molière et de Corneille que nous apprenions au lycée Faure d'Istanbul n'existait pas ici. « Ch'peux pas » disaient les gens et nous avions beaucoup de mal à comprendre pareil jargon. Nous, nous disions « Je ne peux pas. » sans omettre une syllabe. Ici, on employait toujours le « on » « Allez, on y va ! », disait-on pour « Nous y allons. ».
Au début, nous sommes passés pour des prétentieux. Cette façon de soigner liaisons et accords laissait certains Parisiens interloqués : « Qu'est-ce qu'y croit ce pédant ! Y peut pas parler comme tout le monde ? » Nous ne disions pas « Y peut pas parler » mais « Ne peut-il pas parler ? ».
C'était comme une fiancée tant convoitée, tant vénérée, marmonnant un jargon bizarre et proférant des jurons indignes d'elle. Mais enfin, la promise était comme cela, nous avons dû apprendre à l'aimer telle quelle, notamment en imitant son accent.

Isabel
Avec la langue française, ce fut d'abord une longue histoire de volonté, de travail, d'apprivoisement mutuel. Puis cela devint une histoire d'esprit, de culture, d'art de penser, d'échanger. Et enfin, c'est devenu une histoire d'amour et d'amitié faite de libération et de liberté, de croissance et de vie. Avec le temps, la langue française m'a adoptée et je me sens bien dans sa famille. Quand je suis fatiguée, que les deux langues se mettent à exister toutes seules, je bégaie, des mots arrivent incontrôlés et incontrôlables, dans les deux langues, l'accent portugais se fait plus audible et la syntaxe se mélange. C'est avec les chiffres que cela se complique sans que je sache pourquoi. Je ne sais pas compter, ni faire les quatre opérations en français. Comme si les chiffres étaient restés dans un espace d'intimité intraduisible, une espèce de musique unique, portugaise, forcément. Ça surprend toujours ceux qui entendent. Tant pis. C'est comme ça.

DOSSIER 2

Dossier 2 page 26
Activité 1
Virgile est amoureux d'Émilie. Ils vivent ensemble depuis deux ans. Virgile évoque leur relation.
- Vous l'avez rencontrée comment ?
- Je l'ai rencontrée au cours Florent, au cours de théâtre.
- Et vous pouvez nous expliquer un petit peu comment ça s'est passé cette rencontre ?
- Ben, ça s'est passé euh on s'est rencontrés au cours Florent, mais ça n'a rien à voir avec le théâtre, j'ai été hospitalisé à la fin d'une année de théâtre pour un pneumothorax, quelque chose d'assez sérieux, et euh et en fait on s'était euh on se connaissait mais on se parlait pas vraiment, et en fait elle a, elle est venue me voir pas mal à l'hôpital, et ensuite c'était les vacances d'été, on s'est revus, ça s'est passé comme ça, en fait, donc euh voilà, mais c'est pas venu sur un rôle ou sur, c'est pas l'histoire classique.
- Donc c'était une amitié d'abord ?

- Non, non, non, c'est un, non, on n'a pas vraiment été très amis, avant on se connaissait pas trop on se parlait pas trop, ça s'est passé rapidement, c'est allé très vite.
- Ça a été un coup de foudre alors ?
- Ça a été un coup de foudre...
- Et si vous deviez donner trois mots pour qualifier votre relation avec Émilie, c'est ça ?
- Ben je dirais, tendresse c'est vraiment le premier mot qui me vient à l'esprit et euh et euh partage... et euh admiration réciproque je ne sais pas quelque chose comme ça.

Dossier 2 page 28
Activités 2 et 3
- Bonjour madame, alors qu'est-ce qui vous amène ?
- Depuis quelques jours, j'ai mal à la tête, j'ai un peu de fièvre et j'ai mal à la gorge quand j'avale ma salive.
- Est-ce que vous toussez ?
- Ce matin, j'ai beaucoup toussé en me réveillant.
- Vous avez une toux sèche ou une toux grasse ?
- Oh, je crois que c'est simplement une irritation.
- Vu les symptômes, toux sèche, fièvre, mal à la gorge, je pense qu'il s'agit d'une affection virale. Je vais vous prendre votre tension artérielle et votre pouls. Allongez-vous, s'il vous plaît. Vous avez 12/8, c'est correct et le pouls est parfait : 80. Je vais en profiter pour prendre aussi votre température. Hm... 38. Je ne suis pas très inquiet. Je vais vous faire une ordonnance mais sans antibiotique. Il n'y a pas de surinfection.
- Mais moi, ce qui m'inquiète, docteur, c'est que je dors très mal, j'ai des insomnies.
- Ça fait longtemps ?
- Ben oui, ça commence à faire... au moins trois semaines maintenant.
- Avez-vous des ennuis personnels en ce moment ? Je ne sais pas, un deuil dans votre famille, des difficultés conjugales ?
- Effectivement, je suis en instance de divorce et mon mari me fait des difficultés depuis quelques temps à propos de la garde des enfants.
- D'accord, je comprends mieux maintenant, vous traversez une passe affective difficile. Vous avez des amis ou des personnes de votre famille en qui vous avez confiance et qui pourraient vous venir en aide ?
- Oui, ma sœur habite pas très loin de chez moi, mais je ne veux pas la mêler à tout ça.
- Eh bien, vous avez tort. Il faut parfois se faire aider ponctuellement car il peut y avoir aussi des répercussions graves sur votre organisme. Je vais rajouter à mon ordonnance un anxiolytique très léger. Vous êtes salariée ?
- Oui et je ne suis pas allée travailler ce matin, je me sentais trop mal !
- D'accord ! Alors à ce moment-là, je vais vous faire un arrêt maladie de deux jours pour votre employeur. Pour l'ordonnance, vous allez prendre du paracétamol, un comprimé toutes les trois heures. Je vais également vous prescrire un sirop contre la toux, une cuillerée à café le matin et une le soir. Et puis si vous avez du thym ou des herbes aromatiques sur votre terrasse, de la lavande par exemple, n'hésitez pas, faites-vous des tisanes, ça va vous apaiser. Alors pour l'anxiolytique, un demi-comprimé avant de vous coucher pendant un mois mais surtout suivez mon conseil, confiez-vous à votre sœur ou alors, je ne sais pas, consultez un psychologue.
- Merci docteur. Je vous dois... ?
- Vous avez la carte vitale ? Merci, ça fera 21 euros.

Dossier 2 page 29
Activités 4, 5 et 6
- Antoine Li est avec nous, vous le connaissez bien

sûr, vous connaissez ses reportages, pour une fois que vous êtes en direct de nos studios Antoine, puisque vous avez testé un certain nombre de produits anti-ronflements et résultat, ben on va l'entendre, Antoine, ça va ? Ça a pas été trop douloureux quand même ce test ?
- Ça été, ça été, mais en fait je l'ai testé pour vous parce que euh en fait je suis victime d'un problème qui touche près d'un Français sur cinq. RRR... RRR... RRR... Oui, voilà ben donc...
- C'est vous mais ça pourrait être nous, beaucoup de gens dans l'équipe ronflent exactement comme vous, Antoine.
- Exactement.
- Si ça peut vous déculpabiliser.
- Et donc pour remédier à ce problème, j'ai voulu trouver un produit miracle et pour ça, je me suis rendu dans une pharmacie parisienne où j'ai demandé s'il était possible de régler ce problème. Je vous propose d'écouter.

- Bonjour, je viens vous voir parce que j'ai des problèmes de ronflements et je voudrais un produit radical qui pourrait faire partir ça rapidement.
- Ouais, vous avez ça, ce produit-là qui est nouveau qui va agir au niveau nasal et au niveau buccal.
- Ouais et c'est assez efficace.
- Ah oui, c'est efficace.
- Parce que bon, hein ?
- Après, je vous le dis franchement, si vous avez un problème de cloisons au niveau du nez, de déviation de la cloison, si vous avez des choses, des problèmes comme ça, ça ne marchera pas.
- Quand je suis éveillé, je respire bien, donc je pense pas que ce soit ça.
- Après, si ça ne marche pas c'est que vous avez vraiment un problème à ce niveau-là, y a qu'un médecin qui pourra arranger ça. En tout cas, ça l'atténuera, c'est sûr, maintenant...
- En combien de temps ?
- Ah c'est... faut le faire juste avant de se coucher, c'est pas...
- Si je le mets ce soir, ça marche tout de suite.
- Ah oui oui oui, c'est pas un traitement de fond à long terme, c'est un traitement instantané.
- D'accord. Ça coûte combien ?
- Il fait 19,90.
- Eh, c'est quoi, c'est un spray, je peux voir comment... à quoi ça ressemble ? Ah, y a buccal et nasal ? C'est la même bombe ?
- Oui exactement mais vous avez deux embouts.
- Ça marche comment ?
- Euh... ben sur la gorge, ça lubrifie la luette si vous voulez pour éviter les frottements, en fait, de l'air. Et au niveau du nez, ben ça dégage les voies, les voies respiratoires. C'est pas... c'est pas un traitement, ça traite pas, ça c'est sûr hein, mais de toute façon y a rien qui traite le ronflement, à part la chirurgie, y a rien qui traite donc je peux pas vous garantir que vous allez plus ronfler du tout mais ça va diminuer, c'est sûr, voilà.
- Si vous dites que ça marche...
- De toute façon, faut essayer, je vous dis, c'est pas comme une maladie où on sait qu'avec telle molécule on va traiter cette maladie, là il faut essayer.
- Et ça a été testé en laboratoire ?
- Ah oui oui oui ben bien sûr oui oui.
- Bon ben, je vais essayer hein.
- Voilà monsieur !
- Merci. Bon si ça marche pas, je viens vous voir ? Merci beaucoup, merci au revoir.

- Antoine, vous voilà donc reparti avec deux boîtes. on va démarrer par le premier produit. Il s'appelle « Silence », c'est le produit qui se vend le mieux, hein je crois que c'est 60 % des parts de marché, ça se

vend très très bien. Alors, vous l'avez testé.
- Voilà ! je l'ai testé rempli d'espoir comme la pharmacienne me l'avait indiqué à priori en 24 heures mon problème de ronflement disparaîtrait. Donc alors j'ai demandé à ma femme de prendre mon micro numérique, mon magnétophone numérique, pour m'enregistrer et voilà, j'ai testé ce produit. J'ai bien suivi les instructions et voilà le résultat : RRR... RRR... RRR...

Dossier 2 page 30
Activité 1
- Ouille, ouille, ouille ! Aïe !
- Mais qu'est-ce que tu as ?
- J'ai mal.
- T'as mal où ?
- Ce que ça me fait mal, tu peux pas savoir !
- Oui, mais qu'est-ce qui te fait mal ?
- J'ai une de ces douleurs !
- D'accord mais où ? C'est le bas de ton dos qui est douloureux ?
- J'ai un de ces mal ! Là, oui, ah, ça me fait un mal de chien !
- Bon, je vais te frictionner, te faire un petit massage. Voilà, c'est une pommade miracle ! Voilà ! ça va mieux maintenant ?
- Je me sens un peu mieux, continue !
  Là ? C'est là que c'est sensible ? C'est le muscle qui est contracté.
- Oui, là c'est bon, oui... Hou ! Ça soulage !
- Bon ben, c'était pas grand'chose finalement.
- Ouf, j'ai cru que j'étais coincé ! Je l'ai échappé belle ! J'avais la hanche toute endolorie ! ça y est, c'est presque parti !

Dossier 2 page 33
Activités 5, 6 et 7
- Savez-vous que les consommateurs sont des consommatrices ? En effet c'est par ce paradoxe qu'on pourrait vraiment résumer la situation française. Les actes d'achat, dans leur grande majorité sont le fait des femmes, ce sont elles qui achètent et lorsqu'elles n'achètent pas directement ce sont elles qui sont prescriptrices, par exemple dans l'achat des voitures. Avis donc aux annonceurs et aux publicitaires : le consommateur de demain est une femme et il faudra en tenir compte.
- Cela dit, les hommes sont de plus en plus à la cuisine, mais c'est par plaisir. Ils s'occupent aussi de plus en plus des enfants, mais c'est leur conscience de pères qui s'exprime. En fait les déséquilibres au sein du couple sont sans doute moins prononcés qu'autrefois mais ils subsistent. Ce que font les hommes à la maison concerne essentiellement les tâches dites « nobles », ils sont loin encore par exemple de passer la serpillère. 41 % d'entre eux ne repassent jamais leurs vêtements, contre 16 % des femmes. Des femmes qui pourtant de plus en plus ont une activité professionnelle, ce qui leur fait finalement deux fois plus de travail ; des femmes qui restent les « maîtresses de maison », la formule est toujours d'usage, ce qui veut dire aussi qu'au niveau des achats du couple, vous l'avez dit Isabelle, elles sont essentiellement prescriptrices. Autres temps, autres mœurs, dit-on, finalement pas vraiment.
Alors c'est vrai qu'en matière de travaux domestiques on est encore à 16h par semaine en moyenne pour les femmes contre 6h pour les hommes.
La solution, c'est peut-être d'organiser des concours, pourquoi pas, avec de beaux cadeaux à la clé, c'est ce que propose Philips pour son 50e... le 50e anniversaire de ses produits de repassage. Aurélie Sfez est allée à Nantes sur le car podium pour rejoindre justement les rois de la glisse et de la vapeur, 75 des participants à ce concours sont des hommes ! et beaucoup d'entre eux pensent que repasser pour son conjoint ou sa conjointe est un acte d'amour. Voilà... Écoutez.

Animateur : Top 10 du repassage, je vous rappelle, c'est très zen le repassage, c'est un vrai kiff. Trois, deux, un... Allez !
Journaliste : C'est combien d'années d'entraînement ?
Participant : Je suis novice dans le métier, c'est maman qui repasse pour moi d'habitude, donc euh... Heureusement que la dame m'a expliqué un petit peu, le col d'abord, les manches après.
Journaliste : Et votre mari, il les repasse lui-même les chemises ?
Participante : Je l'ai jamais vu tenir le fer, il ne sait même pas où il est.
Journaliste : Vous Brigitte, vous repassez ?
Brigitte : Je repasse pas, je fais repasser mes hommes. Mes hommes, quand ils ont besoin d'une chemise, ils repassent leur chemise ! Moi je sais faire, euh... je leur ai appris à faire et je ne fais plus.
Journaliste : Vous êtes entourée d'hommes ?
Brigitte : Un mari, deux fils.
Journaliste : Au départ est-ce qu'ils ont essayé de faire en sorte que ce soit vous qui repassiez ?
Brigitte : Non. Moi, le principe, au moins pour mes fils, c'est de les rendre autonomes donc tu apprends ce que tu as besoin de savoir. Comme ça après tu as à payer personne et à dire merci à personne.
Journaliste : Et vous, chez vous, comment ça se passait ? C'était votre maman ou c'était votre papa qui faisait les tâches ménagères ?
Brigitte : Ma mère avait une serve à la maison, c'était moi. Je faisais tout, jusqu'à la pose du carrelage. Une serve, une esclave. Mais j'ai appris à mes hommes à faire de manière à ce qu'ils puissent se débrouiller tout seuls, sans avoir d'esclave ni être esclaves.
Journaliste : Ils font le ménage aussi dans la maison ?
Brigitte : Vous voulez vous caser ?
Animateur : Allez, allez, voilà, c'est bien on donne du volume, du côté des épaules, on vient chercher sous les bras, vive la fibre ! Libère la fibre ! !
Journaliste : Comment vous vous appelez ?
Participant : Jonathan.
Journaliste : Vous avez quel âge ?
Jonathan : 21 ans.
Journaliste : Pourquoi vous participez à ce championnat ?
Jonathan : Je veux prouver à ma copine qui est là-bas que je suis capable de repasser, hein. Elle croit pas en mes capacités.
Journaliste : C'est votre copain, Jonathan ?
Copine : Oui, oui, c'est mon copain, oui.
Journaliste : Est-ce que les garçons jeunes participent davantage à la vie de la maison, au ménage ?
Copine : Ben, c'est vrai que, comparé à mes parents je trouve que les jeunes, on partage mieux nos tâches, quoi.
Journaliste : Les filles se laissent moins faire ?
Copine : Oui, on se laisse carrément moins faire, je trouve et puis s'ils veulent nous garder ben ils sont obligés de participer.
Jonathan : Mais elle abuse un peu, parce que je l'aide déjà beaucoup, et elle m'interdit de l'aider ! Et ça c'est vrai, je me suis fait engueuler l'autre jour parce que je faisais la vaisselle !
Copine : J'ai pas l'habitude de plus rien faire et d'être la petite princesse.

Dossier 2 page 36
Activités 1 à 5
Bonjour à tous. Je vais vous parler du couple, en France, à travers quelques références historiques et des données chiffrées actuelles, pour donner une idée des transformations qui se sont effectuées dans la société française. Nous verrons d'abord où en est l'institution du mariage, nous passerons ensuite à un bref rappel historique puis j'apporterai quelques éléments d'explication aux nouveaux comportements. Tout d'abord, pour mesurer le phénomène, il serait

utile d'examiner le schéma des naissances hors mariage en France aujourd'hui.
On peut observer que les naissances hors mariage étaient rares dans les années 60 et 70, et que c'est un phénomène qui a brusquement augmenté à la fin des années 70, pour arriver aujourd'hui à près de 50 % de naissances hors mariage. Alors, cela ne signifie pas que le mariage a perdu de son intérêt, puisqu'on peut noter environ 300 000 mariages par an depuis les années 2000 contre 320 000 en 1960. Il faut donc souligner que, certes, on se marie un peu moins, mais que le mariage reste une institution à laquelle on adhère. En fait, la différence avec le passé, c'est qu'on se marie plus tard, de plus en plus souvent après la naissance d'un enfant, et pour moins longtemps. En effet, 35 % des mariages finissent par un divorce.
Alors, si on regarde l'historique du mariage, on constate que le mariage a longtemps été une simple alliance dans l'intérêt des familles, décidé par les parents des époux. Le XVIIIe siècle voit apparaître le sentiment amoureux qui deviendra un facteur prioritaire dans la constitution des couples. La liberté de choix du conjoint dans le mariage s'affirmera dès la fin du XIXe siècle.
En marge de cette constatation, il faut quand même remarquer que le Code Napoléon, mis en place en 1804, rend la femme entièrement dépendante de son mari et que le divorce, autorisé par la Révolution, sera supprimé en 1816 - il ne sera rétabli qu'en 1884, mais seulement pour faute - de sorte que les femmes se voient dans l'impossibilité juridique de terminer une union qui ne leur conviendrait pas. La littérature de l'époque foisonne d'exemples de mariages malheureux, Une vie, de Guy de Maupassant, par exemple.
J'ai choisi d'illustrer mon propos par un tableau de Degas, La famille Bellelli, peint à la fin du XIXe. L'observation de cette « scène de famille » montre dans la composition du tableau la séparation du monde de l'homme, assis à son travail, et des femmes, debout, comme en visite. L'épouse se tient figée et garde près d'elle la fille aînée. La petite, au centre du tableau, fait, par le regard échangé avec le père, le lien entre les deux mondes séparés. Mais, à moitié assise, elle est prête à se lever pour rejoindre le groupe des femmes. Il me semble que cette scène représente la mésentente d'un couple uni par des conventions sociales.
Mais revenons à notre propos sur le couple moderne. La mise en place d'une autre conception de la famille s'accélère après la crise de mai 1968 où l'union libre commence à s'imposer. Par ailleurs, le développement de la contraception, le travail féminin, pardon, la généralisation du travail féminin, l'allongement de la durée des études, et, dans les années 90, la difficulté à trouver un emploi ont repoussé l'âge moyen du mariage à 28 ans pour les femmes, 30 ans pour les hommes en moyenne, sans empêcher la cohabitation juvénile.
Alors pour terminer, si l'histoire du couple est le fruit d'une longue évolution, ce sont les trente dernières années qui ont marqué un changement sans précédent. La notion de famille, à laquelle les Français restent très attachés, recouvre aujourd'hui des formes multiples où la dimension affective est dominante. Les exigences des partenaires se sont accrues : il faut réussir sa vie de couple sans sacrifier sa propre vie, surtout pour les femmes, et l'on accepte aujourd'hui qu'une vie à deux puisse se faire avec un partenaire du même sexe. Vous voyez, les défis sont nombreux, ce qui explique l'instabilité des unions, mais, globalement, le couple se porte encore très bien en France !

DOSSIER 3

Dossier 3 page 40
Activités 1 et 2
Une vraie maison écolo qui pourrait en tout cas ressembler à la maison du futur, de style high tech, en bois et en verre, construite sur un plateau justement plutôt désert au fin fond du Larzac : aucune peinture chimique, aucun vernis polluant, toutes les pièces utilisées pour la maison ont été prédécoupées et ensuite emboîtées donc aucun clou n'a été utilisé au total, le toit est végétal, les toilettes fonctionnent avec de la sciure et sans eau, et enfin l'architecte bouddhiste a étudié de près les courants telluriques et les champs magnétiques. Ne souriez pas, cette maison verte est une idée qui remporte de plus en plus de succès depuis ces deux dernières années. Elle est écologique et économique.

Dossier 3 page 40
Activités 4 et 5
Jean-Louis Étienne, infatigable défenseur de la planète, premier homme à avoir atteint le pôle nord en solitaire, nous invite dans sa maison en pleine forêt.
- On est chez cet homme amoureux de la nature, en bon médecin qui l'ausculte, c'était tranquillement pendant l'été chez Jean-Louis Étienne.
- C'est un rêve effectivement qui habite beaucoup de monde d'avoir une cabane dans les arbres, on va dire une cabane dans la forêt puisque les arbres sont des chênes pubescents, qui sont pas très forts quoi, donc on ne peut pas accrocher une maison dessus. Puis je voulais pas faire une maison de poupée, je voulais faire vraiment une maison où on habite...
à y vivre donc. Donc il y a une grande pièce, il y a un bureau, il y a une chambre à côté, un coin salle de bain façon bateau, donc on l'a mis sur pilotis dans les arbres, donc les pilotis sont en acacia, c'est très imputrescible comme bois, c'est très bien. On n'a pas touché, on a touché très très peu d'arbres donc elle s'est incrustée là entre les arbres. On va se poser, là.
- Alors je tiens à préciser que vous avez une baignoire à ciel ouvert, c'est complètement surréaliste, c'est suspendu dans le vide.
- Ici, on peut en parler actuellement, il fait très doux, très bon, y a ce qu'on appelle le vent d'autan, c'est un vent qui vient de l'est et le Tarn, cette partie-là du département. C'est un climat qui est toujours à cheval entre l'influence atlantique qui amène quand même de l'eau et de la verdure et l'influence méditerranéenne qui amène un petit plus de sècheresse et quelques espèces méditerranéennes donc on est...
- À la césure !
- Voilà !
- Alors Jean-Louis, vous avez toujours une vocation, pas seulement rentrée, parce que vous l'avez bien exprimée, je dirais de menuisier. Vous avez fait un CAP d'ajusteur non pas contrarié, parce que vous avez été un bon ajusteur avant d'être médecin, puis après d'être explorateur mais vous avez toujours aimé le bois et le contact avec les arbres. Et à chaque expédition, vous avez toujours eu besoin un peu de vous nourrir de la force des arbres ici de retrouver un peu, d'emporter un petit bout de Tarn avant vos expé souvent.
- Alors effectivement ce paysage-là, bon, c'est le paysage de mon enfance parce que je suis né là, j'ai grandi là, ensuite j'ai été médecin, j'ai remplacé ici les docteurs de mon village natal, donc je suis vraiment issu de là. Et quand je pars loin, je partais certainement de la gare de Villemieux et je partais toujours avec une image, une image que je venais

chercher ici. Je venais dire au revoir à mes parents et en voyage, où que je sois, j'ai besoin régulièrement de me passer une diapo du secteur et donc je repars sans arrêt soit avec un pin de la montagne noire soit un chêne qu'il y a dans un champ de blé que je connais bien et chaque fois j'ai amené avec moi un bout d'arbre, dans ma mémoire.

Dossier 3 page 42
Activités 4, 5 et 6
- Bonjour Monsieur, je peux vous aider ?
- Bonjour, vous avez bien des locations ?
- Tout à fait. Qu'est-ce que vous cherchez exactement ?
- Je cherche un appartement avec deux pièces séparées.
- Oui, un F2, séjour et chambre. Nous avons plusieurs offres. Dans l'ancien ou le nouveau ?
- Eh bien, ça dépend des prix.
- En fait le prix dépend de la surface, de la situation, de la qualité de la construction, de plein de choses, vous voyez...
- Bon alors, j'aimerais en périphérie, près du nouvel hôpital, parce que je vais y travailler à partir de juin.
- Le quartier Saint-Jacques, oui... nous avons plusieurs possibilités dans les nouvelles résidences. Alors là, pour un F2 il faut compter entre 500 et 600 euros, plus les charges.
- Les charges ?
- Ben oui, la part correspondant aux installations collectives, à l'entretien des parties communes.
- Mais qu'est-ce que c'est exactement ?
- Par exemple, dans la résidence Alexandra, il y a un jardin privatif, un ascenseur et un gardien, et l'eau est collective. Les charges sont calculées au prorata de la superficie du logement.
- Et ça coûte combien ?
- Je vais sortir la fiche. Voilà... Côte Saint-Jacques, résidence Alexandra, F2, 50 m², 540 euros plus 45 euros de charges mensuelles. Mais, vous avez un parking ! Si vous êtes intéressé...
- Éventuellement, oui, je dois trouver avant juin. Mais c'est un peu cher non pour une petite ville ?
- Ah, mais c'est un quartier très demandé, Monsieur ! Nous avons un peu moins cher en centre-ville, dans l'ancien mais c'est pas le même standing, et puis là vous serez tout près de votre travail. Vous voulez que nous fassions une visite ?
- J'attends de... comparer plusieurs appartements.
- Comme vous voulez. En fait en ce moment, je n'ai qu'un autre F2 et pas du tout dans le quartier que vous désirez, mais nous pouvons le voir quand même.
- Et je voulais demander aussi... les conditions de la location...?
- Avant d'entrer, vous versez deux mois de caution, c'est-à-dire deux mois de loyer plus les charges, qui vous seront remis bien sûr quand vous partez, après l'état des lieux. Et pour les frais d'agence, un mois plus les charges...
- Ça fait trois mois d'avance ?
- Tout à fait ! Alors pour l'établissement du bail vous devez présenter une pièce d'identité, un relevé d'identité bancaire, vos bulletins de salaire des trois derniers mois, une quittance de loyer des trois derniers termes.
- Mais je n'étais pas en France avant.
- Ah ! Alors, il vous faut un garant, c'est-à-dire une personne qui puisse présenter toutes ces pièces et se porte garante pour vous... euh... un ami ?
- Je vais essayer.
- Voilà. On vous demandera aussi une copie de votre contrat de travail et une attestation de votre employeur précisant le montant de votre salaire.
- Bon, écoutez je vais tout noter.
- Mais nous avons un récapitulatif des pièces

à fournir. Je vous en fais une copie. Voilà. Alors, pour la résidence Alexandra, vous voulez visiter ?
- Je vais réfléchir. Merci beaucoup. À bientôt.
- Bien, au revoir Monsieur.

Dossier 3 page 46
Activités 1 et 2
Chers auditeurs, bonjour. Nous allons maintenant écouter un extrait de l'émission *Métropolitain* enregistrée au pavillon de l'Arsenal en janvier. Notre thème était les règlements et la création architecturale à Paris. En effet, bannies de Paris depuis plus de vingt-cinq ans, les tours pourraient y retrouver droit de séjour. La mairie de Paris a rouvert le débat, jusqu'ici tabou, sur la construction, intra-muros, d'immeubles de grande hauteur. Un débat « utile », dans une ville de seulement 105 km², mais un débat qui est encore loin d'être tranché. Les invités étaient Frédéric Edelmann, journaliste au *Monde*, Éric Lapierre architecte et François Loyer, historien de l'urbanisme.

Éric Lapierre : Faire des lieux dans lesquels on se sent bien, c'est aussi faire des lieux pour nos nouveaux usages, plus adaptés à nos vies que certains qui existent déjà, mais on est quand même dans un mouvement d'inflation de lieux de mémoire qui est absolument insensé au bout d'un moment parce que, à Paris, on pourra trouver chaque m² de la ville où il s'est passé quelque chose qui mériterait que vraiment on ne puisse plus marcher dessus parce que, à Paris, il y a une telle concentration depuis si longtemps que tout peut faire sens, que tout peut être lieu de mémoire mais il faut faire attention aussi que se fabriquer les lieux dont on a besoin aujourd'hui, on ne pourra pas le faire. Et puis la question du patrimoine en plus, on la voit toujours dans ce sens mais il faut être bien conscient aussi que, il va quand même s'agir peut-être de léguer un patrimoine à la génération qui vient après nous et ce patrimoine, c'est aujourd'hui qu'on le fait. Donc il faut faire attention que le patrimoine, c'est aussi quelque chose qui est porteur d'avenir parce que c'est pas possible d'envisager qu'on serait la première génération de l'histoire qui serait incapable de faire de la beauté, de faire des choses intéressantes, conceptuellement c'est impossible.
Frédéric Edelmann : D'autant que c'est géographiquement très limité. Le cas pathologique de Paris ne se retrouve malheureusement pas, si je puis dire, dans la plupart des villes du monde où on détruit énormément. C'est un aspect extrêmement important, c'est-à-dire d'essayer de voir ce qu'il se passe ailleurs pour comprendre à quel point Paris a pu se figer et c'est un point de rupture qui est à la limite d'être atteint.
Éric Lapierre : Oui ben c'est pour ça qu'il n'y a aucun cynisme à proposer des tours parce qu'on en fait dans toute l'Europe aujourd'hui et beaucoup de gens vont en vacances à Manhattan et trouvent ça super !
François Loyer : Bon simplement je pensais à cette absence totale de mémoire parce que j'ai participé à un jury de thèse il y a deux ou trois ans sur l'architecture contemporaine en Corée, en Corée du sud. Là, j'étais effrayé parce que l'idée de mémoire est totalement absente. L'étudiant présentait un ensemble des années 70 inspiré par des œuvres des années 50 d'architectes français. Non, mais là, il faut qu'on fasse quelque chose tout de suite, c'est l'ensemble le plus ancien qui existe parce que le procédé est simple : on construit et puis au bout de vingt ans, c'est rentabilisé donc on démolit la barre et on recommence une nouvelle. Donc on fait des barres tout en ligne sur des kilomètres de paysage. Bon, C'est une autre vision de la ville c'est pas la nôtre.

Jean-Noël Jeanneney : Bonjour. Depuis les années 1980, la question de l'immigration s'est installée en France au centre des débats politiques et des campagnes électorales. La dernière de celle ci qui vient de s'achever avec l'élection de Nicolas Sarkozy à la tête de l'État n'a pas échappé à la règle. Et elle a connu une crispation particulière lorsque le candidat a annoncé la création d'un ministère de l'Immigration et de l'Identité nationale. Il m'a semblé que l'occasion était bonne de prendre du recul et de considérer ce que fut la politique de l'État depuis la fin du XIXᵉ siècle dans le domaine de l'immigration. Avec toute la diversité des questions morales, civiques, sociales, économiques, religieuses qui y sont rattachées. J'ai donc convié pour en parler Benjamin Stora, professeur aux Langues O.

Jean-Noël Jeanneney : Nous allons pour comparaison, suivant notre habitude ici, Benjamin Stora, revenir en arrière. J'ai plaisir à rappeler ce qu'était l'article 4 de la Constitution de 1793 qui déclarait, écoutez bien : « que tout étranger âgé de 21 ans accomplis qui, domicilié en France depuis une année, y vit de son travail ou acquiert une propriété ou épouse une Française, ou adopte un enfant, ou nourrit un vieillard est admis à l'exercice des droits de citoyen français ». C'est impressionnant !

Benjamin Stora : C'est impressionnant. C'est un des grands mérites hein, de la Révolution française qui a fait aussi citoyens français un certain nombre de personnages éminents : penseurs, philosophes, poètes et le problème de l'immigration effectivement se retrouve au confluent à la fois des traditions et des valeurs françaises, des principes notamment hérités de la Révolution française, mais également l'immigration, c'est la question du travail, le rapport au travail. C'est la définition d'une politique étrangère de la France, parce qu'il est évident que lorsque vous avez sur votre sol des centaines de milliers de ressortissants venant d'autres pays eh bien cela influe, hein, sur la politique étrangère de la France.

Jean-Noël Jeanneney : Oui, sur les relations qu'on peut nouer ou entretenir avec les pays d'où viennent ces travailleurs.

Benjamin Stora : Bien entendu, donc la question de l'immigration est une question très, très complexe parce qu'elle fait aussi... elle doit nous permettre de réfléchir par exemple à la question de la démographie, c'est-à-dire qu'il y a le travail, il y a la démographie, il y a la politique étrangère et il y a la question euh des institutions et des principes hérités de la République, enfin des Droits de l'Homme, ça fait beaucoup de questions en même temps.

Jean-Noël Jeanneney : Avec en fond de tableau les Lumières et le propos de Saint-Just « pour fonder la République, il faut la faire aimer ».

Benjamin Stora : Oui, parce que c'est dans le fond par l'immigration que sans cesse se vérifie, se conforte, ou l'inverse, ce qu'est l'adhésion à la République. Dans le fond, c'est les vagues migratoires qui viennent à chaque fois, je vais pas dire « se briser », mais ce sont les vagues migratoires qui viennent mettre à l'épreuve les principes républicains. Et la France, comme on le sait, a une tradition républicaine qui se veut assimilatrice, c'est-à-dire qui intègre, qui assimile toute une série de vagues de migrants et c'est ce qui pose peut-être problème, c'est cette sorte de crise, hein, de machine à intégrer, de machine à assimiler donc, qu'a été la République. Et alors là effectivement, c'est une sorte de réflexion permanente, perpétuelle sur migration/immigration et définition des principes de la République, réaffirmation de ces principes et réaffirmation de ce qu'est l'identité nationale.

DOSSIER 4

Dossier 4 page 56
Activité 1
Gaël, 28 ans, musicien, raconte ce qui l'a fait « grandir »
- Gaël, alors pour toi qu'est-ce que c'est que grandir ?
- Eh ben, grandir, déjà c'est faire son âge, ne pas chercher à paraître plus vieux ou plus jeune, et être grand c'est quand on s'aperçoit que notre visage nous appartient, c'est-à-dire que les choses n'arrivent plus par la faute des autres, donc voilà qu'on est responsable de sa vie et de son visage.
- Oui, quand tu dis on est responsable de son visage, qu'est-ce que tu veux dire par là ?
- C'est-à-dire que notre vie nous appartient, que les gens, les circonstances extérieures, l'éducation euh ce que sont, ce qu'est ta famille n'est plus responsable à un certain moment de ce que tu es.
- Est-ce que tu peux nous décrire un moment de ta vie où tu t'es senti vraiment grandir ? Qu'est-ce qui a provoqué ça ? Est-ce que tu peux nous raconter quelque chose autour de ça ?
- Il y a plusieurs moments où je me suis senti grandir. Le premier, c'était... je me suis senti grandir plutôt rétroactivement car sur le coup je n'ai pas vraiment saisi, mais c'est quand j'ai eu un accident de voiture, quand j'avais... quand j'ai eu à peu près une semaine après mon permis, que j'avais eu parce que j'avais bu, parce que... à cause d'une fille aussi, donc on était quatre dans la voiture, donc ça m'a mis un petit coup d'arrêt assez salutaire ! Autre chose qui m'a fait grandir, c'est mes 25 ans, je ne sais pas pourquoi, je ne sais pas pourquoi euh... disons que mon fantasme d'immortalité s'est arrêté brusquement à 25 ans, je suis incapable de lier ça à un événement particulier mais j'ai compris que j'allais mourir quand j'ai eu 25 ans. C'est tard !
- Et quand tu as quitté les parents, ça a été un moment où tu t'es senti grandir ou un moment tout à fait normal ?
- Non ça pas été un moment où je me suis senti particulièrement grandir d'abord parce que je voulais le faire depuis un moment donc euh... c'était un peu dans l'ordre des choses. Et puis en plus quand je suis parti de chez moi, mes parents ont continué à me donner de l'argent pour étudier et vivre donc j'étais d'une certaine façon encore dans leur giron et non, par contre, un moment très significatif où on se sent vieillir, c'est que... quand on travaille, quand on se met à travailler évidemment, qu'on n'est plus dans une ambiance d'amis, qu'on n'est plus indépendant évidemment et puisqu'on est dans le monde du travail, c'est-à-dire qu'on ne fait plus la bise à tous les gens qu'on voit le matin, ce qui change, ce qui est probablement la chose qui a le plus changé par rapport à la vie d'étudiant. Voilà !

Dossier 4 page 59
Activités 3 et 4
- Allô, centre national privé de formation à distance, j'écoute.
- Bonjour, c'est Sabine Mercier de Nice. J'ai bien reçu le programme des études de stylisme que j'avais demandé par courrier, merci beaucoup, mais j'aurais voulu encore quelques précisions. Si je m'inscris, comment ça va se passer au niveau des cours ? Est-ce que je pourrai les recevoir par Internet ?
- Tout à fait. Vous avez le choix : soit par la poste soit par Internet.
- D'accord ! D'autre part, je trouve qu'il n'y a pas beaucoup de contrôle des leçons...
- Mais si, bien sûr que si ! Vos connaissances sont contrôlées deux fois : une fois grâce aux exercices autocorrectifs qui se trouvent à la fin de chaque leçon

et puis quand vous avez fini le cours, vous devez rendre un devoir qui sera adressé à l'enseignant concerné par votre matière et croyez-moi, ce sont d'excellents pédagogues qui vous corrigent. Votre devoir sera annoté de remarques et de commentaires vraiment personnalisés.
- Et vous pensez qu'il sera possible de les contacter par téléphone ?
- Oui, bien sûr, pour cela, chacun de nos étudiants se voit attribuer un tuteur. Donc si vous avez besoin de conseils, de plus amples explications, vous pouvez toujours le joindre par téléphone, par e-mail, par fax ou par courrier. Rassurez-vous, notre école sera toujours à votre écoute.
- Et si on rate un devoir par exemple, on peut le recommencer ?
- Bien sûr, c'est tout à fait possible si vous avez une note en-dessous de la moyenne et ceci sans frais supplémentaires bien entendu. Et puis si vous voulez un entretien avec le prof lui-même, c'est possible aussi, en revanche, il faudra vous déplacer à vos frais.
- Ah, d'accord, bon ! Une dernière question : est-ce que votre école offre vraiment des débouchés ? J'ai vu que vous donniez simplement un certificat de formation, est-ce que ça aide vraiment ? Parce que moi, je voudrais monter ma propre entreprise et j'ai besoin de références.
- Rien sûr, ça valorise votre CV et puis vous pouvez aussi opter pour notre orientation « Double compétence ». Ça vous permettra par exemple de préparer plusieurs concours en même temps. Vous verrez, c'est un investissement vraiment rentable. Vous ne regretterez pas ! Toutes les offres d'emploi qu'on reçoit des employeurs, on les répercute tout de suite auprès de nos élèves et il y en a beaucoup qui ont été embauchés ! Ne vous inquiétez pas !
- Bon ben je vous remercie. Je vais y réfléchir encore un peu !

Dossier 4 page 61
Activité 8
Dialogue 1
- Babeth, tu as entendu parler de l'opération *À Chacun son tour* ?
- Non. C'est nouveau ?
- Oui, ça vient de sortir ! C'est organisé par l'Éducation nationale dans les écoles de toutes les villes où le Tour de France passera et fera étape.
- C'est vrai ? Ben alors ! Comment ça va se passer ?
- Dès le mois de mars, chaque ville-étape va mettre en place des « cycloparcs », c'est-à-dire des espaces de jeux et d'exposition sur le cyclisme. Les enfants passeront des tests et puis les meilleurs participeront à l'arrivée du Tour dans leur ville. C'est chouette, non ?
- Ben dis donc, je n'en reviens pas ! Ça va plaire aux gamins ça !
Dialogue 2
Marion, la fille : Tous les vendredis soirs, il y a une soirée rollers organisée pour tous par le service municipal des sports. Je me suis inscrite.
Le père : Ça alors ! Tu daignes enfin faire un peu de sport ! Depuis le temps que je te dis d'en faire.
Marion : Oui et en plus, on m'a dit qu'il y avait 123 garçons d'inscrits et 16 filles seulement. J'ai bien choisi mon sport !
Le père : Ah bon ! Sans blague ! 123 garçons pour 16 filles ! Hmm.
Dialogue 3
Alexandre : C'est gagné ! Une victoire à Coulommiers ! Tu te rends compte !
Constantin : C'est pas vrai ?
Alexandre : Je te jure que si !
Constantin : Ah ben dis donc ! Je suis bluffé là !
Alexandre : C'est depuis qu'on a changé d'entraîneur, on s'est drôlement amélioré en touche. Quant à la mêlée, on a retrouvé des sensations qu'on avait un

peu perdues. Je te dis pas ! Et puis on a réussi à garder le rythme pendant tout le match ! On n'a jamais baissé de régime ! Et on les a littéralement écrasés : 48 - 15.

Constantin : Ah là là ! Mais c'est dingue ça ! J'aurais dû rester dans l'équipe !

Dossier 4 page 63
Activité 4

Renaud, 32 ans, actuellement journaliste dans un quotidien, parle de sa première expérience d'enseignement à l'étranger.

- Bonjour Renaud. Alors tu es parti en Bolivie. Donc tu as une expérience à l'étranger. J'aimerais bien que tu nous en parles.

- Alors je suis parti, moi en Bolivie en 1999 dans le cadre d'une coopération, c'est l'équivalent un peu avec le service volontaire civil qu'on peut faire aujourd'hui, même si ça n'existe plus exactement sous la forme que j'ai connue moi. Je suis parti donc en Bolivie pour enseigner la philosophie j'avais fait une licence et une maîtrise de philo en France et on avait la possibilité d'aller enseigner à l'étranger. Je ne parlais pas espagnol à l'époque donc quand je suis arrivé bien évidemment le choc a été extrêmement important, je comprenais strictement rien ni à la langue que parlaient les personnes qui m'entouraient ni à leur culture même, puisque je n'avais jamais foulé le continent sud-américain de ma vie. Les premiers moments étaient vraiment très étonnants puisque je découvrais tout et les premiers moments d'enseignement ont été particuliers pour une simple et bonne raison c'est qu'on était à 3 800 m d'altitude, que l'oxygène se raréfie et que donc il est difficile de parler rapidement pour des questions respiratoires et il faut respirer, parler très lentement pour pouvoir emmagasiner de l'oxygène, souffler, et donc j'étais tout le temps essoufflé en parlant. Et la deuxième chose culturellement qu'était très rigolote, c'est que, avec ces élèves, la philosophie était quelque chose qu'ils ignoraient totalement pour différentes raisons : la première, c'est qu'ils ne partagent pas du tout la culture occidentale philosophique qu'on a nous et qu'on apprend depuis qu'on est plus jeune et les élèves du lycée français étaient souvent, majoritairement des élèves de gens aisés donc qui ne voyaient pas vraiment l'intérêt de faire de la philosophie. Bon ils comprenaient le commerce, ils comprenaient la façon de gagner de l'argent, ils comprenaient qu'on s'intéresse aux sciences à la limite qui pouvaient aider à gagner de l'argent mais la philosophie leur passait complètement à côté et donc les premiers moments d'apprentissage de la philo pour eux étaient des moments assez surprenants et ils comprenaient difficilement qu'on puisse se poser la question d'autrui, de la volonté, ou de la métaphysique.

- Est-ce que tu avais déjà une idée préconçue de ce qui allait se passer ou tu es arrivé un petit peu comme ça sans savoir exactement ce qui t'attendait ?

- Alors, je n'avais vraiment aucune idée de ce qui pouvait m'attendre. J'avais des amis qui étaient enseignants donc j'avais déjà du coup une première idée de ce que pouvait être l'enseignement et le contact avec les élèves, je connaissais absolument personne de proche qui avait enseigné à l'étranger, en revanche, j'avais des parents éloignés mais des parents à moi qui étaient partis en Amérique du sud et qui m'avaient donné l'envie d'y aller, donc je connaissais, je voyais ce que ça pouvait donner comme rapports dans la chaleur humaine et dans la rencontre culturelle que ça pouvait donner mais j'ai vraiment été surpris par tout ce que j'ai vu et je n'avais pas d'attente particulière si ce n'est qu'on prend une gigantesque baffe en arrivant dans un pays où tout d'un coup les gens n'ont pas la même culture, ne sont pas de la même couleur, ne parlent pas la même langue, avec des traditions en plus andines qui sont vraiment très différentes des cultures occidentales, même les gens étaient plus petits, ils me regardaient bizarrement.

- Et pour toi ça a été une expérience qui t'a fait beaucoup grandir, est-ce que c'était absolument nécessaire, c'était comme un voyage un peu initiatique ?

- Ça m'a même complètement transformé pour une bonne raison c'est que quand je suis parti, j'avais vécu dans un environnement bourgeois, riche, avec des facilités pour faire absolument tout ce que j'avais envie de faire, j'étais un élève euh sans problème, j'ai fait les sports que je voulais faire, j'avais les sous que je voulais même si je les gagnais moi aussi. Mais bon voilà, c'était une espèce de fleuve qui coulait, plutôt mollement d'ailleurs, et j'avais vraiment besoin d'aller voir ailleurs ce qui se passait pour comprendre et la chance que j'avais eu moi de vivre ce que j'avais vécu et de me rendre compte de l'opulence dans laquelle j'avais été élevé, et en même temps c'est bien de sortir de soi pour aller voir les autres et puis essayer de comprendre comment ils fonctionnent et changer du coup ses propres références, ses propres repères de réflexion et ça m'a beaucoup enrichi et je pense que quand je suis revenu deux ans après en France, j'étais profondément changé et avec un regard très différent et sur la réalité française et sur la réalité familiale et je n'ai plus appréhendé les choses de la même façon que ce que je faisais avant.

- Et si en trois mots, je te demande ce que ça t'a apporté cette expérience de travail à l'étranger ?

- En trois mots... Ça m'a enrichi. Le premier, c'est vraiment un enrichissement, le deuxième, ça m'a rendu heureux beaucoup plus heureux que ce que je n'étais avant et ça m'a certainement rendu plus tolérant parce que les gens étaient tellement différents de ce que j'avais l'habitude de connaître et de côtoyer que ça m'a vraiment rendu beaucoup plus ouvert vis à vis des autres.

DOSSIER 5

Dossier 5 page 70
Activités 1 et 2

Tout ce que je fais, je le fais dans mon cœur, je le fais comme je le fais chez moi. Je fais pas partie... je connais pas le travail pour les fiches de paye, pour l'argent. C'est vrai, je reçois l'argent mais avant l'argent, moi, il faut que ce que je fais soit beau, comme un dessin, un tableau. Je vais partir et vous allez rentrer chez vous et vous allez regarder comment c'est beau. Et c'est ça, moi, dans ma tête, c'est ça. Mais malheureusement, tout ce que je fais... mon nom il est toujours à côté de ménage, mon art il est à côté de ménage... il faut changer ce « ménage », il faut faire « femme de l'art », « femme de foyer », « femme de famille », « deuxième maîtresse de la maison ».
La femme elle est jamais faite pour toucher que la saleté ou pour euh... la femme elle est faite pour donner du sens à la vie entière. La vie comme vous le voyez, c'est la femme qui la fait naître : l'art, c'est la femme, la chanson, c'est la femme, tout ce que vous voyez de beau sur terre, c'est la femme qui a évoqué ça chez l'homme pour qu'il rende la vie belle. Alors moi, si j'ai travaillé chez les gens pour rendre leur maison agréable, j'aime. C'est pas la honte pour moi. Au contraire, je fais quelque chose de beau. Mais la société, les gens, ils donnent pas d'importance à ce travail.

Dossier 5 page 72
Activités 1 à 4
Dialogue 1

- Allô, papa ? ça y est ! Je suis embauchée chez Mignard ! En CDI !

- Je suis bien content pour toi. Enfin, c'était normal après tes deux CDD, ils ne pouvaient pas faire plus d'un renouvellement, c'est la loi.

- Oui, mais tu sais bien que toutes les entreprises font pas ça, ils auraient pu attendre et retrouver quelqu'un d'autre en CDD. Ils sont sympas quand même !

- Dis plutôt que tu es très bien et qu'ils ont trouvé quelqu'un de compétent pour pas cher.

- Ben écoute, faut bien commencer. J'aurai le même salaire qu'avant, mais ils m'ont dit que ce serait évolutif.

- Et quand est-ce qu'ils pensent t'augmenter ?

- Franchement, ça se demande pas pendant l'entretien d'embauche définitive.

- Ben si, justement, ça se demande ! Attends, tu vas rester à 1 400 euros brut pendant combien de temps ? En plus, tu toucheras moins qu'avant, parce que t'auras pas la prime de précarité.

- Ben oui, mais j'ai un CDI et c'était galère pour trouver ce boulot, comme tu sais.

- Quel monde, vraiment ! Bac +4, avec de l'expérience, on t'embauche comme une débutante à peine plus que le SMIC et t'acceptes ça sans discuter ?

- Écoute papa, tu vas pas recommencer, hein. Le marché du travail, c'est plus comme avant, on rame, mais on est bien obligé de faire avec ! Et puis moi, je suis très contente, je peux enfin penser un peu à l'avenir.

- Tu sais, un CDI c'est pas la garantie d'un emploi à vie. Et puis, si l'entreprise avait des difficultés, ils pourraient quand même te licencier.

- S'il te plaît, papa, arrête de me casser le moral !

- Bon, bon excuse-moi ! Enfin je suis quand même vraiment très content pour toi, tu sais.

Dialogue 2

- Allô ? Tante Annie ? C'est Sandra.

- Ah ! Ma chérie ! Ça va ?

- Oui, plutôt bien ! Figure-toi que j'ai un boulot définitif chez Mignard où j'ai fait mes CDD.

- C'est vachement bien, dis donc. T'es contente ?

- Bien sûr mais j'ai appelé papa et tu sais comment il est, il m'a pris la tête avec les conditions d'embauche, le contrat machin... alors quand même je t'appelle pour être bien sûre, parce qu'avec ton passé de syndicaliste je me suis dit que tu pourrais m'aider, au moins pour rassurer papa.

- Qu'est-ce que tu voudrais savoir ?

- Ben ils m'ont dit de passer la semaine prochaine au Service du personnel pour signer mon CDI. Je voudrais que tu me dises à quoi je devrais faire attention par exemple.

- C'est une grosse boîte, Mignard ?

- À peu près deux cents personnes.

- Alors, il devrait y avoir un accord d'entreprise, c'est-à-dire un document général, fondé sur le Code du travail, mais attention qui spécifie les conditions particulières de la boîte : c'est le principe des conventions collectives. Et puis il y a aussi le règlement intérieur sur les usages dans l'entreprise. Normalement, ils vont te donner tout ça, ce sont les conditions auxquelles sont soumis tous les salariés de la boîte. Un conseil : tu devrais les demander d'avance pour bien prendre le temps de les lire. À part ça, dans ton contrat, tu regardes bien si ta qualification, la fonction que tu vas occuper, tes horaires, ton salaire et ta date exacte d'embauche sont spécifiées. Et bien sûr tu vérifies la durée de la période d'essai.

- Mais j'ai déjà fait des CDD.

- Ça n'a rien à voir. Pour un contrat indéterminé, il y a une période d'essai. Bon, en fait, c'est une formalité puisqu'ils sont d'accord pour t'embaucher, mais c'est comme ça. En général c'est deux mois. Après ça, tu es salariée officielle !
- Ok. Et les horaires, c'est assez flexible, non ?
- Ça dépend de l'accord collectif. Ton temps de travail peut être spécifié par semaine, par mois, ou, et c'est de plus en plus fréquent, un temps annualisé. Alors, tu as un volume d'heures à faire dans l'année et ça se répartit selon les besoins de l'entreprise. Là, c'est un peu à toi de faire attention.
- De toute façon, je te demande ça, c'est juste comme ça, parce que tu sais, je serais prête à signer les yeux fermés.
- Tu aurais tort ! C'est pas une honte de s'informer sur ses droits.
- Oh ma tantine, je vous écoute quand même, papa et toi, mine de rien, sinon, je t'aurais pas appelée. Allez, plein de bisous et merci beaucoup !

Dossier 5 page 74
Activité 1
Je travaillais dans une boîte de vente par correspondance. Je me faisais un bon salaire avec les commissions qui complétaient mon fixe. Le patron, il a voulu me licencier sous prétexte que l'entreprise ne faisait plus assez de bénéfices. Qu'est-ce que j'ai fait ? J'ai consulté un avocat... bonjour les honoraires ! Et tout ça pour rien parce qu'en fin de compte j'ai été licencié. Avec les indemnités de la boîte et les allocations de chômage, j'ai survécu pendant un an et après j'ai pas retrouvé de boulot, mais j'ai dépanné des restaurants, comme serveur et en même temps je faisais la manche en chantant dans la salle du resto le soir. Et là avec les pourboires et les dons des clients, j'ai vivoté tant bien que mal. Et puis, j'ai été remarqué par un producteur qui m'a commandé des chansons et j'ai touché des droits d'auteur assez importants.

Dossier 5 page 77
Activités 6 à 9
Le 24 septembre 2006, les Suisses ont voté à près de 70 % des lois restrictives sur l'entrée des étrangers dans la Confédération. Au micro d'Arnaud Laporte, Ruth Dreifuss, ex présidente de la Confédération helvétique et Leonard Bender, vice-président du Parti Radical Démocratique suisse, 3e parti du pays, dont les points de vue divergent en ce qui concerne les très contraignantes lois adoptées tout récemment sur ces questions.
Journaliste : Ruth Dreifuss, vous étiez Présidente de la Confédération. L'usage en Suisse, on sait sa force, veut qu'après cette fonction on se retire de la vie politique mais vous êtes revenue sur le devant de la scène au mois d'avril ou mai dernier pour prendre la présidence du Comité National pour le double non à ces lois-là. Qu'est-ce qui vous a fait sortir de cette réserve, Ruth Dreifuss ?
Ruth Dreifuss : L'urgence. L'urgence morale aussi, ou l'obligation morale dans laquelle je me sentais de combattre un durcissement, je dirais même encore un durcissement de la législation suisse en matière d'étrangers et en matière d'asile. Il faut savoir, et vous l'avez résumé, que la migration est un thème récurrent de la politique suisse. La Suisse est un pays d'immigration depuis quelques années après la 2e guerre mondiale. Elle a bâti aussi sa prospérité sur des arrivées très importantes de travailleurs migrants et elle a par ailleurs connu dans le domaine de l'asile toute une série successive de moments d'accueil et de moments de fermeture. Donc c'est un débat récurrent en Suisse et je dirais que d'un côté la Suisse a réussi certainement à abolir quelque chose qui pesait beaucoup, je dirais sur notre société, qui était le statut du saisonnier qui faisait venir des « bras »

comme dit un de nos grands écrivains et qui ne reconnaissait pas que si on voulait des bras, c'était des êtres humains qu'il fallait faire venir. Cette marque un peu infamante du « saisonnier » a été éloignée mais il y a eu maintenant de nouvelles tentatives de faire ce que la France appelle uniquement une immigration sélective, terme que je récuse naturellement parce qu'on a toujours fait venir des travailleurs étrangers parce qu'on en avait besoin. Sélective signifiant que l'on ne veut plus que des travailleurs de haut niveau pour occuper des fonctions responsables et que, ce faisant on ignore, on fait... on « tabouïse » la réalité du travail clandestin en Suisse. Il y a en Suisse au moins 100 000 personnes qui vivent ici sans droits et sans que leur présence soit effectivement reconnue. Donc voilà, il fallait se battre à la fois je dirais à mes yeux pour garder une tradition d'asile et il fallait se battre en particulier sur la politique des étrangers, contre l'hypocrisie qui veut que des gens soient là et qu'ils ne devraient pas en fait y être, ou qu'ils sont ignorés.
Journaliste : Leonard Bender, vous êtes donc le vice-président du Parti Radical Démocratique Suisse pour vous, qu'est-ce qui a motivé votre soutien à ces lois ?
Leonard Bender : Bon, je crois que ce qu'il faut dire d'emblée, c'est que la Suisse est un pays de semi-direct où c'est le peuple finalement avec ses organes parlementaire et exécutif qui définit, qui définit la politique, notamment en matière migratoire. Il faut savoir que la Suisse avait pris préalablement deux décisions significatives. D'abord nous avons euh ce qu'on appelle voté les bilatérales, c'est-à-dire notre intégration à notre manière à l'Union européenne et notamment il y avait des aspects s'agissant de la libre circulation des personnes et cela ne pouvait pas rester sans influence sur notre politique, sur notre droit relativement aux étrangers. Alors, à partir du moment où vous avez... vous abolissez les frontières intérieures, quelque part vous signifiez qu'en matière migratoire les frontières ne sont plus à Genève mais elles sont d'une certaine manière, pour nous les Suisses, aussi à Lampedusa. Donc, face à ces modifications sur le plan de notre intégration européenne et ces choix politiques faits par le souverain, il fallait adapter nos lois pour les intégrer à une politique migratoire nouvelle. Alors, nous étions d'avis qu'il fallait avoir quatre piliers, au fond pour pouvoir avoir une politique migratoire qui soutienne, qui ait du consensus dans la population. D'abord, un... cette libre circulation, ça veut dire la liberté au lieu d'avoir des règlements de police comme nous l'avions tout à... avant, nous avons la liberté. Alors pour les européens, liberté de circulation, liberté de venir en Suisse pour trouver un travail. Loi sur les étrangers, c'est-à-dire pour les gens hors de l'espace européen, eh bien c'est l'exigence quand même de qualification professionnelle qui est mise en avant parce qu'on veut un effort particulier pour l'intégration. Nous considérons qu'une migration maîtrisée, concertée avec les pays de provenance, c'est le plus sûr moyen de se ménager une possibilité de réussir l'intégration parce que... ce que la Suisse a fait dans son système de démocratie directe, au fond, c'est une adaptation de nos lois à des enjeux nouveaux, à un environnement nouveau, mais je ne conteste pas que ces lois sont dures, mais ces lois sont aussi justes.

DOSSIER 6

Dossier 6 page 85
Activité 4
- On peut se demander aujourd'hui comment être hédoniste dans une société qui ne fait qu'annoncer des catastrophes prochaines.

C'est pourtant la position de Michel Onfray. Le philosophe est venu en Principauté faire une conférence sur le principe de plaisir comme morale, à l'invitation de la Fondation Prince Pierre. Noël Fantoni lui a demandé si l'hédonisme, une version plus universelle de la philosophie du plaisir que l'épicurisme, avait encore sa place dans ce monde.
- Il a plus que jamais une place justement puisque il n'y a que les oiseaux de mauvais augure qui nous annoncent des catastrophes tout le temps et l'hédonisme n'annonce pas de catastrophe, il annonce même plutôt des remèdes aux catastrophes donc... il avait son sens il y a 25 siècles, il avait son sens à la Renaissance, au XVIIe, etc. Il a son sens encore aujourd'hui me semble-t-il. C'est même aujourd'hui qu'il a plus que jamais son sens. Il s'agit de proposer une option optimiste, ce n'est pas sûr que le mot convienne m'enfin une option qui positive, le mot n'est pas très joli non plus mais dans une situation, une époque où on a plutôt tendance à être dans le négatif, dans la désespérance, dans ce que Spinoza appelait les passions tristes.
- Il y a une réalité. Est-ce qu'une prise de position, je dirais non pas égoïste mais au moins personnel, si on considère l'hédonisme comme ça, permet de prendre en compte ces réalités-là ?
- Un hédoniste, c'est d'abord quelqu'un qui fait un constat du monde comme il est, qui est un tragique plutôt, c'est pourquoi tout à l'heure je résistais sur le mot optimiste par ce que c'est vrai que l'optimiste, la plupart du temps, voit le réel au mieux, le pessimiste voit le réel au pire, le tragique voit le réel comme il est et il faut un travail tragique pour être hédoniste. Il a l'avantage de voir le réel comme il est et puis on propose des antidotes.
- Quelle serait votre définition en quelques mots de l'hédonisme ?
- Écoutez il y a une phrase de Chamfort qui est un moraliste du XVIIIe siècle que je cite souvent parce qu'elle est l'impératif catégorique de l'hédonisme. Il dit : « Jouis et fais jouir sans faire de mal ni à toi ni à personne. Voilà toute morale. », et je trouve que l'idée de jouir, ça paraît assez clair, mais faire jouir, donner du bonheur, donner du plaisir etc., sans faire de mal ni à soi ni à personne c'est une phrase extrêmement simple et en même temps c'est un programme pour une existence toute entière. Donc l'hédoniste est celui qui dit que le plaisir, c'est le souverain bien, le sien, le plaisir et le plaisir d'autrui aussi. Il faut maximiser le plaisir et il faut minimiser la peine et la souffrance, sa douleur, sa peine, sa souffrance, il faut qu'elles soient au minimum ; l'idéal, c'est même qu'il n'y en ait pas du tout. C'est la même chose pour autrui. Il s'agit de voir comment on articule cette jouissance personnelle et la jouissance d'autrui. C'est ce qui fait le charme et la définition de l'hédonisme.
- Est-ce que la science a une quelconque importance pour l'hédoniste ?
- Je tâche de montrer qu'il y a des biotechnologies aujourd'hui et que les biotechnologies sont susceptibles d'un usage hédoniste et que faire reculer la douleur, la souffrance dans des perspectives, par exemple d'euthanasie, dans des perspectives de génie génétique, dans des perspectives de transgénèse, tout ça est l'occasion de faire reculer le mal et donc d'augmenter le bien, donc l'hédonisme.

Dossier 6 page 87
Activités 3 et 4
Journaliste : Pour notre émission d'aujourd'hui, nous avons passé au crible quatre restaurants cotés afin de voir s'ils méritaient de figurer dans Le Guide des gourmands. Nous avons recueilli les témoignages de sept clients parfaitement indépendants. Pour commencer Georges et Arlette, deux gourmets

de longue date.

Georges : C'était vraiment exquis cette escalope de foie gras de canard poêlée. C'est vrai que je suis friand de foie gras, qu'il ne faut pas m'en promettre, mais celui-là, c'était le nec plus ultra !

Arlette : Ben moi, je ne regrette pas d'avoir pris les queues d'écrevisse. Je n'en ai jamais mangé d'aussi bonnes et je me suis vraiment régalée. J'ai également beaucoup apprécié le raffinement du service. La classe ! Je me sens en forme pour aller voir un château maintenant, c'est vous dire, mais un seul !

Journaliste : Et maintenant José, fromager dans la région et grand amateur de tête de veau.

José : On est un peu déçus. On a attendu à peu près une heure, bon en fin de semaine, ça peut paraître normal ! À 21 heures, on a enfin une table et là on nous annonce qu'il n'y a plus de tête de veau ! C'est bizarre en début de soirée ! Tant pis, on regarde la carte... pour ma part le potjevleesch me tente et là... c'était plutôt insipide, pas beaucoup de goût ! Je pense qu'on y remettra plus jamais les pieds, dans ce resto !

Journaliste : Frédérique et Philippe, qui ont corréalisé un livre gourmand sur la région, vont nous faire leur commentaire éclairé.

Frédérique : Moi, j'y ai fait un repas gargantuesque ! un vrai délice surtout les quenelles et la tarte aux pralines. Les gens étaient vraiment accueillants et affables, j'ai trouvé le cadre charmant. Mais je crois que Philippe n'a pas eu tout à fait la même expérience.

Philippe : De retour de vacances, je me faisais une fête d'y aller. J'étais sûr et certain d'avoir fait le bon choix après avoir lu toutes les critiques sur les bouchons et patatras ! Je suis tombé de haut, j'ai trouvé la cuisine bâclée, trop cuite, les portions lilliputiennes et sans réelle saveur. C'est vraiment dommage car le service est rapide et le patron très sympa.

Journaliste : Et pourtant c'est le même restaurant, c'est ça qui est incompréhensible. Enfin Carmen et Damien, depuis toujours dans la région, pour notre quatrième restaurant.

Carmen : J'ai fait apprécier notre spécialité de soupe de poissons à des étrangers. Eh bien croyez-moi, ils ont pris beaucoup de plaisir et je suis sûr qu'ils vont garder un bon souvenir de notre ville. Il faut dire que c'est vraiment un bonheur, un émerveillement même, quand toutes ces odeurs arrivent puis après les saveurs. Un vrai régal ! Je suis du pays, moi, j'en mange assez souvent mais je ne m'en lasse pas !

Damien : Ce que ça fait du bien de bien manger ! Pour moi c'était le top ! Ça faisait tellement longtemps que je ne m'étais pas fait un gastro de poissons ! J'ai même trouvé que la note n'était pas trop salée. Avec cette vue sublime sur le vieux port, c'était idyllique, que du bonheur !

Dossier 6 page 88
Activité 1

1. - Oh ! Ça manque de sel !
- Oui, elle n'a vraiment aucun goût cette soupe !
2. - Hier, j'ai fait du chutney, tu sais, cette sauce à base d'oignons, de sucre, de vinaigre et de poires.
- Tu m'y feras goûter, j'adore ça.
3. - Elle est vraiment fraîche cette sole, elle a le goût de la mer !
- Oui, elle vient juste d'être pêchée !
4. - Je vais mettre du sucre car le pamplemousse sans sucre, ça me donne des frissons.
- Moi, je le mange comme ça !
5. - Je trouve que cette sauce a vraiment le goût d'ail.
- Ben oui, j'ai eu la main un peu lourde, je reconnais, mais en fait c'est comme ça que je les aime !

6. - J'ai la bouche en feu !
- Oh, mais coupe-les tes merguez et fais des petites bouchées !
7. - Quand j'étais petit, je n'aimais pas les endives.
- Moi non plus, faut dire qu'à cette époque, elles avaient un goût plus fort !
8. - Ça me monte au nez.
- Attention ! C'est de la vraie, de Dijon !

Dossier 6 page 89
Activité 4

1. - Tu fais des heures sup maintenant ?
- Si je fais des heures sup, c'est que j'ai du mal à finir les fins de mois.
2. - Tu aurais pu me dire que tu partais en Espagne !
- Si je ne te l'ai pas dit, c'est que je n'ai vraiment pas eu le temps. Notre départ a été tellement précipité.
3. - Tu n'as pas été très patiente avec lui pendant qu'il cuisinait.
- Si j'ai manqué de patience avec lui, toi tu as manqué de délicatesse en lui disant que tu préférais le taboulet que tu avais mangé au restaurant !
4. - Finalement j'ai pas envie de faire de dessert.
Si je ne fais pas de dessert, il faut que je rachète du fromage. Un camembert pour six, c'est un peu juste !
5. - Et ce repas, hier soir ?
- Si on avait su, on aurait apporté du bon vin. On nous a servi de la vraie piquette !
6. - J'ai ouvert les huîtres et j'ai préparé les moules !
- Si tu n'étais pas là, qu'est-ce que je ferais ?! Tu es vraiment la fée du logis !
7. - Je n'ai encore rien préparé pour le dîner. Avec ma copine, on tchatchait sur Internet tu comprends ?
- Si rien n'est fait dans dix minutes, on n'a plus qu'à aller au restaurant !
8. - Tu as vu, je t'ai astiqué toutes les casseroles.
- Oh ben, si cela pouvait durer !

Dossier 6 page 89
Activité 12

1. Moi, j'ai deux enfants d'âge scolaire. Ils ont tendance à escamoter leur petit déjeuner et en plus je ne suis pas sûre que les repas soient très équilibrés à la cantine ? Qu'est-ce que vous me conseillez ?
2. Je viens d'emménager dans un immeuble où les voisins m'ont demandé de participer à leur association « le village vertical ». Lors de l'arrivée des nouveaux occupants, chacun reçoit un bouquet, et ils organisent des soirées chez les uns ou les autres à l'occasion des anniversaires par exemple. Ils développent aussi des initiatives au profit des enfants : les emmener chacun leur tour au judo, avoir un professeur de piano en commun, etc. Mais j'ai peur que certains voisins soient trop collants et je n'aime pas beaucoup la vie en communauté. J'hésite à accepter ! J'attends votre conseil avisé.
3. Cet été, nous allons être de grandes tablées, pratiquement pendant toutes les vacances, hein. Toute la famille va venir. Mais pas question de sacrifier un seul jour à la plage pour préparer le repas. Et pourtant, j'ai envie qu'on mange bien, mais c'est ça aussi les vacances. Aidez-moi à trouver les meilleures idées.

Dossier 6 page 91
Activités 7 et 8

- François Cheng, vous êtes connu et reconnu pour votre œuvre de traducteur, de poète, romancier, philosophe, pour vos ouvrages sur la peinture chinoise et pour être l'animateur d'un dialogue culturel fécond entre la France et la Chine. Vous avez été élu à l'Académie française en 2002 au fauteuil 34. Vous êtes né en Chine et vous êtes arrivé en France dont vous ne connaissiez pas la langue en 1948, à l'âge de 20 ans, c'est un long chemin qui vous a fait

parvenir jusqu'ici. Vous avez la particularité de vouer une véritable passion à la langue française à laquelle vous avez consacré un livre, intitulé *Le dialogue*, dans lequel vous écrivez « le destin a voulu qu'à partir d'un certain moment de ma vie, je sois devenu porteur des deux langues, chinoise et française, et surtout deux langues de nature si différentes qu'elles creusent entre elles le plus grand écart qu'on puisse imaginer ». Alors vous avez opté finalement pour une des deux langues, l'adoptant comme outil de création sans que pour autant celle dite maternelle soit effacée purement et simplement. Dans votre dernier livre, *Cinq méditations sur la beauté*, publié chez Albin Michel, vous n'avez pas manqué de poursuivre le défi d'écrire en français en puisant aux sources de la langue et de la culture chinoise, vous avez voulu offrir au plus grand nombre le fruit de ces cinq méditations.

- François Cheng, vous abordez dans votre ouvrage le thème de la création artistique, placée sous le signe du « Beau » : comment la définissez-vous ?

- Bien sûr, j'ai dit que l'univers est beau que vous voyez ou pas cette beauté, elle est là. Et pourtant pas tout à fait parce que nous nous croyons complètement perdus au sein de cet univers, on n'est qu'un grain de sable au milieu du système solaire et le système solaire n'est qu'un petit coin au sein de la galaxie, alors qu'il y a des milliards de galaxies, mais un Chinois ne voit pas tout à fait la chose ainsi, je crois que tout le monde a vu plus ou moins un tableau chinois. D'ailleurs, un œil occidental ne manque pas de remarquer qu'au sein de ces paysages représentés par des grands rouleaux, on voit un petit bonhomme qui est là. Pour un occidental qui est habitué à toute cette grande tradition de la Renaissance, c'est-à-dire l'homme est campé au premier plan alors que le paysage est relégué en arrière, on dit mais ce petit bonhomme, il est noyé dans la nature, il est perdu dans le grand tout. C'est la première impression. Mais pour un Chinois, c'est le contraire. Même pour un œil occidental, lorsqu'il commence à vraiment contempler ce paysage chinois, au début, il admire les montagnes, les arbres, les brumes, les fleuves et tout ça mais il finit quand même par fixer son regard sur ce petit bonhomme qui est là et il va s'apercevoir que ce petit bonhomme, il est situé quelque part, au cœur du paysage et il est en train de contempler ce paysage et petit à petit le spectateur occidental, comme un spectateur chinois, finit par se mettre à la place de ce petit bonhomme qui a l'air perdu mais en fait on finit par se mettre à sa place et on contemple le paysage à partir de sa position parce que ce petit bonhomme en réalité est toujours situé quelque part à un point assez vital et on s'aperçoit que c'est autour de lui que le paysage tourne, s'organise ; non seulement ça et on finit par penser qu'il est l'œil éveillé et le cœur battant du paysage. Eh bien, c'est ainsi que le Chinois conçoit notre place au sein de l'univers. Donc, nous sommes là, nous faisons partie du programme de l'univers vivant. Peut-être il y a d'autres êtres vivants dans d'autres planètes mais ça n'enlève en rien notre rôle, notre grandeur c'est d'être encore une fois, et je le répète, l'œil éveillé et le cœur battant de l'univers. Il faut que cette scène soit captée par un regard...
- Par un œil...

Bilan page 97

- Alors vous allez voir tous les candidats aux présidentielles ils vont tous effectivement vous convaincre qu'ils sont érudits, très historiens et ils auront potassé la note préparée par un collaborateur avant. Moi j'ai pas envie de vous laisser croire ça parce que je m'en veux de ne pas avoir été plus attentive pendant le cursus éducatif, pendant mes années de collège et de lycée, j'ai trouvé ça mortellement ennuyeux et je n'ai considéré l'histoire que comme un sujet qui me permettrait d'avoir quelques points de plus au baccalauréat hein il faut dire les choses comme ça. Je n'ai rien retenu, rien compris de l'histoire et c'est après en m'interrogeant effectivement sur le sens de mon engagement politique, sur les expériences accumulées par l'humanité que je me suis reproché assez amèrement de ne pas avoir été euh en mesure de me forger une solide culture en la matière.

Dans les premières années de ma vie, mes références historiques ont été extrêmement ludiques, c'est Astérix, c'est les lectures de Fripounet et Marisette où il y avait volontiers des fresques historiques dessinées avec comme fond les croisades, les Incas, les Égyptiens etc. Je n'avais pas du tout conscience du fait que ça reposait sur des faits qui avaient éventuellement existé puis qui devaient être singulièrement déformés par le traitement, le traitement BD ou le traitement romanesque.

- Est-ce que dans votre famille, on parlait d'histoire ? De quels événements historiques ou de figures historiques on parlait en particulier, hormis Astérix ?

- Ben évidemment je choisis de vous répondre sur un mode un peu provocateur parce qu'on parlait pas d'histoire, ou plutôt on évoquait des événements de l'histoire récente, dont je ne percevais pas que c'était de l'histoire. Ma mère a grandi pendant la deuxième guerre mondiale dans une maison qui avait été réquisitionnée par l'armée allemande, quand elle me racontait les chapelets de saucisses pendant aux solives de la salle à manger, interdites évidemment aux enfants, quand elle m'a raconté la gifle que lui avait donnée sa mère parce qu'elle avait accepté un bonbon d'un des soldats qui occupaient la maison, je n'avais pas conscience qu'il s'agissait d'événements qui s'inscrivaient dans l'histoire. En fait mon premier vrai contact avec l'Histoire avec un grand H, c'est le contact avec une femme extrêmement impressionnante, petite, sèche, exigeante et pourtant tellement humaine et tellement généreuse qui était mon professeur d'histoire en 6e. Elle s'appelait mademoiselle Yenni, j'ai appris son prénom par la suite mais on ne se serait jamais risqué à l'appeler par son prénom à l'époque. J'ai appris plus tard qu'elle était militante socialiste et elle a été plus tard maire d'une commune du territoire de Belfort mais je lui dois le lien entre l'Histoire avec un grand H et la réalité concrète dans laquelle j'ai évolué dans mon enfance, la perception du temps long, la perception des différentes étapes par lesquelles évolue l'humanité, comment l'être humain acquiert son individualité.

DOSSIER 7

Dossier 7 page 100
Activités 1 et 2

- Claude Lévi-Strauss, on sait vos préoccupations, la passion que vous accordez à la science, à l'ethnologie, la tendresse que vous portez au monde des mythologies, vous appartenez à la fameuse « tribu » de l'Académie française, vous étiez également de la « tribu » du Collège de France. Et aujourd'hui, en vous confiant à Didier Éribon dans un livre qui sort aux Éditions Odile Jacob, *De près et de loin*, vous acceptez le jeu de l'entretien approfondi sur votre itinéraire. Il y a aussi vos parents qui étaient des artistes mais qui étaient dans le même temps tout à fait incroyants et votre mère, fille de rabbin, avait quand même grandi dans une autre atmosphère, comment êtes-vous, vous, aujourd'hui ? Je crois que vous n'avez jamais été inquiété par le sentiment religieux... jamais ?

- Non, non, je n'ai jamais eu de préoccupations

religieuses en ce qui me concerne et oui, bien sûr, je connais ce passé et j'ai vécu même dans un milieu très religieux puisque pendant la première guerre mondiale, j'ai vécu chez mon grand-père le rabbin à Versailles.

- Vous étiez intolérant à ce moment-là ?
- Très intolérant.
- Intolérant de quelle manière ?
- Écoutez, je me rappelle que quand je me suis marié, mon premier mariage, c'était au lendemain de l'agrégation, et juste avant de prendre mon premier poste, j'ai naturellement refusé un mariage religieux. Et, en allant dire au revoir à mes grands-parents, mon grand-père a essayé subrepticement de nous donner sa bénédiction. C'est absolument comme si un serpent m'avait mordu, enfin j'ai bondi...
- Vous avez refusé ?
- ...en l'air et j'ai refusé et je le regrette beaucoup, j'en ai beaucoup de remords parce que Dieu sait que depuis j'ai accompli des gestes religieux et dans un grand nombre de religions, sans me sentir du tout offensé ou gêné et j'ai peiné ce saint homme de façon tout à fait inutile, mais j'étais comme ça.
- Alors vous êtes devenu marxiste et vous êtes devenu également militant. Aujourd'hui, vous pourriez être le philosophe du parti socialiste ?
- Non, je ne pourrais pas, je ne pourrais pas parce que si vous voulez, je ne crois plus à la réflexion politique.
- Plus du tout ?
- Plus du tout.
- Alors toute votre vie vous avez exploré alors vraiment tous les domaines du savoir...
- Non, non, non...
- Beaucoup de domaines du savoir, je sais bien que vous refusez le titre de savant, que vous vous méfiez de tous ces termes-là et qu'en fait vous êtes un tout petit peu marginal...
- Ben ça ne me mécontenterait pas.
- Non, non ça vous plairait même tout à fait et vous dites même « Je suis un homme du XIXe siècle. ». D'ailleurs vous avez dit « Je n'aime pas les hommes de ce siècle. ».
- Écoutez je le vois détruire tout ce à quoi je suis attaché : la nature, en tout premier lieu, la diversité des espèces, la diversité des cultures, je sais très bien que tout ça appartient à une époque révolue, alors je mets ça au XIXe parce que je me dis, je serais probablement un peu moins dépaysé au XIXe qui est plus près du nôtre et où toutes ces choses existaient encore !

Dossier 7 page 107
Activités 4 et 5

- La fondation d'entreprise, ça part d'une idée simple, l'idée qu'il y a dans les entreprises un immense réservoir de compétences et de bonnes volontés, qu'il y a dehors de grands besoins qui ne sont pas couverts et qu'il suffisait donc, il suffit donc d'adapter les uns aux autres, d'autant plus que les fondations d'entreprise, c'est bénéfice pour tout le monde. Pour les bénéficiaires, évidemment, déshérités du Nord ou du Sud, associations œuvrant au développement économique, au soutien scolaire, à l'accompagnement des malades... tout bénéfice aussi pour les salariés qui donnent un sens à leur vie et ont l'occasion de participer à une mission de solidarité internationale, tout bénéfice enfin pour l'entreprise qui soigne son image à l'extérieur et qui renforce son lien avec ses salariés, des salariés qui n'en sont en général que plus motivés par l'expérience.

- On en parle avec nos invités. Constance Nora, bonjour.
- Bonjour.
- Vous êtes Déléguée Générale de la Fondation au Club Med. Alors au Club Med., 12 % des salariés s'intéressent à ces initiatives humanitaires qui

prennent plusieurs formes.

- 12 %, c'est un chiffre énorme, ça représente 3 100 bénévoles dans le monde, alors parlons maintenant de...
- Ce sont les G.O. donc, hein ?
- Ce sont les G.O. à travers le monde.
- Est-ce que c'est né d'une forme de culpabilité, d'être dans les plus beaux pays du monde, sur les plus belles plages du monde confronté quand même à la misère du quotidien ?
- C'est pas né d'une culpabilité, c'est né d'une attention et d'un regard sur son environnement. On peut pas être jeune à l'heure actuelle - et beaucoup de jeunes de plus en plus soucieux de ce qui se passe dans le monde sans avoir dans ces pays une vision de ce que peut être la population avoisinante et l'envie de s'y impliquer. Je vous donne un exemple : en Afrique, effectivement, nous faisons deux programmes, ce sont des programmes éducatifs et d'insertion par le sport.
- Bon, je vais faire un peu de provocation, mais est-ce que ce n'est pas un peu facile finalement de vivre dans un Club Méditerranée puis d'ouvrir de temps en temps les portes aux gamins du quartier ?
- Alors, ce serait facile si nous les recevions uniquement chez nous. C'est beaucoup moins facile pour un G.O., qui travaille beaucoup, qui accueille nos clients, de sortir de ce « village », de donner son temps de liberté ou des heures en plus le soir pour aller visiter les projets, accueillir, encadrer ces enfants. Il faut se souvenir aussi que beaucoup de nos G.O. sont du personnel local et qu'ils sont de ce pays, et qu'ils ont qu'une envie, c'est eux qui ont eu un parcours favorisé, de donner accès à ce parcours à leurs petits frères et petites sœurs, puisque c'est comme ça qu'ils les appellent.
- Mais Claude apparemment n'est pas de cet avis. Claude est anthropologue, c'est ça ?
- Oui, oui, je suis anthropologue et je trouve pour le moins cocasse que quand on parle de plus en plus de la violence qui s'exerce dans les entreprises, ces entreprises veuillent se refaire une virginité en allant vers ces bons sauvages des pays du Sud pour leur apporter quoi ?
- Enfin, la violence des entreprises n'est pas dans toutes les entreprises non plus...
- Quel savoir, quelle légitimité ont ces entreprises, quelle connaissance des pays du Sud ? Ces entreprises sont parties pour y faire du tourisme, pour gagner de l'argent et jamais dans un désir de connaissance de l'autre.

DOSSIER 8

Dossier 8 page 114
Activités 1 et 2

Frédérique Mallet reçoit dans son émission Christiane Joly, sculptrice, pour évoquer la ville d'Arles et la Camargue, dont Christiane est originaire. Toutes deux ont un attachement particulier pour cette région.
- Bonjour Christiane.
- Bonjour.
- Alors Christiane, merci beaucoup d'avoir accepté de passer un moment en notre compagnie. Je voudrais tout de suite que nous parlions d'Arles pour faire un peu de tourisme sentimental. Je le dis de manière très égoïste parce que moi, j'ai découvert Arles il y a seulement une vingtaine d'années et j'en suis restée absolument éblouie. Alors vous, vous revenez vers Arles, Christiane, dans Arles, où il y a tant de lieux vraiment admirables à contempler. C'est une ville évidemment très ancienne, une capitale de la Gaule.
- Et même avant cela, une ville fondée par les Grecs. C'est une ville complètement théâtrale, théâtralisée,

qui a toujours suscité chez ceux qui l'habitent des réactions comme ça, d'acteurs... on est sur une scène en permanence là-bas, c'est une ville de spectacles et de couleurs.
- Oui, alors donc, dans ce petit voyage de tourisme sentimental, j'avais noté plusieurs endroits mais il y en a un pour lequel j'ai une tendresse particulière, c'est le musée d'Arles.
- Le musée d'Arles est en train d'être restauré, alors ça, ça me fait très très peur. En fait, c'était un musée que l'écrivain Frédéric Mistral, grâce à l'argent qu'il avait touché avec son prix Nobel en 1909, avait décidé d'offrir à la ville, un musée des Arts et Traditions populaires arlésiennes. Ce musée n'a jamais changé. Et moi, c'était mon refuge bien sûr, quand j'étais enfant. Une dame qui était dans ma famille, une dame très âgée qui m'a quittée depuis pas très longtemps m'amenait dans ce musée tous les jeudis et elle me faisait lire le latin et le grec quand j'avais cinq, six ans. Donc, c'est là que j'ai pris racine, sans ce musée je ne serais pas ce que je suis aujourd'hui. C'est cette histoire-là qui a suscité ma vocation d'artiste.

Dossier 8 page 118
Activité 5
1. - Vous demandez d'enseigner le breton à l'école élémentaire ?
- Notre requête est légitime, nous nous battons depuis un siècle pour faire reconnaître le breton comme une langue à part entière.
2. - Il est clair que les financements de la région seront attribués selon les priorités exprimées par les représentants de l'État.
- Nous ne pouvons pas nous entendre sur ce point. Les élus ont leur mot à dire.
3. - Il faudra nommer des instances intermédiaires de participation citoyenne.
- J'y suis hostile. Des instances non élues n'ont aucune légitimité.
4. - Le Comité régional des sports a décidé de transformer le stade Lambert pour accueillir certaines disciplines olympiques.
- Nos positions divergent sur cette question, vous le savez. Le stade a été construit grâce aux supporters actionnaires du club de football et ils sont très partagés sur le sujet.
5. Le Conseil régional avait proposé son partenariat pour l'opération « Voiles en fête », pourquoi refuser ?
- La région voulait faire le choix des sponsors et cela relève de nos prérogatives. D'ailleurs, il faut promouvoir avant tout les initiatives de la ville.
6. - La Commission européenne a contribué pour 560 000 euros à la création de nos équipements sportifs.
- C'est une contre-vérité ! À peine 200 000, j'ai les chiffres sous les yeux.

Dossier 8 page 121
Activités 5 et 6
À l'occasion de la semaine de l'Europe du 7 au 15 mai 2007, la radio Canal Académie propose un entretien avec Claude Hagège, agrégé de Lettres, linguiste, directeur d'études à l'École Pratique des Hautes Études et titulaire de la chaire de linguistique au Collège de France. Au micro de Philippe Laburthe-Tolra, Claude Hagège évoque la place du français dans le monde et s'exprime sur le problème de la préservation des différentes langues en Europe.
- Vous savez que j'ai une question à vous poser, vous êtes d'un côté un champion de la francophonie et d'un autre côté vous êtes partisan du plurilinguisme et vous trouvez qu'il est très bon de pratiquer deux langues dès la petite enfance si on le peut. Alors, est-ce que vous pouvez un peu nous expliquer ce paradoxe apparent ?

- Je résume en deux mots, il n'est nullement contradictoire de promouvoir le français d'une part et en même temps d'autre part de prôner la diversité, car le fait même que sont adhérents à la francophonie un certain nombre de pays extrêmement divers qui représentent autant de langues montre que ceux qui se regroupent autour de la francophonie se regroupent en fait au nom de la diversité, le français étant certes un point commun de ralliement entre eux, mais le français, eh bien, il est devenu paradoxalement le symbole de la diversité. C'est pourquoi je ne peux pas vivre comme une contradiction de prôner à la fois les deux.
- Oui, mais ce que, si j'ai bien compris, ce que vous réclamiez, c'est qu'on apprenne très jeune une deuxième langue.
- Oui, mais oui.
- Comment est-ce que c'est possible, pratiquement ?
- Oh ben, c'est très simple. Il est question maintenant en Europe occidentale et méridionale, malheureusement, la menace se précise, d'introduire l'anglais comme langue obligatoire. Et alors moi je dis : on ne doit pas introduire l'anglais comme langue obligatoire, on doit introduire deux langues obligatoires, pas une seule, mais deux. Eh bien l'autre, ce sera obligatoirement une autre que l'anglais. C'est pourquoi je prône le bilinguisme obligatoire, pour qu'il y ait un équilibre et quand on m'objecte que ça peut poser des problèmes, je ne sais pas moi, de dysesthésie, de personnalité perturbée, etc.
- Oui, oui, c'est l'objection qu'on fait.
- L'objection que l'on fait qui est de l'ordre neurophysiologique je dirais, elle est absurde, nous savons par les recherches que l'on fait partout en laboratoire, des très bonnes équipes canadiennes, françaises, allemandes l'ont prouvé, que non seulement les enfants ne sont pas écrasés d'un trop grand nombre de disciplines à apprendre, mais que leurs neurones et que leurs capacités, les capacités d'absorption de connaissances sont en état, dans la totalité des systèmes d'enseignement primaire européens, sont en état de sous-exploitation.

Dossier 8 page 124
Activités 2 à 6
Philippe Duvaux : La peur du gendarme et des radars en France n'existe plus ou presque. Les derniers chiffres de la sécurité routière sont mauvais. 8,1 % de morts en plus sur les routes en avril, 399 morts, quelque 9 000 blessés le mois dernier, nous repartons sur une mauvaise pente. Mauvaise nouvelle pour la France, bonne nouvelle pour l'Europe et pour la Suisse : en décembre prochain un nouveau tunnel sous les Alpes suisses sera ouvert au trafic ferroviaire. Des rames y circuleront à 200 km/h ; le trajet Bâle / Milan s'effectuera en 4 heures, c'est un exemple. Avec vous, Michèle Jaccard, un peu de géographie. D'abord, expliquez-nous où se trouve ce tunnel.
Michèle Jaccard : Eh bien, tracez une ligne qui va de Bâle, au nord de la Suisse, à Berne et continuez tout droit vers le sud, jusqu'à Zermatt, connu du monde entier. C'est sur cet axe que se trouve ce tunnel de 21 km de long grâce auquel le centre de Paris sera à 7 heures et demie du centre de Milan.
Philippe Duvaux : Les Belges sont de plus en plus nombreux à prendre le train, même si les trains n'arrivent pas toujours à l'heure. Le coût de l'essence et les embouteillages y sont sans doute pour quelque chose. À Liège, la SNCB a décidé d'innover, Romain Cornet ?
Romain Cornet : Oui, c'est une idée qui vient des syndicats : ouvrir une crèche au sein même de la gare. D'abord pour les enfants des cheminots dont on sait que les horaires sont difficiles et puis l'idée

a germé d'ouvrir cette crèche aussi aux enfants des navetteurs... Voilà et le souhait de faire coïncider l'ouverture de cette crèche avec l'inauguration d'une toute nouvelle gare à Liège.
Philippe Duvaux : D'habitude ce sont les cantons urbains qui donnent le « la » en matière de réformes avantgardistes en Suisse, eh bien surprise, le week-end dernier, c'est un petit canton alpin qui a révolutionné ses droits civiques, Michèle Jaccard.
Michèle Jaccard : Ce canton, c'est Glaris, 39 000 habitants seulement. Dimanche dernier, sa population a abaissé la majorité civique à 16 ans, une première dans l'histoire suisse. Dès le mois prochain les jeunes de 16 ans pourront voter sur des sujets cantonaux et communaux. Les pionniers glaronnais alimentent maintenant les forums politiques du pays et ils vont sans doute faire des émules.

DOSSIER 9

Dossier 9 page 128
Activités 1, 2 et 3
Jeannot, québecois, vivant en France depuis une trentaine d'années, explique le phénomène de la mondialisation et donne son point de vue.
- Alors, si on me dit mondialisation, ça fait référence, j'essaye d'avoir une vision d'abord de ce que ça me dit, ça me dit tout de suite « économie » parce que c'est un concept qui est associé au champ lexical de l'économie et voilà. Donc, à partir de là, la manière la plus générale d'aborder d'économie, à mon avis, c'est de partir de la problématique : capital-travail... c'est-à-dire que le capital et le travail ont des intérêts antagonistes. Le capital s'arrange toujours bien, essaye toujours de payer le travail le moins cher possible et je pense que la mondialisation qu'on vit à notre époque, si on le regarde avec cette logique-là, c'est-à-dire que le capital essaie de trouver du travail pas cher, ça explique énormément de... une grande part de la problématique de la mondialisation.
- Pour toi, elle existe vraiment la mondialisation ? Comment elle se manifeste ?
- Elle se manifeste par des échanges entre pays, c'est-à-dire que entre pays qui sont de plus en plus loin géographiquement, qui ont des intérêts et des relations économiques très fortes, même en étant très loin géographiquement, je pense que c'est ça la mondialisation. Et ça c'est un phénomène relativement nouveau par exemple, y a trente ans ou cinquante ans, avec qui on faisait du commerce essentiellement ? Avec ses voisins immédiats, c'est toujours vrai, mais actuellement...
- Plus ça va, plus on va loin.
- Plus ça va, plus on va loin. C'est-à-dire par exemple, en ce moment, l'un des partenaires majeur de l'Union européenne au niveau commercial, c'est la Chine et c'est vrai aussi des États-Unis. Alors pour pouvoir constituer des échanges qui se passent au niveau mondial, il faut que plusieurs conditions soient réunies. Il faut d'abord que le capital soit extrêmement mobile. À savoir, si on a besoin de construire une usine à 3 000 km parce que les travailleurs coûtent moins chers là-bas, il faut que plusieurs millions de dollars soient transférables dans le pays de destination immédiatement, sous quelques jours. La deuxième condition extrêmement importante pour la mondialisation, c'est que les télécommunications et l'informatique soient planétaires et mondialisées, c'est tout à fait le cas avec Internet, avec les capacités des réseaux. Troisième condition réunie, c'est que les pays d'accueil soient extrêmement complaisants, c'est-à-

dire que si le pays d'accueil, la Chine, l'Inde, la Thaïlande, tous les pays qui ont des réserves de main d'œuvre pour l'instant non qualifiées, quoique ce n'est pas vrai avec l'Inde et la Chine qui ont une main d'œuvre extrêmement qualifiée, que ces pays soient d'accord pour qu'une partie de la population active travaille pour, entre guillemets, des firmes étrangères. Si les pays ne sont pas d'accord, il n'y a aucune mondialisation possible, donc il faut une grande complaisance des pays d'accueil. La quatrième condition, c'est l'homogénéisation des cultures d'entreprise. Y a rien qui ressemble plus à un cadre d'entreprise mondialisée qu'à un autre cadre d'entreprise mondialisée. C'est-à-dire, les écoles de commerce de par le monde forment des managers qui sont des clones les uns des autres et qui peuvent parfaitement en quelques jours passer d'une boîte à une autre. Alors, il y a une cinquième condition, c'est que les coûts de transport des marchandises d'un pays à l'autre et en particulier les coûts de transports maritimes sont dérisoires. Par exemple quand on transporte des tomates du sud de l'Espagne au nord de l'Europe, les coûts de transport représentent 1 % du coût de vente de la tomate. Donc on sous-paye le transport, ça a des impacts écologiques terrifiants de voir cette noria de camions sur les autoroutes d'Europe, ça a des impacts écologiques épouvantables au niveau des avions qui transportent des légumes entre l'Amérique du sud et l'Europe, c'est épouvantable, au niveau des bateaux, c'est épouvantable. Si les exigences de sauvegarde de la planète étaient respectées, c'est-à-dire qu'en fait, ce qu'on fait, c'est qu'on mondialise, mais à quel prix, au prix de notre propre survie puisqu'on détruit la planète en favorisant des échanges comme ça.
   Et toi, personnellement qu'est-ce que tu en penses ?
- Comme je me méfie beaucoup de la violence que le capital impose à la société, je suis à priori contre parce que je trouve que pour l'instant, il y a beaucoup plus de mal à délocaliser que de bien. Il y a certainement beaucoup de bien pour le capital mais le bien que le capital retire de la mondialisation, il a une contrepartie en mal et cette contrepartie-là en mal, c'est l'écologie. C'est le risque pour les pays d'accueil qui sont obligés de s'occidentaliser à la vitesse grand V et à notre niveau nous, dans les pays entre guillemets riches, ça crée aussi d'énormes problèmes sociaux parce que ça oblige les gens à s'adapter à une vitesse beaucoup trop grande. L'humain est toujours très, très, très, très en retard sur le capital et ça fait d'énormes difficultés sociales donc je pense que globalement, il faudrait freiner la mondialisation mais très, très, très, très, très fortement freiner. Or, actuellement, c'est exactement l'inverse qui se passe, c'est qu'on l'accélère au maximum et ça, ça va certainement péter un jour ou l'autre.
- Mais vous... Alors Jeannot, tu disais : il faut freiner, en termes généraux, mais vous, qu'est-ce que vous êtes prêts à faire pour freiner le phénomène de mondialisation, dans votre vie ?
- J'essaye de me battre par tous les bouts ! C'est-à-dire que je n'ai pas de télé, je n'ai pas de téléphone portable, j'essaye d'utiliser ma voiture au minimum, c'est-à-dire que j'essaye de vivre le plus spartiatement possible en sollicitant le moins possible ce qui vient des grandes entreprises. J'achète bio systématiquement, je ne veux rien avoir à faire avec l'agriculture mondialisée. Donc j'essaye par plein d'aspects de ma vie quotidienne, j'essaye de me cantonner, d'éviter au maximum de dépenser mon argent dans les biens et les services offerts par les multinationales. Ça, j'y tiens énormément, j'y pense chaque jour et j'essaye vraiment de faire un gros effort de ce point de vue-là !

Dossier 9 page 132
Activité 1
1. C'est ce qu'il me fallait, exactement ce qu'il me fallait. Ça me convient parfaitement, moi qui suis tête de linotte. Mais le problème, c'est que je suis obligée de garder les yeux rivés sur ma casserole pour guetter le lion qui apparaît sur la coquille. Finalement, c'est pas si bien que ça et j'aurais préféré qu'il y ait une alarme, pour pouvoir faire autre chose en même temps. En plus, ça me dégoûte un peu cette encre qui apparaît tout d'un coup !
2. Moi je suis un inconditionnel de l'apesanteur. Dormir dans les airs, c'était une espèce de rêve inaccessible que j'ai pu réaliser. Un vrai bonheur ! Et c'est du solide avec ces aimants !
3. J'avoue que j'étais bluffé. Je n'en reviens pas ! Ça m'a tout à fait convaincu. Je suis resté parfaitement sec sous une véritable averse, je vous jure ! Y'a comme une espèce de matériau moderne qui imite la fleur de lotus et l'eau ne peut pas pénétrer le tissu, ce qui fait qu'on peut le ranger tout de suite, t'as pas besoin de le faire sécher. Génial, non ?
4. Je vous dis pas, quand on m'a enfermée dans une pièce avec lui, j'étais un peu déconcertée. Je n'arrivais pas à croire que ça allait marcher et que je n'allais pas éternuer 36 fois comme toujours quand j'en vois un. Eh bien non, c'est vrai, ce n'est pas des histoires, même pas un picotement des yeux. Par contre, cette invention me laisse perplexe. Je ne sais pas trop quoi en penser parce que c'est quand même pas naturel comme résultat, tous ces croisements entre différentes races.
5. C'est complètement débile, ce truc ! Quelle absurdité ! Il m'a proposé un Château Margaux 78 alors qu'un bon Cahors de l'année aurait parfaitement convenu avec ma part de Roquefort. Ça prouve bien que ce genre de machines est basé sur des standards traditionnels et ça correspond pas forcément à une connaissance personnalisée des crus. Il paraît que ça marche à infrarouges.
6. Ce n'est pas totalement inepte de pouvoir moins transpirer quand on fait du sport ! C'est même assez bien vu, mais j'ai peur qu'à la longue, ça pue un peu et qu'il faille le laver après chaque usage !

Dossier 9 page 135
Activité 5
Sylvie : Qu'est-ce que tu voudrais qu'on invente au XXIe siècle ?
Gaël : Ben souvent je me dis une pompe à nuages.
Sylvie : Une pompe à nuages !
Gaël : Oui, c'est un aspirateur à nuages pour aspirer les nuages, mais bon de toute façon on est en train de l'inventer.
Sylvie : À cause de la météo.
Gaël : C'est ça, à cause de ces nuages qui passent devant mon soleil.
Sylvie : Si je te demande l'invention du XXIe siècle qui sera pour toi une grande merveille, quelque chose qui va te faciliter la vie. Qu'est-ce que tu me dis ?
Renaud : Alors, s'il y en avait une, ce serait immédiatement l'invention qui permettrait de voyager en un clin d'œil. Avec le voyage, c'est l'envie de connaître d'autres gens, d'aller voir d'autres cultures, d'autres lieux et j'ai toujours du mal à accepter l'idée qu'on doit pour aller à un autre endroit il faut tout prévoir longtemps à l'avance, se déplacer, réfléchir aux connections, réserver, tout ça. Si je pouvais voyager en un clin d'œil, si quelqu'un m'offrait cette invention-là, je crois que ça serait, ça serait le bonheur.

Dossier 9 Page 138
Activité 3
1. Je ne suis pas du tout d'accord avec les gens qui disent qu'il faut avant tout la protection, la sécurité. Il faut développer le goût du risque et l'esprit de

compétition, plutôt que d'inciter les gens à vivre dans un cocon !
2. Je suis d'accord pour que les gens s'enrichissent par leur travail. Pourquoi pas ? Mais je ne vois pas pourquoi des gens remerciés pour cause de mauvais résultats partiraient avec une indemnité représentant 350 années de salaire d'une caissière.
3. Il y a encore pire, ce sont les gens qui continuent à rouler en 4x4 dans les grandes villes. On devrait les taxer proportionnellement aux nuisances qu'ils entraînent !
4. Je suis tout à fait d'accord pour que nous interdisions les animaux domestiques en cage, d'autant plus qu'un animal dans une cage, ça n'a rien de décoratif.
5. C'est vrai qu'avec Internet, les jeunes n'ont plus besoin de voyager pour connaître, comprendre et communiquer avec des jeunes du monde entier, mais jusqu'à un certain point, quand même ! Rien ne vaut les vrais échanges dans le pays ! Et ce serait vraiment une bonne chose d'obliger les jeunes et de leur donner les moyens de partir un peu à l'étranger.
6. Les gens qui disent que les opportunités offertes par la mondialisation sont immenses vont un peu loin. Tout le monde ne pourra en profiter. Ce n'est pas aussi simple que ça !
7. Ce qui me paraît un peu exagéré et utopique, c'est de dire qu'à long terme, nous aurons tous de quoi vivre et qu'on atteindra le même niveau de vie. Je n'y crois pas trop, même avec le temps !

Bilan page 141
- Renaud, un petit mot sur la régionalisation. Qu'est-ce que tu penses de l'évolution des régions en France ?
- On va avoir de plus en plus de pouvoir local, c'est ce que... c'est le mouvement politique actuel de donner plus, plus de pouvoir décisionnel aux régions, aux collectivités pour ne pas faire une France trop centralisée. Donc, je pense que les mouvements vont s'accentuer et que le poids de la région sera de plus en plus fort au sein du pays, mais en revanche le mouvement aussi autre c'est d'avoir des fédérations de pays rassemblés sous une même communauté, sous une même bannière, comme ça qu'on a créé l'Europe, c'est pas encore une fédération mais ça ressemble un petit peu à ça et à l'avenir, je pense qu'avec la mondialisation, on va s'apercevoir, on va probablement voir apparaître des grands groupes qui existent déjà, mais des grands groupes de pays et donc forcément les régions prendront de l'importance et du poids, mais au sein de territoires géographiques politiques qui vont s'agrandir et donc qui vont se diluer un petit peu, donc plus de pouvoir local mais au sein de grands collectifs beaucoup plus importants que ce qui existe aujourd'hui.
- Pour toi, il faut plutôt lutter contre la mondialisation ou au contraire l'encourager ?
- Je ne pense pas que le terme de mondialisation soit un épouvantail. Je ne pense pas qu'on puisse s'en servir non plus comme un épouvantail. Y a un mouvement qui existe, qui est fort, mais qui est une mondialisation des échanges, une mondialisation des transports, une mondialisation qui, là du coup, moi, me semble souhaitable dans la mesure où elle entraîne la tolérance, les mixages et tous les croisements entre les personnes. Après la vraie question c'est de savoir qu'est-ce qu'on fait pour... qu'est-ce qu'on a comme garde-fous, qu'est-ce qu'on a comme barrière, voire quels types de mondialisation économique on peut créer de manière à ce que ça ne soit pas au niveau mondial les plus riches qui restent les plus riches et les plus pauvres qui restent les plus pauvres, s'il y a une mondialisation il faut qu'elle se fasse dans le partage économique et c'est pas forcément ce qui est le cas, ce qui existe aujourd'hui, c'est ce vers quoi il faut tendre.

CONTENU DU CD

CD pour l'élève : 63'35''

1.	COPYRIGHT	00'12''

DOSSIER 1 *Racines*
2.	Page 15 - Activités 4 et 5	06'25''
3.	Page 19 - Activités 7 et 8 - Témoignage 1	01'37''
4.	Page 19 - Activités 7 et 8 - Témoignage 2	01'09''

DOSSIER 2 *Privé*
5.	Page 28 - Activités 2 et 3	02'57''
6.	Page 29 - Activités 4, 5 et 6	04'01''
7.	Page 33 - Activités 5, 6 et 7	03'57''

DOSSIER 3 *Domicile*
8.	Page 42 - Activités 4, 5 et 6	03'45''
9.	Page 46 - Activités 1 et 2	03'20''

DOSSIER 4 *Grandir*
10.	Page 59 - Activités 3 et 4	02'25''
11.	Page 63 - Activité 4	06'16''

DOSSIER 5 *Professionnel*
12.	Page 72 - Activités 1 à 4 - Dialogue 1	01'36''
13.	Page 72 - Activités 1 à 4 - Dialogue 2	02'33''
14.	Page 77 - Activités 6 à 9	05'38''

DOSSIER 6 *Plaisirs*
15.	Page 87 - Activités 3 et 4	03'20''
16.	Page 91 - Activités 7 et 8	04'34''

DOSSIER 7 *Convictions*
17.	Page 107 - Activités 4 et 5	03'22''

DOSSIER 8 *Singularités*
18.	Page 121 - Activités 5 et 6	02'53''
19.	Page 124 - Activités 2 à 6	02'10''

DOSSIER 9 *Rétrospectives et prospectives*
20.	Page 135 - Activité 4	01'18''

Achevé d'imprimer en Italie par Grafica Veneta S.p.A.
Dépôt légal : 02 / 2013 - Collection n° 05 - Edition 08
15/5516/8